权威·前沿·原创

皮书系列为
"十二五""十三五""十四五"时期国家重点出版物出版专项规划项目

BLUE BOOK

智库成果出版与传播平台

药品零售蓝皮书

BLUE BOOK OF PHARMACEUTICAL RETAIL

中国药品零售业发展报告
（2024）

ANNUAL REPORT ON THE DEVELOPMENT OF CHINA'S
PHARMACEUTICAL RETAIL (2024)

组织编写 / 中国医药商业协会
主　　编 / 石晟怡

社会科学文献出版社
SOCIAL SCIENCES ACADEMIC PRESS (CHINA)

图书在版编目(CIP)数据

中国药品零售业发展报告.2024/石晟怡主编.
北京：社会科学文献出版社，2024.8.--（药品零售蓝皮书）.--ISBN 978-7-5228-3898-4

Ⅰ.F721.8

中国国家版本馆CIP数据核字第2024YS1999号

药品零售蓝皮书
中国药品零售业发展报告（2024）

主　　编 / 石晟怡

出 版 人 / 冀祥德
责任编辑 / 宋　静
责任印制 / 王京美

出　　版 / 社会科学文献出版社·皮书分社（010）59367127
　　　　　　地址：北京市北三环中路甲29号院华龙大厦　邮编：100029
　　　　　　网址：www.ssap.com.cn

发　　行 / 社会科学文献出版社（010）59367028
印　　装 / 天津千鹤文化传播有限公司

规　　格 / 开　本：787mm×1092mm　1/16
　　　　　　印　张：22.5　字　数：333千字
版　　次 / 2024年8月第1版　2024年8月第1次印刷
书　　号 / ISBN 978-7-5228-3898-4
定　　价 / 198.00元

读者服务电话：4008918866

版权所有 翻印必究

药品零售蓝皮书编委会

主　　任　石晟怡

副 主 任　（按姓氏音序排列）
　　　　　付明仲　高　毅　柯云峰　阮鸿献　吴壹建
　　　　　谢子龙

顾　　问　姜增伟

本期编委　（按姓氏音序排列）
　　　　　程　震　段政明　郭俊煜　蒋丽华　金维刚
　　　　　蓝　波　李少宏　李文杰　李志刚　刘兆年
　　　　　龙　岩　鲁　颖　毛宗福　茅宁莹　谭　刚
　　　　　唐民皓　唐至佳　王淑玲　王　威　王煜炜
　　　　　吴　云　肖　宏　谢晓慧　许　晔　杨明江
　　　　　叶　桦　叶　真　于　锋　翟　青

编 写 组　胡志瑛　王　蛟　杨　菊　马靖颖　柳　恒
　　　　　翟江如　孟　鑫　海　帆　曹　颖

主要编撰者简介

石晟怡 中国医药商业协会会长，药学博士，主任药师。从事医药企业管理、新产品新技术引进开发工作40余年。主持和参与国家级医药产业改革、结构布局调整和发展战略研究工作。曾牵头负责国家医药物资应急供应管理，组织完成多次重大灾情疫情国家医药物资应急保障工作。国家卫健委"'健康中国2020'战略规划"研究专家、国家发展改革委"'十二五'规划重大问题——国家药品应急体系建设"核心专家。国家标准化技术委员会委员，中国药科大学国家药物政策与医药产业经济研究中心研究员。曾任中国医药集团总公司党委委员、副总经理，中国国际医药卫生有限公司董事长，国药医疗健康产业有限公司董事长。

付明仲 中国医药商业协会专家委员会主任，企业管理专业工学硕士，高级经济师。在制药工业企业、药品流通企业及中国医药商业协会工作多年，曾经参与运作两家上市公司。"药品流通蓝皮书"创始人之一，连续十一年参与编撰"药品流通蓝皮书"。参与药品流通行业"十二五""十三五"发展规划及《关于"十四五"时期促进药品流通行业高质量发展的指导意见》编制工作。主持和参与商务部、国家卫健委、国家医保局、国家药监局等相关部门多项药品流通行业课题研究，牵头组织制定《零售药店经营特殊疾病药品服务规范》等标准，推动行业标准化、规范化发展。

段政明 曾任卫生部北京医院医师，主治医师；北京市红十字会新华医院院长，副主任医师；人力资源和社会保障部社保中心办公室主任、医疗保险处处长；国家医保局基金监管司副司长。主要研究方向为"三医"改革政策与管理。

谭　刚　中国药品监督管理研究会药品流通监管专业委员会委员、国家药监局高级研修学院特聘专家、国家药监局执业药师资格认证中心工作专家、中国医药商业协会特聘专家，多年从事药品流通监管工作，长期参与药品流通相关法规制定/修订以及相关政策研究工作。

杨　汀　医学博士，主任医师，教授，博士生导师，国家呼吸医学中心中日友好医院呼吸与危重症医学科副主任，国家慢阻肺病高危人群早期筛查与综合干预项目管理办公室主任，兼任国家卫健委疾病预防控制专家咨询委员会委员、中华预防医学会呼吸病预防与控制专业委员会主任委员、中国医药商业协会学术委员会（呼吸疾病）主任委员等。参与中国成人肺部健康研究，致力于推动基层呼吸疾病规范化防诊治体系和能力建设，牵头"幸福呼吸"慢阻肺病规范化分级诊疗项目，实现慢阻肺病规范化管理及医联体内双向转诊目标。牵头承担国家慢阻肺病高危人群筛查和干预项目研究工作。参与慢性呼吸疾病国家卫生政策制定。

邵　蓉　中国药科大学二级教授、博士生导师。中国药科大学药品监管科学研究院执行院长、中国药科大学国家药物政策与医药产业经济研究中心执行副主任。主要研究方向为医药政策与法规。

叶　桦　复旦大学药学院副教授。长期从事药事管理与法律法规、国家药物政策及相关领域的研究与教学工作。现为中国药学会药事管理专业委员会委员、上海市药学会药事管理专业委员会名誉主任委员、上海市食品药品安全研究会副秘书长、中国医药商业协会特药标准专委会委员。

茅宁莹 中国药科大学国际医药商学院副院长，教授、博士生导师。江苏省一流专业医药工商管理专业负责人，中国药品监督管理研究会药监人才培养研究专委会秘书、北京市罕见病保障联盟理事、江苏省医药商业协会新零售分会副会长。主要研究方向为医药技术创新、药品供应保障、创新药物政策、监管科学等。承担国家社科基金重大项目"我国医药产业创新政策环境研究"子课题，国家卫健委、国家药品监督管理局等相关部门课题，江苏省社科基金、江苏省科技厅软科学项目等。曾获中国药科大学"国邦卓越奖教金"、江苏省社科应用研究精品工程优秀成果奖一等奖、江苏省高校哲学与社会科学优秀成果奖三等奖。

序

药品零售行业是国家医疗卫生体系的重要组成部分，是关系人民健康的支柱行业。近年来，我国零售药店转型升级加快，专业化服务能力不断增强，数智化创新发展水平不断提高，市场规模稳步扩大，行业集中度进一步提升，为满足民众用药需求、提升居民健康水平作出了积极贡献。

随着银发经济时代到来，医改持续深化，科技迅速发展，药品零售行业迎来新的发展机遇，同时也面临不少挑战。零售药店需进一步提升核心竞争力，加快构建药品零售新格局，提高专业化、数智化、多元化、规模化、集约化发展水平，在国家医疗卫生事业发展中发挥更重要的作用。

在各方指导和帮助下，经过中国医药商业协会编撰人员的辛勤劳动，中国医药商业协会与社会科学文献出版社合作出版的《中国药品零售业发展报告（2024）》正式出版，这是中国药品零售发展领域的第一本蓝皮书。蓝皮书聚焦药品零售相关政策、创新服务举措、国外药品零售发展经验借鉴等内容，辅以翔实数据信息，综合反映了我国药品零售行业发展现状，并对未来发展趋势进行了展望，具有较高的参考价值，希望本书能够成为研究和指导药品零售行业发展的重要参考文献。

商务部原副部长
2024 年 5 月 13 日

摘　要

　　2023年是全面贯彻落实党的二十大精神的开局之年，也是实施"十四五"规划承上启下的关键一年。这一年，《药品经营和使用质量监督管理办法》发布，"双通道"与门诊统筹政策持续推进，多项政策的实施推动了药品零售市场向着更加健康有序的方向发展。数字科技的进步，进一步加速药品零售行业的转型升级、创新数字化建设，持续推动行业向"专业化、智能化、集约化、国际化"方向发展。药品零售市场销售规模总体呈现增长态势，药品零售企业在保障药品供应、满足居民健康需求的同时，推进连锁化经营，行业集中度进一步提升。消费者对服务需求的升级要求，药学服务标准的指导，加速零售企业提升专业化服务水平，专业药房的全流程药事管理成为药房零售新模式。医药电商快速发展，药品即时零售新模式促进行业线上线下融合发展。医药新政和行业新兴力量推动行业持续高质量发展。

　　2024年，药品零售行业进入高质量发展的关键期。随着人口老龄化程度加深，我国医药市场持续扩容，消费端需求日益提升，行业规模也随之持续扩张。医改不断深化，驱动医药零售市场格局持续变革，药品零售行业发展机遇与挑战并存。本报告认为：面对新时期、新环境，行业需加快创新发展，以科技创新推动产业创新；瞄准市场所需提升产业能级，提高核心竞争力；深化改革，加快产业结构优化升级。零售药店需提高专业化水平，满足患者的健康需求；开展多元化经营，寻求发展新模式；加快数智化转型，顺应市场变化；搭建医药新零售，线上线下协同提升竞争力；借鉴国际经验，

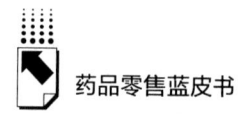

探索中国药品零售行业应对老龄化之路；从而实现药品零售行业更加规范化运行和高质量发展。

关键词： 零售药店　药品供应　药品零售市场

目 录

Ⅰ 总报告

B.1 2023年中国药品零售市场发展报告 ……… 中国医药商业协会 / 001

B.2 2023年特殊疾病药品零售药房发展报告
　　　………………………………………… 中国医药商业协会 / 029

B.3 2023年药品零售企业上市公司发展报告
　　　………………………………… 陈　竹　张斌斌　魏　通 / 047

Ⅱ 政策篇

B.4 药品零售监管政策实施背景及解读分析报告…………… 谭　刚 / 065

B.5 药品网络销售监管法治进程和实践经验
　　　——《药品网络销售监督管理办法》实施一周年回顾与展望
　　　………………………………………………………… 詹炳权 / 078

B.6 医保"双通道"政策实施后药店发展现状
　　　………………………………… 李赛赛　贺宇鹏　段政明 / 085

B.7 药品网售办法及相关配套文件研究……………………… 章云勇 / 099

001

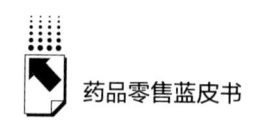

Ⅲ 管理篇

B.8 零售药店在国家基本医疗卫生服务和应急中的作用
………… 中国药科大学国际医药商学院 中国医药商业协会
联合课题组 / 113
B.9 2023年零售药店执业药师管理现状与发展 ………… 叶 桦 / 131
B.10 中国功效护肤品行业发展形势及展望 ………… 李镇宇 / 147

Ⅳ 标准篇

B.11 建立健全院外药学服务标准体系 ………… 中国医药商业协会 / 159
B.12 零售药店经营特殊疾病药品服务标准解读 ………… 翟 青 / 171
B.13 零售药店经营慢性病药品服务标准解读 ………… 纪立伟 / 184

Ⅴ 案例篇

B.14 探讨院外慢性呼吸系统疾病规范化健康管理 ………… 杨 汀 / 197
B.15 深耕基层市场 多渠道惠农助农
——老百姓大药房拓展农村药品零售市场纪实 …… 刘道鑫 / 205
B.16 引领药品零售行业数字化转型的创新实践
——以高济神农系统为例 ………… 王乐刚 孙尚珩 / 213
B.17 经营特殊疾病药品的零售药店管理实例 ………… 陈秀丽 / 221
B.18 院外患者药事服务实践与探索 ………… 宫 泽 / 227
B.19 零售药店药品数据信息化的探索与实践
………… 黄婉婷 / 234
B.20 药品即时零售新业态的趋势与价值 ………… 王 威 许荣聪 / 247

Ⅵ 国际篇

B.21 欧美地区发达国家零售药店发展的新趋势
　　　　　　　　　　　　　　　　 潘和音　邹　静　罗　仁 / 253
B.22 日本药妆店的经营战略
　　　　　　　　　　　　　　　　　　　　　　　　 野间口司郎 / 266

Ⅶ 探讨篇

B.23 定点零售药店纳入门诊统筹政策对零售药店的影响研究
　　　　　　　　　　　　　　　　　　　　　　　　　　 邵　蓉 / 282
B.24 药师服务：社会药房的实践与先进经验 ……… 唐至佳 / 298
B.25 老龄化社会背景下零售药店的作用与价值 ……… 曾世新 / 306

Abstract …………………………………………………………… / 316
Contents …………………………………………………………… / 318

总报告

B.1
2023年中国药品零售市场发展报告

中国医药商业协会

摘　要： 药品零售市场作为医药产业链的两个终端之一，其发展对整个产业链、生态链有重要影响。本文通过对2023年药品零售市场规模、经营状况、市场分布、品类销售结构及执业药师配备情况等的数据分析，总结概括了2023年药品零售市场经营状况、发展变化、竞争格局等多方面市场情况。药品零售市场正在加速整合，本文预测，医保"双通道"、门诊统筹等政策影响，促使院内院外市场结构发生变化。同时，药品零售市场规模持续增长，行业集中度持续提升，专业化服务水平提升，药品品类优化，线上零售业务为传统零售行业提供了新动能。本文为与药品零售行业相关的上游工业企业、临床医疗机构及关注医药行业发展的专家学者，全面、准确、及时了解药品零售行业发展提供参考。

---

* 感谢沃博联集团亚太区总裁钟立和安永华明会计师事务所（特殊普通合伙）高级经理李昊天，在本文撰写过程中提供的相关数据及分析。

** 执笔人：石晟怡、蒋丽华、王蛟、马靖颖，中国医药商业协会。

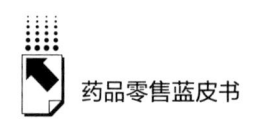

关键词： 药品零售市场　零售药店　医药产业链

2023年，药品零售行业稳步发展，市场规模持续增长。随着医改政策不断深化调整，门诊共济政策的不断实施，个账改革全面执行，线上医保支付试点推行，驱动药品零售市场格局持续发生变化；并且随着经济的发展及老龄化加速，国民健康观念和需求发生转变，健康管理意识不断提升，零售药店零售品类结构和服务模式随之进一步发生变化。

一　药品零售市场发展现状

2023年，我国消费端需求日益提升，带动医药市场持续扩容、药品零售市场平稳发展。随着医保"双通道"和零售药店被纳入门诊统筹、线上医保支付等政策实施，药品零售企业迎来发展新机遇。与此同时，消费者需求升级、人口老龄化加剧、医药新零售快速发展，药品零售企业将面临更多的机遇和挑战。面对不确定的政策环境和消费者需求，药品零售企业需不断创新发展，充分发挥自身优势。

（一）药品零售市场整体规模

1. 全国药品零售终端销售规模

2023年，药品零售市场销售规模总体呈现增长态势，但增速放缓。据统计，2023年全国药品零售市场销售总额[①]为6402亿元，扣除不可比因素同比增长7.6%，增速同比放缓3.1个百分点（见图1）。

2. 全国药品零售企业结构

据国家药品监督管理局统计，截至2023年12月底，全国共有药品零售连锁企业6725家，同比增长1.13%；零售连锁门店有38.56万家，同比增

[①] 销售总额为含税值。

2023年中国药品零售市场发展报告

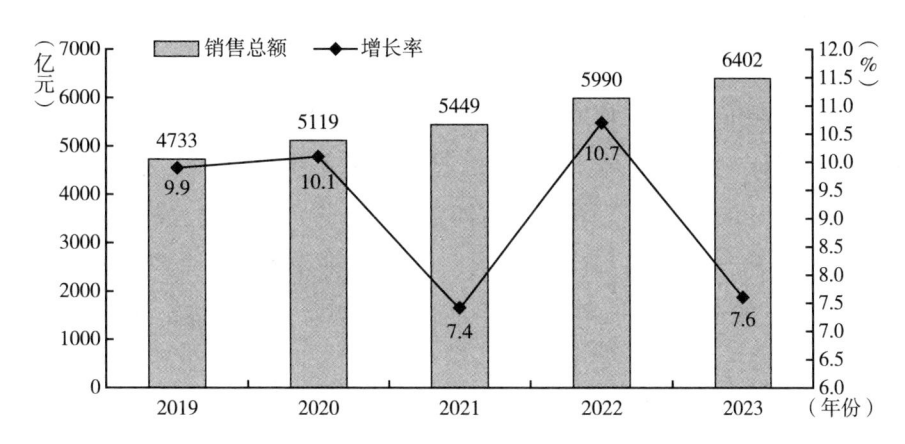

图1 2019~2023年药品零售市场销售总额及增长率

资料来源：商务部药品流通管理系统。

长7.10%；零售单体门店28.14万家，同比增长6.87%；零售药店门店总数达66.70万家，同比增长7.00%；药品零售连锁率已达到57.81%，比上年底提高0.05个百分点（见图2）。

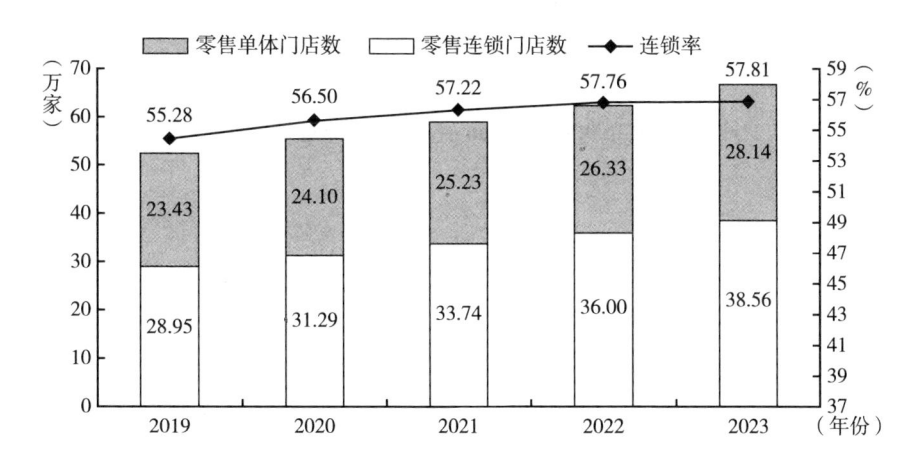

图2 2019~2023年全国零售药店门店数及连锁率变化

资料来源：国家药品监督管理局。

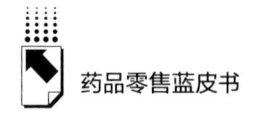

（二）药品零售企业经营情况

1. 销售额排名TOP100的药品零售企业经营与效益情况

2023年，销售额排名TOP100的药品零售企业销售总额为2423.1亿元，同比增长11.0%（见图3），占同期药品零售市场销售总额的37.8%，同比上升1.3个百分点；其中，排名前10位企业销售总额占药品零售市场销售总额的23.3%，排名前20位企业销售总额占药品零售市场销售总额的28.2%。

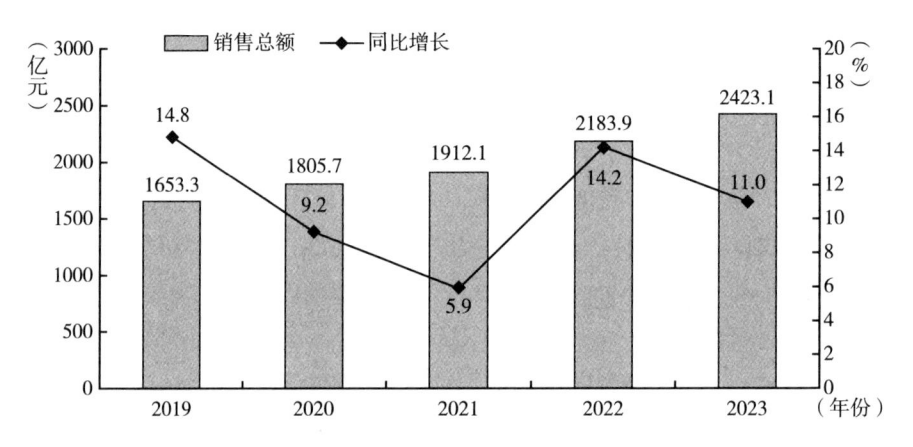

图3　2019~2023年销售额TOP100的药品零售企业销售总额及增长率

资料来源：商务部药品流通管理系统。

2023年，销售额TOP100的药品零售企业平均利润率为4.3%，比上年下降0.1个百分点；平均毛利率为27.4%，比上年下降0.4个百分点；平均费用率为24.7%，比上年上升0.1个百分点（见图4）。

2. 销售额TOP100的药品零售企业门店总数和不同规模企业数量情况

2023年，销售额TOP100的药品零售企业门店总数达到120732家，其中直营门店数87065家，占门店总数的72.11%；销售规模超过10亿元的药品零售企业数量统计见表1，其中销售额超过100亿元的企业有6家。

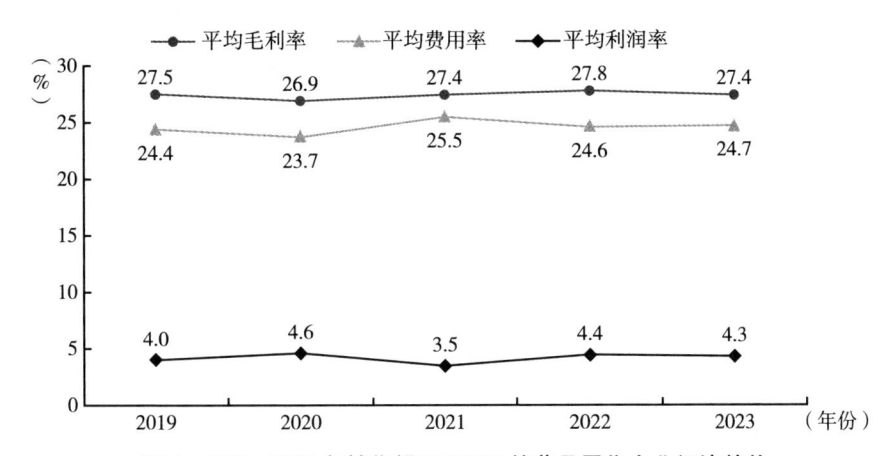

图 4　2019~2023 年销售额 TOP100 的药品零售企业经济效益

资料来源：商务部药品流通管理系统。

表 1　2022~2023 年销售规模超过 10 亿元的药品零售企业数量统计

单位：家

销售规模	2022 年	2023 年	2023 年比 2022 年增加情况
超过 50 亿元	9	11	2
20 亿~50 亿元	11	11	—
10 亿~20 亿元	22	22	—
合计	42	44	2

资料来源：商务部药品流通管理系统。

3. 销售额 TOP100 的药品零售企业区域分布

2023 年，销售额 TOP100 的药品零售企业分布如表 2 所示，排名前 10 省（区、市）企业数量达 73 家。

表 2　2021~2023 年销售额 TOP100 的药品零售企业区域数量分布

单位：家

序号	省（区、市）	2021 年	2022 年	2023 年
1	浙江省	13	14	15
2	四川省	10	11	10
3	山东省	10	8	9

续表

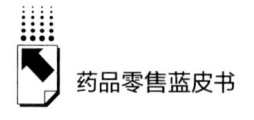

序号	省（区、市）	2021年	2022年	2023年
4	江苏省	8	8	8
5	上海市	9	8	7
6	广东省	7	7	7
7	湖北省	5	5	5
8	湖南省	5	4	4
9	云南省	4	4	4
10	北京市	2	4	4
11	河北省	3	3	3
12	重庆市	3	3	3
13	黑龙江省	3	3	3
14	广西壮族自治区	3	3	3
15	江西省	3	3	3
16	河南省	2	2	2
17	贵州省	2	2	2
18	山西省	2	2	2
19	安徽省	1	1	2
20	吉林省	1	2	1
21	甘肃省	2	1	1
22	陕西省	1	1	1
23	宁夏回族自治区	1	1	1

资料来源：商务部药品流通管理系统。

2023年，在销售额TOP100药品零售企业销售额占比中，湖南省再次成为销售额占比最高的省（区、市）；湖南省销售额占比比上年增加0.31个百分点，上海市销售额占比比上年下降1.26个百分点（见表3）。

表3 2021~2023年药品零售企业销售额TOP100区域销售额占比

单位：%

序号	省（区、市）	2021年	2022年	2023年	位次变动
1	湖南省	17.88	19.29	19.60	—
2	上海市	17.72	16.63	15.37	—
3	广东省	12.60	12.91	13.36	—

续表

序号	省(区、市)	2021年	2022年	2023年	位次变动
4	云南省	9.96	10.41	9.79	—
5	山东省	5.87	6.01	6.01	—
6	北京市	4.70	4.51	5.58	1
7	浙江省	4.81	4.74	4.96	-1
8	湖北省	2.80	3.43	3.84	1
9	四川省	2.44	3.60	3.54	-1
10	江苏省	2.99	3.04	3.22	—
11	重庆市	2.59	2.54	2.39	—
12	河南省	2.07	2.15	2.21	—
13	江西省	1.77	1.72	1.71	1
14	河北省	1.66	1.72	1.58	1
15	广西壮族自治区	1.91	1.77	1.55	-2
16	贵州省	1.45	1.49	1.25	—
17	甘肃省	3.74	1.25	1.25	—
18	黑龙江省	1.00	0.84	0.85	—
19	吉林省	0.96	0.76	0.65	—
20	安徽省	0.29	0.31	0.56	2
21	山西省	0.37	0.37	0.30	-1
22	陕西省	0.32	0.36	0.29	-1
23	宁夏回族自治区	0.11	0.15	0.13	—

资料来源：商务部药品流通管理系统。

4. 药品零售上市公司的盈利情况

2023年，大参林、益丰药房、老百姓、漱玉平民和健之佳五大上市医药零售企业仍保持快速发展。大参林营业收入245.31亿元，同比增长15.45%；益丰药房营业收入225.88亿元，同比增长13.59%；老百姓营业收入224.37亿元，同比增长11.21%；一心堂营业收入173.80亿元，同比下降0.30%；漱玉平民营业收入91.91亿元，同比增长17.49%；健之佳营业收入90.81亿元，同比增长20.85%（见表4）。

表4 A股上市的药品零售企业经营情况

序号	证券代码	证券名称	营业收入 2022年（亿元）	营业收入 2023年（亿元）	同比增长（%）	销售毛利率 2022年（%）	销售毛利率 2023年（%）	2023年比2022年增加（百分点）	净利润率 2022年（%）	净利润率 2023年（%）	2023年比2022年增加（百分点）
1	603233.SH	大参林	212.48	245.31	15.45	37.8	35.9	-1.9	5.08	5.02	-0.06
2	603939.SH	益丰药房	198.86	225.88	13.59	39.53	38.21	-1.32	7.18	7.00	-0.18
3	603883.SH	老百姓	201.76	224.37	11.21	31.88	32.55	0.67	4.84	5.01	0.17
4	002727.SZ	一心堂	174.32	173.80	-0.30	35.05	33	-2.05	5.81	3.22	-2.59
5	301017.SZ	漱玉平民	78.23	91.91	17.49	28.59	28.33	-0.26	2.98	1.52	-1.46
6	605266.SH	健之佳	75.14	90.81	20.85	36.14	35.88	-0.26	4.84	4.56	-0.28
	合计/平均		940.79	1052.08	11.83	34.83	33.98	-0.85	5.12	4.38	-0.73

资料来源：各上市公司年报。

据不完全统计，截至2023年底，A股医药制造及流通等板块有零售业务的上市企业共有30家（见表5），新三板上市的药品零售企业共有2家（见表6）。在医药改革、处方外流的背景下，零售药店市场前景不断广阔，机会不断增多，药品零售行业市场占有率也有望提升，零售药店的发展将持续受到资本市场的关注。

表5 含药品零售业务的A股上市企业2023年经营情况

单位：亿元，%

行业分类	证券名称	零售板块子公司简称	2023年营业收入	2023年零售业务收入	2023年零售业务增长	2023年零售业务毛利率
医药流通	国药控股	国大药房	5965.70	356.89	8.22	—
	上海医药	华氏大药房、上海药房	2602.95	91.11	10.25	11.96
	华润医药	华润堂、德信行、礼安连锁、同德堂	2447.04	95.79	21.34	7.60
	九州通	好药师药房连锁	1501.40	28.15	10.96	17.14
	重药控股	和平药房	801.19	30.34	14.80	20.91
	国药一致	国大药房	754.77	233.28	1.64	24.50
	南京医药	百信药房	535.90	23.28	15.10	14.68

续表

行业分类	证券名称	零售板块子公司简称	2023年营业收入	2023年零售业务收入	2023年零售业务增长	2023年零售业务毛利率
医药流通	英特集团	英特怡年、英特一洲等	320.52	27.53	23.22	9.21
	嘉事堂	嘉事堂药店连锁	299.96	12.85	-27.73	—
	柳药集团	桂中大药房	208.12	28.22	-1.78	21.04
	鹭燕医药	鹭燕大药房	198.46	10.42	23.08	15.54
	人民同泰	人民同泰连锁	103.90	16.01	10.39	21.08
	百洋医药		75.64	3.60	0.01	5.59
	药易购	药易购健康之家	44.30	0.30	51.53	17.64
	浙江震元	震元医药连锁	41.06	11.88	8.94	20.47
	达嘉维康	达嘉维康大药房	39.04	15.05	51.59	18.42
	第一医药	第一医药商店	18.20	12.20	15.90	21.25
医药工业	白云山	采芝林药业连锁、健民连锁	755.15	525.39	6.94	6.99
	同仁堂	同仁堂药店	178.60	103.40	20.88	31.62
	太极集团	桐君阁大药房	156.20	77.26	-3.50	9.60
	片仔癀	片仔癀国药堂	100.60	42.05	3.60	13.85
	济川药业	为你想大药房	96.55	3.59	5.59	44.92
	东北制药	东北大药房	82.43	33.73	-5.47	8.53
	信邦制药	科开大药房	64.61	52.75	-0.09	11.18
	恩华药业	恩华统一	50.42	7.09	37.31	17.32
	丰原药业	丰原大药房	42.75	15.90	-4.68	16.39
	千金药业	千金大药房连锁	37.98	17.11	-3.82	18.74
	马应龙	湖北天下明大药房、马应龙大药房	31.37	10.88	-19.65	6.17
	九芝堂	九芝堂零售连锁	29.61	0.72	-84.88	48.55
其他	开开实业	上海雷西大药房	9.25	3.07	-30.11	18.99

资料来源：各上市公司年报。

表6　新三板上市的药品零售企业2023年经营情况

单位：万元，%

名称	所在省份	2022年营业收入	2023年营业收入	2023年同比增长	2023年毛利率	2023年归属于挂牌公司股东净利润
上元堂	江苏	44172	38151	-13.63	30.32	762.76
神农药房	吉林	18255	17120	-6.22	22.28	84.60

资料来源：挂牌公司年报。

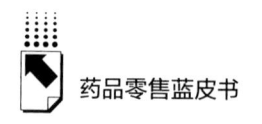

（三）医保定点零售药店分布情况

《2023年医疗保障事业发展统计快报》显示：2023年，基本医疗保险基金（含生育保险）总收入、总支出分别为33355.16亿元、28140.33亿元。截至2023年底，跨省联网定点医药机构55.04万家，其中跨省联网定点医疗机构数量为19.80万家，定点零售药店35.24万家。2023年销售额TOP100的药品零售企业医保定点药店区域分布见表7。

表7　2023年销售额TOP100的药品零售企业医保定点药店区域分布

单位：家，%

序号	省（区、市）	企业数	药店总数	医保定点药店数	医保药店占比
1	贵州省	2	1180	1180	100.00
2	宁夏回族自治区	1	132	132	100.00
3	陕西省	1	210	210	100.00
4	吉林省	1	931	917	98.50
5	黑龙江省	3	627	613	97.77
6	重庆市	3	2478	2346	94.67
7	山西省	2	435	398	91.49
8	云南省	4	15604	14191	90.94
9	甘肃省	1	997	901	90.37
10	安徽省	2	1093	967	88.47
11	四川省	10	3964	3439	86.76
12	江西省	3	1726	1487	86.15
13	江苏省	8	1015	871	85.81
14	河北省	3	1684	1445	85.81
15	上海市	7	11516	9689	84.14
16	广西壮族自治区	3	1604	1345	83.85
17	河南省	2	2741	2237	81.61
18	山东省	9	7235	5720	79.06
19	浙江省	15	2573	1972	76.64
20	湖南省	4	25600	18918	73.90
21	北京市	4	1557	1106	71.03
22	广东省	7	15655	10523	67.22
23	湖北省	5	20175	9913	49.14
	总计	100	120732	90520	74.98

资料来源：商务部药品流通管理系统。

（四）药品零售市场品类销售结构

1. 药品品类销售结构

（1）大类商品的销售

2023年，典型样本城市零售药店①品类销售数据显示，九大类商品销售中位居前三的是化学药品、中成药、生物制品，累计占比达83.9%，同比上升2.1个百分点，其中化学药品同比上升1.8个百分点，生物制品上升0.8个百分点，中成药类下降0.5个百分点（见图5）。

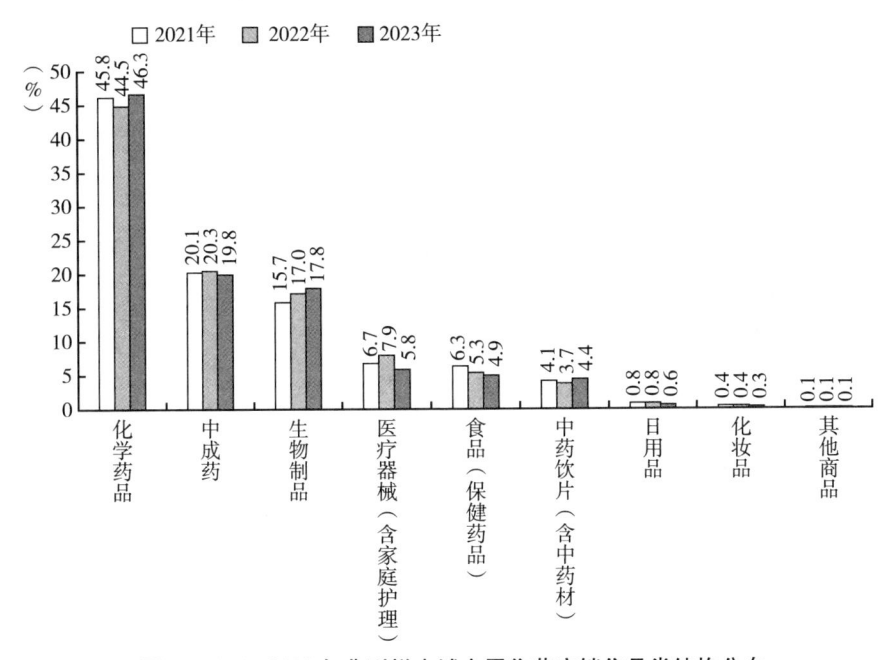

图5 2021~2023年典型样本城市零售药店销售品类结构分布

资料来源：中国医药商业协会。

（2）化学药品大类的销售

与2022年相比，化学药品大类②中，各功能类别药品的销售额占比变

---

① 24个省（区、市）48家药品零售连锁企业，近2600家门店。
② 依据《国家药管平台药品分类编码与基本数据库》进行药品分类。

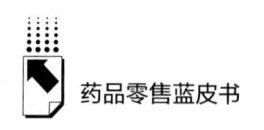

化并不明显，变化相对较大的有抗病毒药物，同比上升1.06个百分点，维生素类、矿物质类及营养类药物同比下降1.29个百分点（见表8）。

表8　2022~2023年典型样本城市零售药店化学药品销售额占比

单位：%，百分点

序号	化学药品大类分类	2022年占比	2023年占比	2023年占比同比上升
1	抗肿瘤药物	28.58	28.50	-0.08
2	心血管系统用药物	12.32	11.99	-0.33
3	神经系统用药物	8.58	8.35	-0.23
4	专科用药物	7.80	7.58	-0.22
5	调节免疫功能药物	5.77	6.21	0.44
6	维生素类、矿物质类及营养类药物	7.42	6.13	-1.29
7	激素及调节内分泌功能类药物	5.92	5.41	-0.51
8	消化系统用药物	5.53	5.39	-0.14
9	呼吸系统用药物	4.08	4.51	0.43
10	抗生素类药物	3.23	3.67	0.44
11	抗病毒药物	2.43	3.49	1.06
12	血液系统用药物	2.46	2.54	0.08
13	泌尿系统用药物	2.37	2.49	0.12
14	抗真菌药物	0.84	1.04	0.20
15	抗变态反应药物	1.00	0.98	-0.02
16	化学合成抗菌药	0.92	0.89	-0.03
17	其他抗感染类药物	0.23	0.28	0.05
18	糖类、盐类与酸碱平衡调节药物	0.16	0.20	0.04
19	抗寄生虫药物	0.12	0.10	-0.02
20	酶类及其他生化药物	0.07	0.08	0.01
21	诊断用药物	0.04	0.06	0.02
22	特殊管理药物	0.04	0.05	0.01
23	抗分枝杆菌药物	0.05	0.04	-0.01
24	麻醉及其辅助用药物	0.03	0.02	-0.01
25	其他化学药物	0.01	0.00	-0.01
26	解毒药	0.00	0.00	0.00

资料来源：中国医药商业协会。

(3) 中成药大类的销售

在中成药大类[①]销售中，清热剂销售额在 2023 年仍居首位，销售额占比较 2022 年下降 3.78 个百分点。补益剂同比上升 3.07 个百分点，开窍剂同比增加 1.10 个百分点，其他类销售额占比变化并不明显（见表9）。

表 9 2022~2023 年典型样本城市零售药店中成药销售额占比

单位：%，百分点

序号	中成药大类分类	2022年占比	2023年占比	2023年占比同比上升
1	清热剂	26.13	22.35	-3.78
2	补益剂	16.40	19.47	3.07
3	理血剂	13.17	13.48	0.31
4	祛痰剂	11.29	11.65	0.36
5	解表剂	7.67	6.74	-0.93
6	开窍剂	5.64	6.74	1.10
7	祛湿剂	5.61	5.59	-0.02
8	五官用药	4.03	3.82	-0.21
9	安神剂	2.54	2.57	0.03
10	理气剂	1.65	1.75	0.10
11	疏风剂	1.29	1.19	-0.10
12	消食剂	1.05	1.12	0.07
13	民族药	1.10	1.08	-0.02
14	妇科用药	0.96	0.97	0.01
15	泻下剂	0.46	0.47	0.01
16	温里剂	0.31	0.36	0.05
17	和解剂	0.30	0.26	-0.04
18	固涩剂	0.14	0.14	0.00
19	外用药	0.11	0.12	0.01
20	其他功用	0.10	0.09	-0.01
21	治燥剂	0.05	0.04	-0.01

资料来源：中国医药商业协会。

---

① 依据《国家药管平台药品分类编码与基本数据库》进行药品分类。

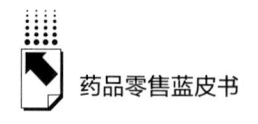

2. 药品品种销售结构

(1) 单品种销售额的TOP10

在化学药品、中成药和生物制品销售中，典型样本城市零售药店2023年药品销售额TOP10中，片剂4种，注射剂3种，胶囊2种，丸剂1种；6种为跨国企业生产，4种为本土企业生产（见表10）。

表10　2023年典型样本城市零售药店单药品销售额TOP10排序（化学药品、中成药、生物制品）

单位：万元，%

序号	品名	生产企业	销售额	占比
1	帕妥珠单抗注射液	Roche Pharma(Schweiz) AG	12691.73	1.09
2	甲磺酸奥希替尼片	AstraZeneca AB	11898.79	1.02
3	盐酸阿来替尼胶囊	Roche Registration Ltd.	11608.50	1.00
4	司库奇尤单抗注射液	Novartis Pharma Schweiz AG	10318.98	0.89
5	安宫牛黄丸	北京同仁堂股份有限公司同仁堂制药厂	8834.06	0.76
6	甲磺酸阿美替尼片	江苏豪森药业集团有限公司	8573.45	0.74
7	甲磺酸伏美替尼片	江苏艾力斯生物医药有限公司	8546.47	0.73
8	度普利尤单抗注射液	Sanofi Winthrop Industrie	8069.76	0.69
9	盐酸安罗替尼胶囊	正大天晴药业集团股份有限公司	7306.36	0.63
10	阿托伐他汀钙片	辉瑞制药有限公司	7014.43	0.60

资料来源：中国医药商业协会。

(2) 生产企业销售情况

2023年，典型样本城市零售药店药品①供应商仍以本土企业为主，销售额占比为60.0%，同比下降0.1个百分点，跨国企业销售额占比同比上升0.1个百分点（见图6）。

2023年典型样本城市零售药店本土生产企业销售额排序中，正大天晴、江苏恒瑞、江苏豪森位居前三，合计占比达6.39%；跨国生产企业销售额排序位居前三的合计占比达17.34%（见表11、表12）。

① 药品指化学药品、中成药、生物制品。

2023年中国药品零售市场发展报告

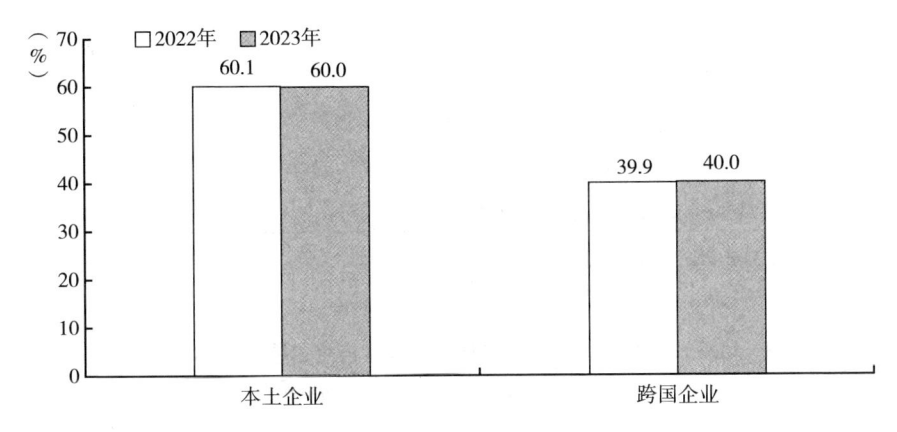

图6　2022~2023年典型样本城市零售药店药品供应商市场份额占比

资料来源：中国医药商业协会。

表11　2023年典型样本城市零售药店本土生产企业销售额TOP20排序（化学药品、中成药、生物制品）

单位：%

序号	生产企业	样本市场占比
1	正大天晴药业集团股份有限公司	2.56
2	江苏恒瑞医药股份有限公司	1.96
3	江苏豪森药业集团有限公司	1.87
4	石药集团欧意药业有限公司	1.80
5	北京同仁堂股份有限公司同仁堂制药厂	1.63
6	贝达药业股份有限公司	1.38
7	齐鲁制药有限公司	1.33
8	上海复宏汉霖生物制药有限公司	1.30
9	江苏艾力斯生物医药有限公司	1.22
10	中山康方生物医药有限公司	1.15
11	扬子江药业集团有限公司	1.08
12	东阿阿胶股份有限公司	1.06
13	信达生物制药（苏州）有限公司	1.03
14	云南白药集团股份有限公司	0.96
15	北京同仁堂科技发展股份有限公司制药厂	0.88
16	苏州盛迪亚生物医药有限公司	0.81
17	厦门特宝生物工程股份有限公司	0.81

015

续表

序号	生产企业	样本市场占比
18	济川药业集团有限公司	0.80
19	漳州片仔癀药业股份有限公司	0.76
20	泰州复旦张江药业有限公司	0.74

资料来源：中国医药商业协会。

表12　2023年典型样本城市零售药店跨国生产企业销售额TOP20排序（化学药品、中成药、生物制品）

单位：%

序号	生产企业	样本市场占比
1	Novartis Pharma Schweiz AG	7.06
2	AstraZeneca AB	5.55
3	Roche Pharma（Schweiz）AG	4.73
4	辉瑞制药有限公司	4.53
5	Roche Registration Ltd.	2.51
6	Novo Nordisk A/S	2.37
7	Sanofi Winthrop Industrie	2.12
8	Janssen-Cilag International N.V.	1.93
9	Lilly del Caribe Inc.	1.76
10	Pfizer Manufacturing Deutschland GmbH	1.66
11	Bayer AG	1.61
12	惠氏制药有限公司	1.47
13	Patheon Italia S.P.A.	1.30
14	AstraZeneca UK Limited	1.18
15	Roche Diagnostics GmbH	1.13
16	中美天津史克制药有限公司	1.13
17	Eisai Co., Ltd.	1.08
18	Amgen Inc.	1.07
19	德国威玛舒培博士药厂	1.02
20	中美上海施贵宝制药有限公司	1.01

资料来源：中国医药商业协会。

2023年典型样本城市零售药店化学药品、中成药销售额前三大类中TOP10生产企业排序分别见表13和表14。

表13 2023年典型样本城市零售药店化学药品前三大类TOP10生产企业排序

单位：%

序号	类别	排序	生产企业	占比
1	抗肿瘤药物	1	AstraZeneca AB	8.04
		2	正大天晴药业集团股份有限公司	7.46
		3	江苏豪森药业集团有限公司	6.50
		4	Roche Registration Ltd.	6.40
		5	Novartis Pharma Schweiz AG	5.30
		6	贝达药业股份有限公司	5.27
		7	江苏艾力斯生物医药有限公司	4.66
		8	石药集团欧意药业有限公司	3.80
		9	Pfizer Manufacturing Deutschland GmbH	2.92
		10	江苏恒瑞医药股份有限公司	2.86
2	心血管系统用药物	1	辉瑞制药有限公司	14.64
		2	Novartis Pharma Schweiz AG	7.86
		3	泰州复旦张江药业有限公司	6.73
		4	拜耳医药保健有限公司	4.79
		5	阿斯利康药业（中国）有限公司	4.59
		6	北京诺华制药有限公司	3.67
		7	AstraZeneca AB	3.11
		8	阿斯利康制药有限公司	2.54
		9	Sanofi-Aventis Groupe	2.33
		10	施慧达药业集团（吉林）有限公司	2.22
3	神经系统用药物	1	德国威玛舒培博士药厂	8.63
		2	上海强生制药有限公司	6.13
		3	中美天津史克制药有限公司	5.78
		4	石药集团恩必普药业有限公司	3.35
		5	江苏正大清江制药有限公司	3.08
		6	Bayer S.p.A.	2.61
		7	吉林省天成制药有限公司	2.60
		8	药大制药有限公司	2.31
		9	H. Lundbeck A/S	2.05
		10	UCB Pharma S.A.	1.87

资料来源：中国医药商业协会。

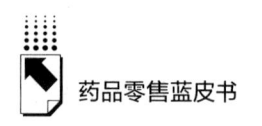

表14　2023年典型样本城市零售药店中成药前三大类TOP10生产企业排序

单位：%

序号	类别	排序	生产企业	占比
1	清热剂	1	漳州片仔癀药业股份有限公司	8.61
		2	扬子江药业集团有限公司	8.36
		3	江西康恩贝中药有限公司	4.33
		4	济川药业集团有限公司	4.29
		5	太极集团重庆涪陵制药厂有限公司	3.55
		6	石家庄以岭药业股份有限公司	3.45
		7	云南白药集团股份有限公司	3.34
		8	陕西海天制药有限公司	2.95
		9	天士力医药集团股份有限公司	2.48
		10	黑龙江葵花药业股份有限公司	2.17
2	补益剂	1	东阿阿胶股份有限公司	13.82
		2	仲景宛西制药股份有限公司	5.49
		3	江西济民可信药业有限公司	5.33
		4	扬子江药业集团江苏龙凤堂中药有限公司	4.23
		5	启东盖天力药业有限公司	3.54
		6	广州白云山陈李济药厂有限公司	3.28
		7	郑州市协和制药厂	2.70
		8	九芝堂股份有限公司	2.37
		9	山东福牌阿胶股份有限公司	2.33
		10	北京同仁堂科技发展股份有限公司制药厂	1.99
3	理血剂	1	云南白药集团股份有限公司	9.19
		2	天士力医药集团股份有限公司	5.45
		3	河南羚锐制药股份有限公司	5.36
		4	云南白药集团无锡药业有限公司	5.36
		5	津药达仁堂集团股份有限公司第六中药厂	3.89
		6	石家庄以岭药业股份有限公司	3.85
		7	上海和黄药业有限公司	3.30
		8	昆药集团股份有限公司	2.67
		9	陕西步长制药有限公司	2.54
		10	广州白云山和记黄埔中药有限公司	1.56

资料来源：中国医药商业协会。

（五）执业药师配备情况

据国家药品监督管理局执业药师资格认证中心统计，截至2023年12月底，全国累计在注册有效期内的执业药师有789313人，环比增加6630人；每万人口执业药师数为5.6人。注册在药品零售企业的执业药师有714067人，占注册总数的90.5%（见表15）。

二 药品零售市场发展主要特点

（一）政策推动行业健康有序发展

近几年，国家密集性出台了一系列药品流通监管与发展相关的政策法规，推动了药品零售市场规范的高质量发展。2022年12月1日正式实施的《药品网络销售监督管理办法》对网售药品有了正式的监管规范，也正式承认网售成为药品零售的一种新业态。一方面有助于发挥"互联网+"药品流通的优势，开放网售处方药市场以进一步激发药品零售市场活力；另一方面也依法规范了药品网络零售者的行为，为促进互联网医药零售市场的健康有序发展提供了制度保障。《药品经营和使用质量监督管理办法》细化了药品零售连锁管理要求，通过明确行业标准，为药品零售市场健康发展营造公平竞争的市场环境。国家医疗保障局印发的《关于进一步做好定点零售药店纳入门诊统筹管理的通知》、《2023年医疗保障基金飞行检查工作方案》以及《关于加强医疗保障基金使用常态化监管的实施意见》等，使整个药品零售行业在可能迎来新一轮发展机遇的同时，市场也将进一步得以净化，药品零售市场将朝着更加健康有序的方向发展。

（二）服务模式向专业化转变

随着消费者对服务需求的升级，更多的临床医生和患者开始关注"专业化药房""药学服务"，零售药店的服务模式正从"以产品为中心"向"以患

表15 2023年零售药店执业药师配备情况

地区	常住人口数(万人)	零售药店情况				店均服务人数(人)	累计在有效期内人数(人)	执业领域			零售门店执业配备率(%)
		连锁门店数量(家)	单体门店数量(家)	小计(家)	连锁率(%)			药品生产企业(家)	药品批发企业(家)	药品零售企业执业药师(人)	
合计	140967	385594	281366	666960	57.81	2114	789313	5441	46015	714067	107
北京	2185.8	2631	2588	5219	50.41	4189	9149	100	921	7332	140
天津	1364	2030	3459	5489	36.98	2485	8771	198	576	7523	137
河北	7393	22067	13489	35556	62.06	2080	37750	120	1508	34034	96
山西	3466	7863	9734	17597	44.68	1970	21446	76	897	19643	112
内蒙古	2396	9304	9443	18747	49.63	1279	20403	36	580	18396	98
辽宁	3074	15457	12246	27703	55.80	1110	32716	36	905	31311	113
吉林	2339.4	7358	9686	17044	43.17	1373	19605	175	1355	17657	104
黑龙江	3099	12490	11069	23559	53.02	1316	21279	48	1193	19573	83
上海	2487	4114	348	4462	92.20	5574	8696	196	762	7629	171
江苏	8526	20002	16242	36244	55.19	2353	45532	68	2203	42889	118
浙江	6627	14017	11129	25146	55.74	2636	37668	471	6543	30417	121
安徽	6121	14064	9920	23984	58.64	2553	34344	311	1844	28755	120
福建	4183	5496	7450	12946	42.45	3232	18873	284	807	17519	135
江西	4515	7114	7479	14593	48.75	3094	15582	86	1237	14038	96
山东	10123	35570	13309	48879	72.77	2072	59719	357	2236	54911	112
河南	9815	18203	15666	33869	53.75	2898	49587	169	2016	45768	135
湖北	5838	12848	10734	23582	54.48	2476	30875	353	2148	27301	116
湖南	6568	20380	7916	28296	72.02	2322	33993	93	1380	31921	113

续表

地区	常住人口数（万人）	零售药店情况				店均服务人数（人）	执业领域				零售门店执业配备率(%)
^	^	连锁门店数量（家）	单体门店数量（家）	小计（家）	连锁率(%)	^	累计在有效期内人数（人）	药品生产企业（家）	药品批发企业（家）	药品零售企业执业药师（人）	^
广东	12706	32273	35670	67943	47.50	1871	80760	844	4199	75150	111
广西	5027	17706	7607	25313	69.95	1986	29244	52	941	27795	110
海南	1043	4064	1725	5789	70.20	1802	5045	154	878	3853	67
重庆	3191.4	8583	11235	19818	43.31	1611	22046	457	2066	19157	97
四川	8368	44656	7253	51909	86.03	1613	52599	197	2704	47385	91
贵州	3865	8022	12226	20248	39.62	1909	13478	60	600	12233	60
云南	4673	13215	9905	23120	57.16	2022	22972	313	1655	20422	88
西藏	365	375	705	1080	34.72	3380	937	6	217	692	64
陕西	3952	7213	11956	19169	37.63	2062	24424	23	1356	22492	117
甘肃	2465	3233	5592	8825	36.63	2794	13275	91	815	11669	132
青海	594	1482	734	2216	66.88	2681	2280	33	209	1989	90
宁夏	729	3696	2049	5745	64.33	1269	5287	20	623	4470	78
新疆	2598	8725	2168	10893	80.10	2386	9346	14	556	8622	79
新疆兵团	—	1343	634	1977	67.93	—	1632	0	85	1521	77

资料来源：各省（区、市）统计局统计公报、药品监督管理统计年度数据。

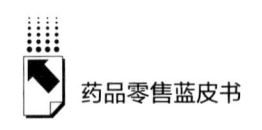

者为中心"转变。专业药房的全流程药事管理成为零售药房创新发展提高专业服务能力的新模式，各药品零售企业持续布局专业药房建设。2023年企业年报显示，截至2023年底，国控专业药房总数已达到1593家，华润医药特药药房总数已达272家，益丰药房、大参林、老百姓DTP专业药房数分别为305家、227家、176家，健之佳特药药房总数209家。

中国医药商业协会积极引领行业，顺应新的发展要求，组织制定的特药药房标准及肺癌、乳腺癌、结直肠癌、"三高"、咳喘等单病种药学服务标准，进一步提升了药品零售企业在肿瘤、慢病等疾病领域的专业化、标准化服务能力，成为临床医疗机构专病服务的重要补充。

（三）信息化数智化发展持续深入

消费者需求的多元化、高科技的深入演变、市场竞争的日趋激烈使药品零售企业也在不断探索互联网数字化发展。通过信息化技术，药品零售企业不断提升会员管理能力和患者依从性、提高药师药学服务能力，实现药品质量保障、提高企业运营效率。如华润德信行的药学服务平台，通过建立患者管理、处方管理、药学知识库、随访管理四个中心，打造数字化服务场景，利用数字化工具赋能药事服务；老百姓"智慧零售中心"打造"营、采、商、销"全链路提效，全面提升"人、货、场"精细化运营能力。药品零售企业通过互联网数字化探索转型，运用全渠道管理、流行趋势预测、智能商品管理、商品全生命周期管理等系统，提升企业运营能力及服务能力。

（四）药品网络销售增长较快，医药电商自营迅猛发展

随着平台经济电子商务和终端物流配送的快速发展，以及新一代消费者的购药习惯发生转变，近年来我国医药电商得到快速发展，2023年，网上药店销售占比达到33.0%，实体药店销售占比呈持续下滑态势，跌至67.0%（见图7）。医药电商自营业务快速发展，据阿里健康和京东健康年报数据，其盈利收入主要是来源于医药电商板块，阿里健康从2018年的24.43亿元增长至2023年的267.63亿元，五年间实现了近十倍的增长，其

中医药自营业务收入达235.92亿元,增长率为31.71%。京东健康2018年的营收为81.69亿元,到2023年全年营收达535亿元,其中京东药房营收为457亿元,占比达85.4%,同比增长13.1%。

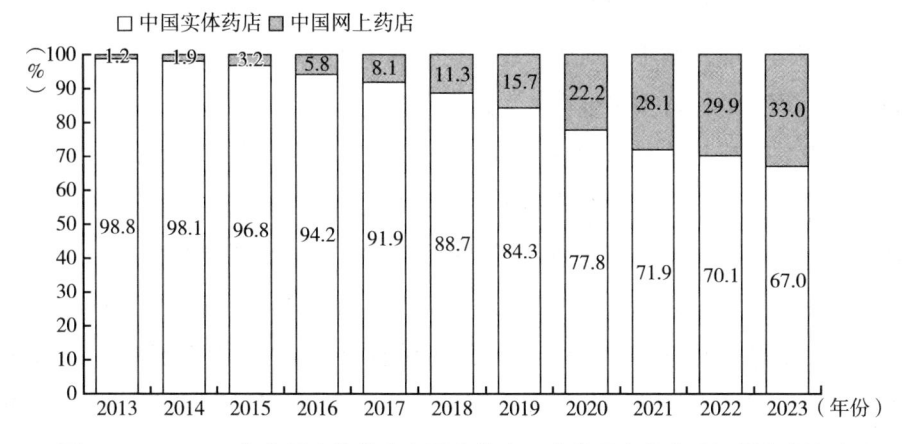

年份	中国实体药店	中国网上药店
2013	98.8	1.2
2014	98.1	1.9
2015	96.8	3.2
2016	94.2	5.8
2017	91.9	8.1
2018	88.7	11.3
2019	84.3	15.7
2020	77.8	22.2
2021	71.9	28.1
2022	70.1	29.9
2023	67.0	33.0

图7 2013~2023年中国实体药店和网上药店(含药品和非药品)销售额占比

资料来源:米内网。

(五)行业集中度进一步提升

大型零售药店连锁企业依托于完善的采购、物流、销售体系,形成了较大的规模和较强的品牌影响力,竞争优势明显。各大企业依托自建、并购、加盟、联盟等模式立体深耕下沉市场,单体药店或小型连锁药店经营压力日益增加。上市企业年报显示,截至2023年末,大参林门店总数14074家,净增4029家门店;老百姓门店总数13574家,净增门店3388家;益丰药房药店13250家,新增门店3196家;一心堂及其全资子公司共拥有直营连锁门店10255家,漱玉平民拥有门店7337家,健之佳门店规模达5116家。截至2024年第一季度末,好药师直营及加盟药店已达到21192家。其中门店数量破万的企业有国大、大参林、老百姓、益丰药房、一心堂、好药师,行业集中度进一步提升。

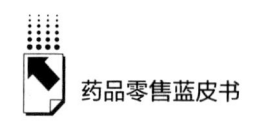

（六）门诊统筹政策在零售药店实施后效果仍在进一步探索中

自2023年发布门诊统筹政策后，各地落地进展程度不一致，导致各区域门诊统筹药店在执行中效果参差不齐。例如，在无锡等城市执行整体效果较好，但对于大多数零售药店来说，运营成本较高，市场竞争激烈，纳入门诊统筹管理落地仍有很多难点。大连市在推进门诊统筹改革的过程中，着手建立了基层医疗机构处方流转机制，并确定了部分处方流转定点药店。然而，处方外流没有行业预期的那样快，处方主要还是从等级医院流到了社区医院，与药店关系不大。这种情况具有普遍性。国家医保局报告显示，截至2023年8月，全国已有25个省（区、市）公布了试点药店名单，获得统筹资质的门店数量超过14万家。许多药店对参与门诊统筹持积极态度，以湖北、江西为例，药店整体参与度很高，已公布3000家以上门店。但也有部分药店持观望态度，在执行门诊统筹政策过程中，很多药店因投入成本高、监管严格等，而对统筹政策不敢抱太大希望。因此，定点零售药店纳入门诊统筹管理政策的实施对零售药店的发展是促进还是收紧，前景尚不明确，效益初显，但难点尚存。

（七）商誉金额持续增加

在持续并购整合的趋势下，6家上市连锁药房的商誉金额持续增加，商誉金额均值已达到31.52亿元，商誉金额占净资产比例均值达到54.39%（见表16）。近年来大规模收购也持续发生，例如老百姓在2022年以17.3亿元对价收购了湖南地区的大型连锁品牌怀仁药房，这一战略性收购助力老百姓成为湖南省域门店数和销售额最多的连锁药店企业，规模效应明显。截至2023年底，老百姓账面商誉金额累计已达到58.4亿元（见图8），商誉金额占总资产比例为27.49%，占净资产比例为80.06%。如果未来政策发生重大不利变化，消费人群购买习惯发生变化，或者发生不可抗的重大不利事件，并购门店未来经营状况未达预期，则存在商誉金额减值风险。

表16 2023年六大连锁药房商誉金额占比

单位：万元，%

上市公司	商誉金额	总资产	商誉金额占总资产比例	长期资产	商誉金额占长期资产比例	净资产	商誉金额占净资产比例
大参林	302361.51	2412330.08	12.53	1332500.82	22.69	793308.47	38.11
益丰药房	461054.93	2413653.92	19.10	1200762.85	38.40	1044708.77	44.13
老百姓	583586.12	2123100.00	27.49	1210111.93	48.23	728903.99	80.06
一心堂	164960.74	1664737.53	9.91	675448.95	24.42	787701.66	20.94
健之佳	240313.15	994893.45	24.15	601136.07	39.98	284461.62	84.48
漱玉平民	138718.16	933367.64	14.86	382302.19	36.28	236623.25	58.62
平均	315165.77	1757013.77	18.01	900377.13	35.00	645951.29	54.39

资料来源：各公司年报。

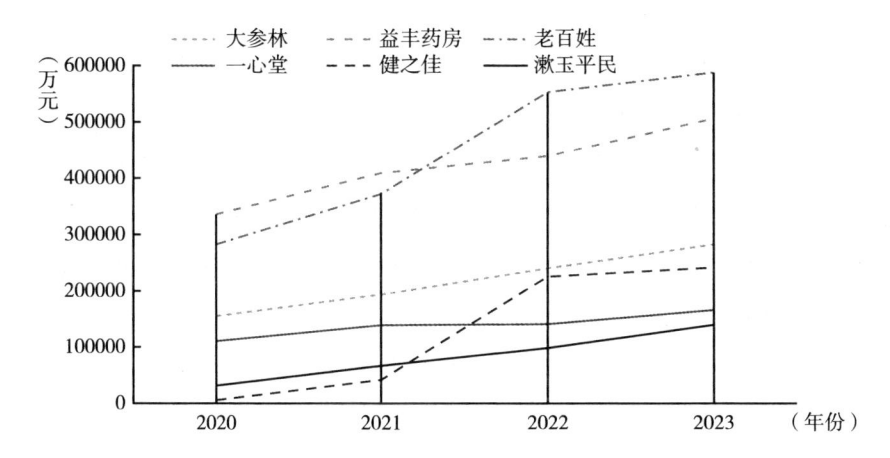

图8 2020~2023年六大连锁药房商誉金额变动情况

资料来源：各公司年报。

三　国外发达国家借鉴

在国外一些发达国家，医药连锁经营方面的发展非常成熟，零售药店已从单纯的药品零售渠道转变为医疗服务和产品的提供者。国外发达国家零售

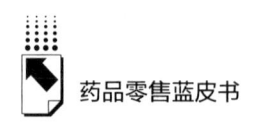

药店的特点和经验，可以为我国药品零售药店的发展提供借鉴。

在美国、英国、加拿大、奥地利、葡萄牙等地区，法律允许药剂师为民众接种疫苗，研究发现，当药剂师更多地参与到疫苗普及这项任务后，疫苗接种率有了较大幅度的提升。

英国国家医疗服务体系推出了一项"初诊去药店"（Pharmacy First）的政策，旨在为患者提供更加便捷和高效的医疗咨询和治疗。"初诊去药店"的服务通常适用于一些常见的、不严重的健康问题，例如感冒、轻度感染、皮肤问题等。患者可以直接前往获得英国国家医疗服务体系特别授权的药店来寻求帮助，而不需要再经过医生或者医疗机构的诊断。这些获得特别授权的药店的药剂师将根据患者的症状和健康状况，提供专业的医疗建议和适当的药物治疗。

在创新服务数字化方面，英国博姿的"博姿线上医生"（Boots Online Doctor）为顾客提供几十种健康咨询和指导服务，包括线上问诊后的处方、补方和审方、心理咨询、焦虑症和抑郁症的相关咨询、减肥、戒烟、脱发治疗、两性健康、糖尿病管理等指导。除了顾客服务外，中后台的数字化技术还在很大程度上解放了药剂师。沃尔格林在美国利用 AI 技术精准预测，优化药店库存管理。截至 2023 年 10 月，沃尔格林在美国布局了 11 家区域处方处理中心，利用 AI 机器人集中分拣做好配药、贴标工作，平均每周协助 29 个州的 4300 多家沃尔格林药店完成 230 万张处方的贴标发药准备，为药剂师省却了每天机械化操作配药相关的事务。这为药剂师转型为"社区健康诊疗服务人员"创造了条件，他们可以有更多时间面对顾客、服务顾客。预计到 2025 年沃尔格林所有处方量的一半可以在这些高度自动化的中心得到处理。

四　药品零售市场未来发展趋势及展望

（一）药品零售市场规模持续增长

随着人们对健康关注的增加，以及银发经济时代的到来，国家日益重视医疗健康领域的支出，为零售药店发展提供了良好的外部环境。随着医药改革的继续深化以及医药分开政策的进一步实施，长期来看，零售药店市场规模将持续增长。

（二）行业集中度持续提升

药品流通行业"十四五"规划提出了要在2025年实现药品零售连锁率接近70%的目标。随着门店布局越来越广泛，行业正在加速并购整合。整体来看，我国连锁药店处于集中度持续提升的时期，行业的集中度在未来会进一步提升。收购整合是药品零售行业发展道路上难以避免的一步，做好收购标的资源整合，快速提升盈利能力的公司才能持续领先。

（三）专业药学服务需求凸显

近年来，国内药品零售企业纷纷建立特药药房、慢病药房，以满足特殊疾病和慢性病患者的购药及服务需求。未来，随着更多的院内药品销售流转到院外零售渠道，院内院外合作，形成闭环药学服务管理将成为医护更轻松、患者更满意的高效作业方式。药品零售行业专业化发展步伐也将加快，专业药学服务能力将成为企业的核心竞争力。

（四）多元化经营新趋势

随着人口老龄化程度加深，根据市场需求的变化，多元化经营将是未来零售药店的发展方向。药品零售企业运用自身专业基础，开展药品、医疗器械、中高档药材、药食同源、养生文化、药妆美妆、增发产品等多方面的经营，以及提供商保服务、康养服务、适老化服务等，共筑"15分钟医疗健康生活圈"新格局。

（五）数智化赋能

科技的发展，人工智能、大数据等技术的应用，为药店提供了更加精准

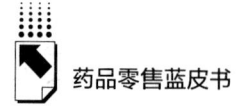

的营销与服务。新质生产力的引领，有助于加速药品零售业务的创新转型，使其迈进更数智化的阶段。药品零售企业着眼医药零售业发展的新技术、新模式、新业态，加快动能转换，数智化转型将是零售药店提高运营效率和服务质量、实现增长的必由之路。

B.2
2023年特殊疾病药品零售药房发展报告

中国医药商业协会*

摘　要： 本文通过对经营特殊疾病药品的药房的经营数据分析，展示了特药药房的发展现状、市场运营情况和服务创新模式，特药药房发展呈现规模持续增长、积极探索创新经营模式、提供多元化服务、专业服务助力特药药房高质量发展等特点，未来将更加专业化、规范化、数智化、个性化、一体化。

关键词： 特药药房　药品零售　药学服务　"双通道"政策

一　特药药房发展现状

中国经营特殊疾病药品零售药房（以下简称"特药药房"）通常指专营或兼营治疗特殊疾病药品的零售药店（Direct to Patient，俗称"DTP药房"）。较之传统药房，特药药房更注重对患者用药的全病程管理，提供更专业的药学服务，经营的药品以创新药、原研药为主，大多数的特药药房还承担着各类医保咨询申请、慈善援助药品发放及商保创新支付服务。随着我国多层次医疗保障体系构建，医保"双通道"政策推进，以及创新药不断上市，特药药房规模呈现增长态势。在数智化技术助力下，特药药房努力探索服务创新模式，在提高患者用药可及性和可负担

* 执笔人：石晟怡、蒋丽华、柳恒，中国医药商业协会。

性的同时，深入持续开展药学服务，为推动药品零售行业专业化发展发挥了重要作用。

（一）特药药房的基本情况

1. 特药药房数量

根据2023年上市企业年度报告和中国医药商业协会对部分企业调研，特药药房平均占比为12.83%（见表1）。

表1　2023年部分企业特药药房数量占比

单位：家，%

企业名称	药店数量	特药药房	占比
国药控股SPS+专业药房	1593	730	45.83
益丰大药房连锁股份有限公司	13250	305	2.30
华润医药商业集团医药公司	790	272	34.43
国药控股国大药房有限公司	10516	397	4.00
大参林医药集团股份有限公司	14074	227	1.61
健之佳医药连锁集团股份有限公司	5116	209	2.72
老百姓大药房连锁股份有限公司	13574	176	1.30
广西柳州医药股份有限公司	814	174	21.38
湖南达嘉维康医药产业股份有限公司	1400	137	9.79
南京医药股份有限公司	550	135	24.55
漱玉平民大药房连锁股份有限公司	4104	90	2.00
哈药集团人民同泰医药股份有限公司	391	15	3.84

资料来源：2023年上市企业年度报告和中国医药商业协会调研数据。

2. 特药达标药房类型和经营面积

2023年，根据中国医药商业协会对304家特药药房标准达标药店（以下简称"特药达标药房"）典型调查，连锁药店占比62.50%，单体药店占比37.50%；其中以院边店为主，占比85.20%（见图1）；店均营业面积为

328.92平方米，其中特药经营面积平均为105.83平方米，特药经营面积占整体经营面积的32.17%。

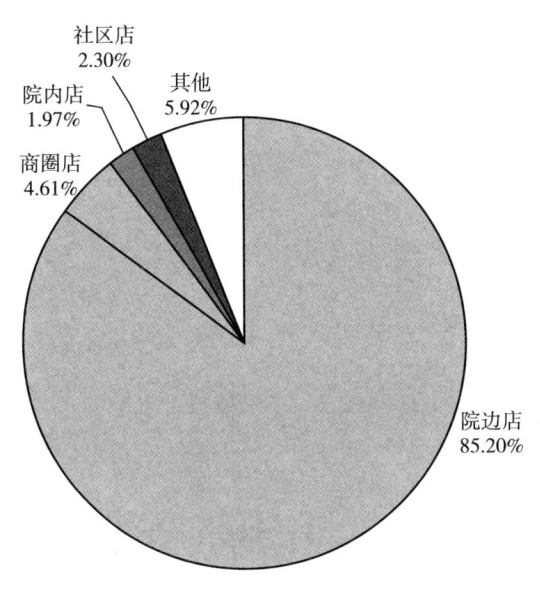

图1　2023年各类型特药达标药房数量占比

资料来源：中国医药商业协会。

3. 特药达标药房医保定点情况

据对特药达标药房统计，医保定点药店占比98.36%，非医保定点药店占比1.64%，开通医保统筹药店占比86.84%（见表2）。

表2　2023年特药达标药房分布及医保情况

单位：家，%

序号	省（区、市）	特药达标药房数量	医保统筹药店数量	医保统筹占比
1	山东	41	39	95.12
2	广东	37	20	54.05
3	河北	31	27	87.10
4	湖南	26	25	96.15
5	江苏	24	23	95.83
6	陕西	18	16	88.89

续表

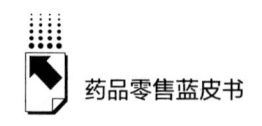

序号	省（区、市）	特药达标药房数量	医保统筹药店数量	医保统筹占比
7	河南	15	12	80.00
8	黑龙江	14	14	100.00
9	广西	11	11	100.00
10	安徽	10	10	100.00
11	湖北	9	9	100.00
12	四川	7	7	100.00
13	天津	7	7	100.00
14	浙江	7	6	85.71
15	云南	7	6	85.71
16	福建	6	5	83.33
17	江西	5	5	100.00
18	北京	5	1	20.00
19	重庆	4	4	100.00
20	山西	4	4	100.00
21	辽宁	4	4	100.00
22	海南	3	2	66.67
23	吉林	2	2	100.00
24	宁夏	2	1	50.00
25	甘肃	2	2	100.00
26	上海	2	1	50.00
27	内蒙古	1	1	100.00
	总计	304	264	86.84

资料来源：中国医药商业协会。

4. 药学技术人员配备情况

截至2023年底，参与调查的特药达标药房共有员工4512人，店均员工14.84人，其中药学技术人员共3052人，店均10.04人，药学技术人员占比为67.64%。中国医药商业协会对特药达标药房的3052位药学技术人员调查发现，其中执业药师1225人，占药学技术人员的40.14%，平均每家药店执业药师为4.03人。

从药学技术人员受教育状况看，本科及以上学历1092人，占药学技术人员的35.78%，与2022年相比增加164人；药学专业1892人，占药学技术人员的61.99%，比2022年提高2个百分点。

从药学技术人员年龄看，30岁以下占比30.93%，30~39岁占比40.63%，40~49岁占比24.61%，50岁及以上占比3.83%。

对药学技术人员从业年限调查发现，从业年限6~10年人员占比最大，达27.22%，其次是从业1~5年、11~15年，占比分别为27.19%、20.27%。

（二）特药达标药房的经营情况

2023年，特药达标药房店均经营品规数2018个，其中店均经营特药品规数113个，店均含税销售额9234万元，店均特药药品含税销售额6886万元，占特药达标药房整体销售额的74.57%；年店均处方数量28622张，日均处方数78张，特药处方数量12593张；店均建立患者档案2862份；店均年服务患者12401人次，平均每天服务特病患者34人次。

1. 经营品种数量

2023年，经中国医药商业协会调研，特药达标药房经营的特药品种共336个，主要涉及抗肿瘤药、免疫抑制剂、罕见病用药及其他疾病用药，其中抗肿瘤药经营品种数量占比最高，为48.51%；其次是免疫抑制剂药物，占比为13.69%（见表3）。

表3 2023年特药达标药房经营品种数量及占比

单位：个，%

序号	分类	经营品种	经营品种数占比
1	抗肿瘤药	163	48.51
2	免疫抑制剂	46	13.69
3	全身用抗病毒药	25	7.44
4	内分泌治疗用药	17	5.06
5	抗出血药	13	3.87
6	免疫兴奋剂	12	3.57

续表

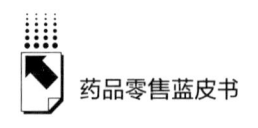

序号	分类	经营品种	经营品种数占比
7	眼科用药	5	1.49
8	其他皮科制剂	4	1.19
9	抗血栓形成药	4	1.19
10	泌尿生殖系统药和性激素	4	1.19
11	垂体和下丘脑激素及类似物	4	1.19
12	治疗骨病的药物	3	0.89
13	抗高血压药	3	0.89
14	其他治疗药物	33	9.82
	合计	336	100.00

资料来源：中国医药商业协会。

2. 特药销售额增长情况[①]

经中国医药商业协会调研，2021~2023年特药达标药房的特药药品销售额呈现增长（见表4）。

表4　2021~2023年特药达标药房的特药药品年度销售额及增速

单位：万元，%

年度	销售额	增速
2021	1350823	—
2022	1451084	7.42
2023	1559951	7.50

资料来源：中国医药商业协会。

3. 各类药品销售额占比

2023年，特药达标药房经营的品种中，抗肿瘤药销售额占比最高，为73.83%（见表5）。

---

① 中国医药商业协会对247家2021~2023年特药达标药房销售情况进行调查数据。

表5 2023年特药药房经营品类销售额占比

单位：%

序号	分类	占比
1	抗肿瘤药	73.83
2	免疫抑制剂	9.65
3	内分泌治疗用药	3.38
4	抗出血药	3.16
5	免疫兴奋剂	2.32
6	其他皮科制剂	2.03
7	全身用抗病毒药	1.49
8	眼科用药	0.84
9	其他抗肿瘤药	0.47
10	治疗骨病的药物	0.46
11	血脂调节剂	0.34
12	心脏治疗药	0.27
13	治疗阻塞性气道疾病的其他全身用药物	0.27
14	其他治疗药物	1.50

资料来源：中国医药商业协会。

4. 特药药品销售排名

2023年，特药达标药房特药药品销售数量前三名的品种是司库奇尤单抗注射液、信迪利单抗注射液、盐酸埃克替尼片（见表6）。

表6 2023年特药达标药房特药药品销售数量前10位

序号	药品名称	商品名	规格	包装规格	生产企业
1	司库奇尤单抗注射液	可善挺	1ml：150mg	1	Novartis Pharma Schweiz AG
2	信迪利单抗注射液	达伯舒	10ml：100mg	1	信达生物制药（苏州）有限公司
3	盐酸埃克替尼片	凯美纳	125mg	21	贝达药业股份有限公司
4	甲磺酸阿美替尼片	阿美乐	55mg（按 $C_{30}H_{35}N_7O_2$ 计）	20	江苏豪森药业集团有限公司

续表

序号	药品名称	商品名	规格	包装规格	生产企业
5	替雷利珠单抗注射液	百泽安	10ml：100mg	1	广州百济神州生物制药有限公司
6	甲磺酸奥希替尼片	泰瑞沙	80mg	30	AstraZeneca AB
7	注射用重组人Ⅱ型肿瘤坏死因子受体-抗体融合蛋白	益赛普	25mg/瓶	1	三生国健药业（上海）股份有限公司
8	西妥昔单抗注射液	爱必妥	20ml：100mg	1	Merck KGaA
9	贝伐珠单抗注射液	安可达	100mg：4ml	1	齐鲁制药有限公司
10	注射用曲妥珠单抗	汉曲优	0.15g	1	上海复宏汉霖生物制药有限公司

资料来源：中国医药商业协会。

按销售金额统计，甲磺酸奥希替尼片、帕博利珠单抗注射液、帕妥珠单抗注射液销售金额较高（见表7）。

表7　2023年特药药品销售金额前10位

序号	药品名称	商品名	规格	包装规格	生产企业
1	甲磺酸奥希替尼片	泰瑞沙	80mg	30	AstraZeneca AB
2	帕博利珠单抗注射液	可瑞达	4ml：0.1g	1	Merck Sharp & Dohme Corp.
3	帕妥珠单抗注射液	帕捷特	420mg（14ml）/瓶	1	Roche Pharma(Schweiz) AG
4	盐酸阿来替尼胶囊	安圣莎	150mg	224	Roche Registration Ltd.
5	司库奇尤单抗注射液	可善挺	1ml：150mg	1	Novartis Pharma Schweiz AG
6	甲磺酸阿美替尼片	阿美乐	55mg（按 C30H35N7O2 计）	20	江苏豪森药业集团有限公司
7	阿替利珠单抗注射液	泰圣奇	1200mg/20ml/瓶	1	Roche Diagnostics GmbH
8	斯鲁利单抗注射液	汉斯状	100mg（10ml）/瓶	1	上海复宏汉霖生物制药有限公司

续表

序号	药品名称	商品名	规格	包装规格	生产企业
9	甲磺酸伏美替尼片	艾弗沙	40mg（按 C28H31F3N8O2 计）	28	江苏艾力斯生物医药有限公司
10	卡度尼利单抗注射液	开坦尼	125mg（10mL）/瓶	1	中山康方生物医药有限公司

资料来源：中国医药商业协会。

5. 按特药生产企业销售规模排名

按销售数量统计，前三名是 Novartis Pharma Schweiz AG、正大天晴药业集团股份有限公司、江苏豪森药业集团有限公司（见表8）。

按特药生产企业销售金额统计，Novartis Pharma Schweiz AG、AstraZeneca AB、Roche Pharma（Schweiz）AG 销售金额较高（见表9）。

表8　2023年特药药品生产企业销售数量前20位

单位：%

序号	生产企业	样本市场占比
1	Novartis Pharma Schweiz AG	6.19
2	正大天晴药业集团股份有限公司	4.81
3	江苏豪森药业集团有限公司	3.78
4	信达生物制药(苏州)有限公司	3.51
5	江苏恒瑞医药股份有限公司	3.28
6	上海复宏汉霖生物制药有限公司	3.28
7	齐鲁制药有限公司	2.99
8	Roche Pharma(Schweiz) AG	2.58
9	AstraZeneca AB	2.58
10	贝达药业股份有限公司	2.54
11	Amgen Inc.	2.43
12	Patheon Italia S.P.A.	2.05
13	Lilly del Caribe Inc.	1.82
14	三生国健药业(上海)股份有限公司	1.75
15	广州百济神州生物制药有限公司	1.68

续表

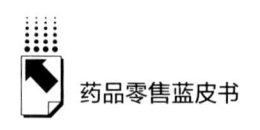

序号	生产企业	样本市场占比
16	Sanofi Winthrop Industrie	1.51
17	Merck KGaA	1.30
18	Gilead Sciences International Ltd	1.25
19	石药集团欧意药业有限公司	1.22
20	先声药业有限公司	1.02

资料来源：中国医药商业协会。

表9　2023年特药药品生产企业销售金额前20位

单位：%

序号	生产企业	样本市场占比
1	Novartis Pharma Schweiz AG	5.31
2	AstraZeneca AB	5.25
3	Roche Pharma(Schweiz) AG	5.03
4	上海复宏汉霖生物制药有限公司	3.56
5	江苏豪森药业集团有限公司	3.35
6	正大天晴药业集团股份有限公司	3.33
7	Merck Sharp & Dohme Corp.	3.10
8	江苏恒瑞医药股份有限公司	3.04
9	Roche Registration Ltd.	2.73
10	Roche Diagnostics GmbH	2.53
11	信达生物制药(苏州)有限公司	2.21
12	Sanofi Winthrop Industrie	1.81
13	Janssen-Cilag International N.V.	1.65
14	中山康方生物医药有限公司	1.63
15	齐鲁制药有限公司	1.61
16	Pfizer Manufacturing Deutschland GmbH	1.56
17	江苏艾力斯生物医药有限公司	1.41
18	广州百济神州生物制药有限公司	1.28
19	贝达药业股份有限公司	1.27
20	苏州盛迪亚生物医药有限公司	1.23

资料来源：中国医药商业协会。

（三）特药药房社会责任

据中国医药商业协会对304家特药达标药房调查数据，其中有286家特药达标药房与72家慈善机构合作开展了药品援助项目，涉及186个援助药品，2023年援助药品179.29万盒、价值97.80亿元。援助药品品规数前20位的慈善机构见表10。

表10　2023年特药达标药房合作的慈善机构援助药品品规数前20位

单位：个

序号	慈善机构名称	品规数	品种列举
1	北京康盟慈善基金会	142	信迪利单抗注射液、盐酸可洛派韦胶囊、盐酸安罗替尼胶囊、替雷利珠单抗注射液、利妥昔单抗注射液等
2	中国初级卫生保健基金会	134	舒格利单抗注射液、赛沃替尼片、帕博利珠单抗注射液、马来酸阿法替尼片、度伐利尤单抗注射液等
3	中华慈善总会	57	盐酸厄洛替尼片、曲妥珠单抗注射液、培唑帕尼片、甲磺酸伊马替尼片
4	中关村精准医学基金会	48	盐酸多柔比星脂质体注射液、来那度胺胶囊、聚乙二醇化重组人粒细胞刺激因子注射液等
5	中国癌症基金会	44	注射用恩美曲妥珠单抗注射液、盐酸多柔比星脂质体注射液、信迪利单抗注射液、塞利尼索片等
6	北京白求恩公益基金会	36	来那度胺胶囊、吡非尼酮胶囊、甲苯磺酸尼拉帕利胶囊、达沙替尼片等
7	北京华康公益基金会	31	注射用盐酸曲拉西利、优替德隆注射液、盐酸多柔比星脂质体注射液、富马酸吉瑞替尼片等
8	北京红心相通公益基金会	23	盐酸多柔比星脂质体注射液、塞替派注射液、聚乙二醇化重组人粒细胞刺激因子注射液等
9	河北省石药普恩慈善基金会	23	盐酸伊立替康脂质体注射液、度维利塞胶囊、谷美替尼片、盐酸多柔比星脂质体注射液等
10	北京生命绿洲公益服务中心	20	度伐利尤单抗注射液、赛沃替尼片、普拉替尼胶囊、贝伐珠单抗注射液等
11	北京陈菊梅公益基金会	19	聚乙二醇干扰素a-2b注射液、聚乙二醇干扰素注射液、金丹附延颗粒等
12	北京仁泽公益基金会	13	注射用英夫利西单抗、盐酸多柔比星脂质体注射液、阿达木单抗注射液等

续表

序号	慈善机构名称	品规数	品种列举
13	中华社会救助基金会	12	纳武利尤单抗注射液、来那度胺胶囊、康柏西普眼用注射液、尼洛替尼胶囊等
14	中国医药创新促进会	12	盐酸恩沙替尼胶囊、盐酸多柔比星脂质体注射液、甲磺酸贝福替尼胶囊等
15	北京微爱公益基金会	12	注射用曲妥珠单抗、泽贝妥单抗注射液、舒沃替尼片、培唑帕尼片等
16	衢州市医疗健康与社区发展基金会	12	注射用维迪西妥单抗、托莱西单抗注射液、赛帕利单抗注射液、普特利单抗注射液等
17	一行健康基金会	10	阿得贝利单抗注射液、聚乙二醇洛塞那肽注射液、注射用卡瑞利珠单抗等
18	北京长照公益基金会	9	注射用紫杉醇聚合物胶束、培唑帕尼片、马来酸阿伐曲泊帕片、甲磺酸仑伐替尼胶囊等
19	中国妇女发展基金会	8	塞瑞替尼胶囊、氟维司群注射液、奥拉帕利片等
20	中国红十字基金会	7	乌司奴单抗注射液、醋酸阿托西班注射液、拉那利尤单抗注射液等

资料来源：中国医药商业协会。

为了让罕见病患者及时得到个性化专业的药学服务，2023年部分企业在各地门店设置罕见病中心。中国医药商业协会对部分企业调研情况见表11。

表11　2023年部分企业罕见病患者服务情况

企业名称	特药药房数量（家）	罕见病中心数量（家）	服务罕见病患者人数（人）	服务罕见病患者人次（人次）	罕见病病种数量（种）	罕见病药品数量（个）
国药控股SPS+专业药房	730	8	14000	53000	163	283
国药控股国大药房	397	0	15000	24000	70	74
大参林医药集团股份有限公司	227	1	2561	7683	10	57
高济医药有限公司	226	10	6900+	48000	16	41
老百姓大药房连锁股份有限公司	176	15	3295	7843	11	98

续表

企业名称	特药药房数量（家）	罕见病中心数量（家）	服务罕见病患者人数（人）	服务罕见病患者人次（人次）	罕见病病种数量（种）	罕见病药品数量（个）
广西桂中大药房连锁有限责任公司	174	0	13	87	2	2
漱玉平民大药房连锁股份有限公司	90	0	1455	5510	9	26
哈药集团人民同泰医药股份有限公司	15	0	1161	4614	23	79

二　特药药房标准宣贯情况

随着医改深入推进、医保支付和药品审评审批制度的改革，原研药、创新药逐步向院外市场延伸，特药药房迎来新发展，规范化、专业化服务成为企业核心竞争力。在此背景下，中国医药商业协会顺应形势，根据国内实际情况，组织编制了《零售药店经营特殊疾病药品服务规范》（以下简称"特药药房标准"）；2022~2023年又陆续发布了结直肠癌、肺癌等单病种药学服务标准和配套的知识手册，并组织标准及相关专业技能培训。"特药药房标准"及系列单病种药学服务标准的制定和实施，对推动行业标准化、专业化发展起着积极作用。

（一）特药药房标准实施现状

"特药药房标准"自2019年贯标以来，得到行业内广泛响应。截至2023年底，全国取得"特药药房标准"达标资质的药店有334家，覆盖27个省（区、市）。

截至2023年底，全国取得"特药药房标准"达标资质的企业数量前10位见表12。

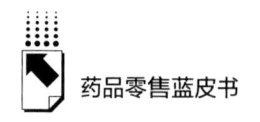

表 12 企业下辖药店取得"特药药房标准"达标资质数量前 10 位
（按母公司聚合计数，含并列企业）

单位：家

序号	集团公司(母公司)名称	数量
1	国药控股股份有限公司	65
2	华润医药商业集团有限公司	34
3	大参林医药集团股份有限公司	25
4	老百姓大药房连锁股份有限公司	19
5	思维特（北京）健康管理有限公司	15
6	漱玉平民大药房连锁股份有限公司	14
7	广州医药股份有限公司	12
8	西安怡康医药连锁有限责任公司	11
9	上海医药集团股份有限公司	10
10	南京医药股份有限公司	10

资料来源：中国医药商业协会。

（二）特药单病种药学服务标准的制定与实施

自 2021 年起，中国医药商业协会组织医疗机构临床医学和药学专家、零售行业专家及品牌连锁企业共同起草并发布《零售药店经营结直肠癌治疗药品药学服务规范》《零售药店经营肺癌治疗药品药学服务规范》《零售药店经营乳腺癌治疗药品药学服务规范》《零售药店经营自体嵌合抗原受体 T 细胞（CAR-T）治疗药品药学服务规范》《零售药店经营银屑病治疗药品药学服务规范》等系列特药单病种药学服务团体标准，同时还组织编制了各单病种标准配套的知识手册，手册按病种分章节介绍了疾病与治疗概述、常用药品、处方审核、居家随访管理、药师常见问题知识问答等。现已有三个特药单病种启动了贯标工作，截至 2023 年底，有 14 家药店获得了肺癌药学服务标准达标资格，16 家药店获得了乳腺癌药学服务标准达标资格，30 家药店获得了结直肠癌药学服务标准达标资格。单病种标准的宣贯，进一步推动了行业专业化发展步伐。

（三）标准及相关专业技能培训

自 2018 年到 2023 年底，协会陆续在北京、济南、沈阳、武汉、长沙、西安等城市举办了 7 场"特药药房标准"培训会。此外中国医药商业协会不定期组织线上线下标准解读会、药物治疗管理（MTM）培训，以及相关病种的专业知识和药学服务技能培训。2023 年 10 月，在湖北武汉召开的第六届全国药品流通行业药师岗位技能竞赛上，协会设置了特药药房药师奖，以及肺癌、乳腺癌、结直肠癌单病种药学服务奖项，为提升药师专业服务水平起到了积极作用。

三 特药药房发展的主要特点

近年来，特药药房逐步成为创新药处方外流的承接者，得到了快速发展，较好地提升了参保患者的便利性和用药可及性，承担着为特殊疾病患者提供药品和专业服务的使命。

（一）特药药房规模持续增长

各大医药商业公司、连锁药店持续扩大特药药房的建设规模，据部分上市企业年报和中国医药商业协会调研，特药药房规模同比增长 33.48%（见表 13）。

表 13 2022~2023 年部分企业特药药房数量及增速

单位：家，%

企业名称	2022 年特药药房数量	2023 年特药药房数量	同比增长
大参林医药集团股份有限公司	174	227	30.46
老百姓大药房连锁股份有限公司	162	176	8.64
益丰大药房连锁股份有限公司	253	305	20.55
云南健之佳健康连锁店股份有限公司	98	209	113.27
合计	687	917	33.48

资料来源：2022~2023 年上市企业年度报告。

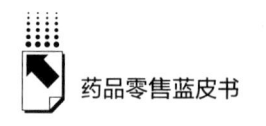

（二）特药药房积极探索创新经营模式

越来越多的特药药房向数字化升级，以数字化智能化赋能慢特病服务新模式，助力"三医"协同。以患者为中心，数智赋能，构建数智化服务平台，实现患者全生命周期的产品可及，提供线上线下高度融合的药学服务；利用处方流转平台共享医疗信息，实现平台互联互通，利用药学服务平台开展药师审方、患者用药咨询、建档、随访等服务；为患者提供特药冷链物流送药上门服务，并为患者提供便捷高效的医疗保险移动支付。

国控SPS+依托数字化患者管理平台，构建完善的线上线下融合的药学服务体系；华润德信行打造专业服务数字化场景，建立"以患者为中心"的药学服务模式，通过建立患者中心、处方中心、随访中心以及药学知识库，打造为患者服务的一体化药学服务管理平台；高济健康引入先进的AI技术，开发一款肿瘤院外患者管理"高济神农系统"，提升药师专业能力，提高药师工作效率，该系统优化了患者管理流程和随访机制，提高了患者用药依从性和满意度。

（三）特药药房提供多元化服务

特药药房不断尝试拓宽业务领域，承接患者多元化服务需求，以提供药品为基本业务，为患者量身定制专属的健康管理方案；与商业保险合作，加强与各地政府惠民保的深度合作，为创新药品提供基本医保与商保共付的路径，为患者提供"综合支付解决方案"，极大地提高了群众用药可及性和可负担性，提高了患者的生命质量；联合医疗机构开展基因检测服务，并利用大数据管理实现信息共享；经营特医食品，以满足特病患者对营养素或者膳食的特殊需要。

（四）专业服务助力特药药房高质量发展

特药药房不断注重专业化服务能力的提升，以患者为中心，打造院内外全病程管理的药学服务体系，药学技术人员的价值逐步得到体现，专业的服务是特药药房高质量发展的核心。国内各大药品零售头部企业，不断探索与医疗机构联动的"MTM"服务模式，承接医疗机构药物治疗管理的院外延伸服务，打造专业化的药学服务平台，为患者提供标准化的药物治疗管理。行业标准助力特药药房高质量健康发展，特药药房的专业形象及品牌得到持续提升。

四　特药药房发展趋势与前景展望

随着医疗科技的迅速发展及老龄化社会的来临，人们的健康意识大大提高，特药药房通过提供高质量的服务和专业的医药解决方案，满足了患者对于特殊药物治疗的需求，提高了效率和可及性。未来，随着技术进步和政策环境的优化，特药药房有望实现更广泛的发展。主要趋势如下。

第一，专业化。专业化仍将是特药药房的核心竞争力，特药药房以患者为中心，与医疗机构紧密联系，共同打造院内、院外全病程闭环管理。随着创新药、仿制药不断上市，特药药房的药学技术人员需要不断提升专业知识水平和服务技能，以便为患者提供优质的药学服务。

第二，规范化。特药药房及单病种标准的发布及宣贯，使特药药房的经营和服务有标准可依，规范了特药药房的经营行为。特药药房更加重视制度建设的体系化、标准化，注重对药学技术人员全面系统的专业培训。政府各部门合规监管促使药店严格自律，进一步推动行业规范健康发展。

第三，数智化。创新与数字化转型是特药药房发展的重要趋势之一，特药药房利用大数据、人工智能等技术，实现药房业务的数字化转型，借助信息技术手段，加强线上线下的融合，为患者提供便捷服务，通过数据分析，更好地理解消费者需求，提供更精准的服务。

第四，个性化。因为不同患者的疾病和用药需求存在差异，特药药房将根据患者的具体情况提供日趋完善的个性化服务，以一对一的用药指导和咨询服务，建立患者档案，跟踪随访每一位患者的用药情况，提升用药依从性，开展用药教育，提高治疗效果。

第五，一体化。特药药房联合医疗机构开展药师团队培训及药学服务延伸，逐步实现院内、院外药学服务联动，利用第三方电商平台实现信息共享；参与保险公司和慈善机构的援助活动，积极服务患者；与政府、生产企业等实现数据共享。将用药咨询、随访、患教、健康检测、义诊以及慈善赠药、商保和健康产业等融为一体。

综上所述，特药药房作为药品零售终端的重要组成部分，在政府相关政策调控下，在工业、医保、医疗机构、商保机构等多方协作下，通过自身不断努力，将步入可持续的高质量发展之路。

B.3
2023年药品零售企业上市公司发展报告

陈竹 张斌斌 魏通[*]

摘　要： 医药零售行业规模稳健增长，集中度明显提升，上市公司是重要力量。上市公司门店数量高速增长，仍处于快速成长期，盈利能力较强，运营指标稳健，战略符合顶层设计，个账改革和门诊统筹是机遇。在新时代背景下，上市公司积极拥抱新零售，布局上游中医药产业，在销售品类方面有所创新。未来上市公司借助资本，加速行业整合，加强服务，将成为医疗资源的有效补充。

关键词： 药品零售　上市公司　资本助力

一　行业稳健发展，上市公司是行业发展驱动力

医药零售行业内的龙头上市公司以广阔的业务布局、高度连锁化的运营模式成为行业的中坚力量，同时在行业集中化、合规化发展的道路上作出较大贡献。

本文选取7家民营A股上市公司（以下简称"医药零售上市公司"）——老百姓、一心堂、益丰药房、大参林、健之佳、漱玉平民、华人健康作为分析对象。

（一）7家医药零售上市公司收入年复合增长率高于行业整体年复合增长率

2023年，7家医药零售上市公司营业收入共计1090.06亿元，同比增长

---

[*] 陈竹，中信证券股份有限公司研究部医疗健康产业首席分析师；张斌斌，中信证券股份有限公司研究部医疗健康产业研究员；魏通，中信证券股份有限公司研究部医疗健康产业研究员。

11.98%；2019年7家医药零售上市公司营业收入共计520.77亿元，2019~2023年的年复合增长率为20.28%，7家医药零售上市公司收入年复合增长率高于医药零售行业整体年复合增长率（见图1）。

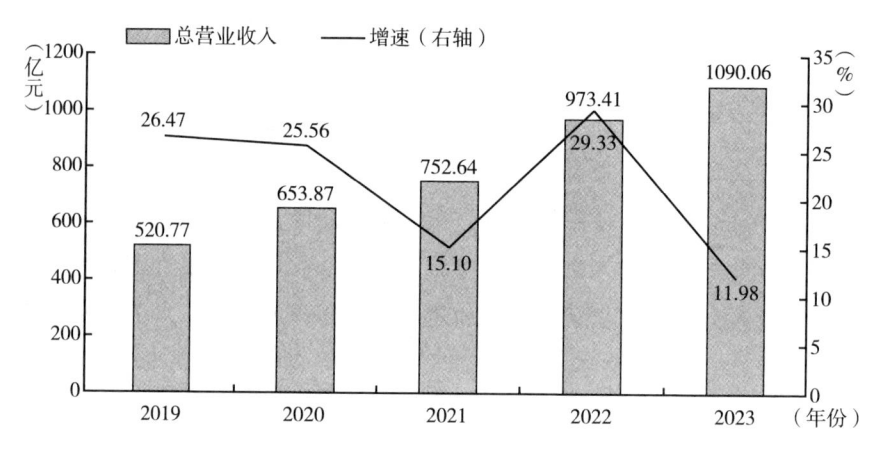

图1　2019~2023年7家医药零售上市公司总收入情况

资料来源：各公司公告。

（二）上市公司是行业集中度提升的重要力量

根据各公司公告，2023年7家医药零售上市公司销售额达到1090.06亿元，同比增长11.98%；市场占有率（简称"市占率"）为21.13%，同比提升1.72个百分点（见表1）。在资本市场的赋能下，上市公司凭借优秀的管理能力和强大的复制能力，正在加速助力行业集中度提升。

表1　2023年7家医药零售行业上市公司收入及市占率情况

序号	企业	收入 金额（亿元）	收入 同比增长（%）	市占率 数值（%）	市占率 同比提升（个百分点）	直营门店数（家）
1	大参林	245.31	15.45	4.75	0.52	9909
2	益丰药房	225.88	13.59	4.38	0.41	10264
3	老百姓	224.37	11.21	4.35	0.33	9180
4	一心堂	173.80	-0.29	3.37	-0.11	10255

续表

序号	企业	收入 金额（亿元）	收入 同比增长（%）	市占率 数值（%）	市占率 同比提升（个百分点）	直营门店数（家）
5	漱玉平民	91.91	17.49	1.78	0.22	4104
6	健之佳	90.81	20.84	1.76	0.26	5116
7	华人健康	37.97	16.39	0.74	0.09	1383
合计/平均		1090.06	11.98	21.13	1.72	50211

注：市占率＝销售额/全国药品零售总额。
资料来源：《中国药店》杂志，各公司公告。

二 医药零售上市公司经营分析

（一）医药零售上市公司门店数高速增长，仍处于快速成长期

1. 上市公司门店数高速增长

医药零售上市公司仍然表现出较强的跨区域扩张能力。截至2023年底，老百姓聚焦拓展优势省份，重点加密优势市场的门店网络，并积极开拓下沉市场；一心堂持续提升核心区域竞争力，以西南、华南为核心，逐步拓展业务覆盖区域；大参林继续深耕华南地区，从2019年至今陆续布局的东北、华北、西南、西北地区营收保持高速增长；益丰药房持续在十省（市）均衡布局；健之佳巩固云南、河北两大中心，同时推动四川、重庆、广西、辽宁地区快速发展；漱玉平民继续巩固自身在山东地区的优势地位，通过并购快速进入辽宁、黑龙江、甘肃、福建、河南地区；华人健康深耕安徽，布局江苏、河南，新进浙江。

从门店数量来看，头部4家企业已经步入"万店时代"。截至2023年底，大参林的门店数量突破1.4万家，老百姓、益丰药房的门店数量也已突

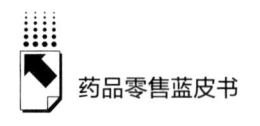

破1.3万家,一心堂的门店数量突破1万家。

直营店方面,益丰药房的数量最多,2023年直营店数量达到10264家(相比2022年新增1049家),其余6家企业的自营门店数分别为：一心堂10255家(新增1958家)、大参林9909家(新增1871家)、老百姓9180家(新增1531家)、健之佳5116家(新增1061家)、漱玉平民4104家(新增779家)、华人健康1383家(新增390家)(见图2)。

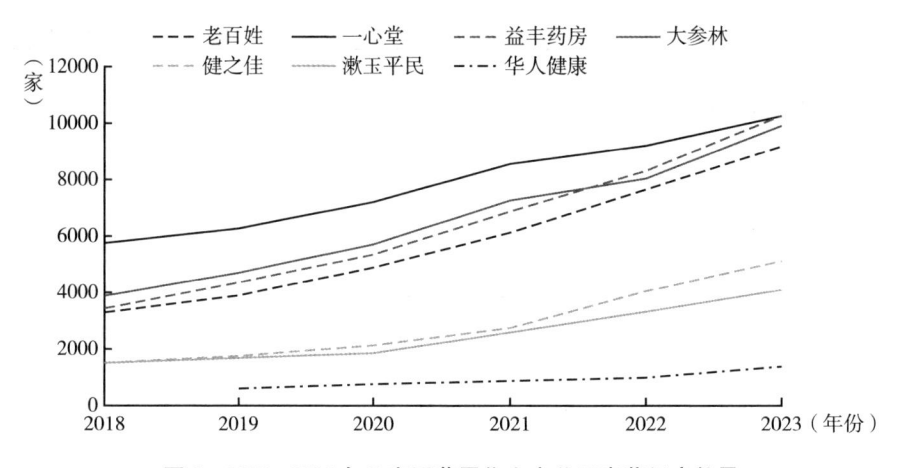

图2 2018~2023年7家医药零售上市公司直营门店数量

资料来源：各公司公告。

加盟店方面,老百姓、大参林、益丰药房、漱玉平民的门店总数分别为4394家、4165家、2986家、2763家(见图3)。

2.上市公司店龄年轻、成长性强

为了更好地比较上市公司的店龄结构情况,本文梳理了其店龄在三年内的门店比例变化情况。上市公司三年内门店的店龄结构均保持相对稳定,体现出上市公司稳健扩张的可持续发展战略。截至2023年底,7家上市公司的三年内店龄门店(不含加盟)比例均超过35%,其中健之佳比例最高,达到58.37%(见表2)。新增门店占比高,表明上述几家上市公司店龄较为年轻,显示其处于高速成长阶段。

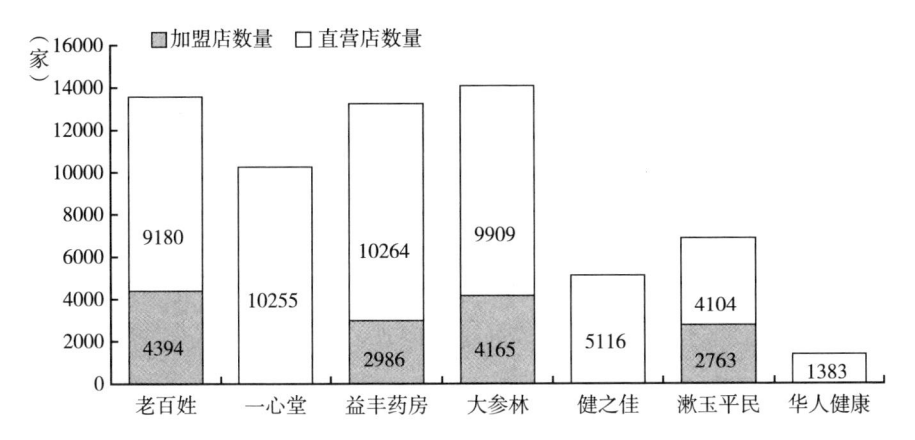

图3 7家医药零售上市公司门店情况（截至2023年底）

注：华人健康数据截至2023年6月。
资料来源：各公司公告。

表2 2019~2023年7家医药零售上市公司直营店中三年内店龄的门店占比

单位：%

公司	2019年	2020年	2021年	2022年	2023年
老百姓	58.68	55.54	51.97	54.53	50.25
一心堂	44.38	39.22	40.61	40.92	35.70
益丰药房	69.65	67.20	54.04	53.96	52.28
大参林	53.00	51.78	50.12	46.59	45.63
健之佳	25.51	38.73	45.18	56.79	58.37
漱玉平民	25.73	32.31	41.55	49.26	54.90
华人健康				38.87	44.25

资料来源：各公司公告。

（二）医药零售上市公司盈利能力较强

收入方面，2023年，7家医药零售上市公司营业收入共计1090.06亿元，同比增长11.98%。2023年，大参林的收入最高，为245.31亿元；健之佳的收入增速最快，同比增长20.84%（见表3）。

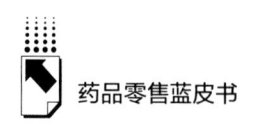

表3　2018~2023年7家医药零售上市公司营业收入情况

单位：亿元，%

营业收入	2018年	2019年	2020年	2021年	2022年	2023年
大参林	88.59	111.41	145.83	167.59	212.48	245.31
同比增长		25.76	30.89	14.92	26.78	15.45
益丰药房	69.13	102.76	131.45	153.26	198.86	225.88
同比增长		48.66	27.91	16.60	29.75	13.59
老百姓	94.71	116.63	139.67	156.96	201.76	224.37
同比增长		23.15	19.75	12.38	28.54	11.21
一心堂	91.76	104.79	126.56	145.87	174.32	173.80
同比增长		14.20	20.78	15.26	19.50	-0.29
漱玉平民	28.88	34.67	46.40	53.22	78.23	91.91
同比增长		20.05	33.84	14.70	47.00	17.49
健之佳	27.66	35.29	44.66	52.35	75.14	90.81
同比增长		27.57	26.58	17.21	43.54	20.84
华人健康	11.05	15.22	19.31	23.39	32.62	37.97
同比增长		37.82	26.84	21.12	39.50	16.39

资料来源：各公司公告。

净利润方面，2023年，7家医药零售上市公司归母净利润共计47.19亿元，同比下降2.70%。2023年，益丰药房的归母净利润最高，实现归母净利润14.12亿元；老百姓的归母净利润增速最快，同比增长18.35%（见表4）。

表4　2018~2023年7家医药零售上市公司归母净利润情况

单位：亿元，%

归母净利润	2018年	2019年	2020年	2021年	2022年	2023年
益丰药房	4.16	5.44	7.68	8.88	12.66	14.12
同比增长		30.58	41.29	15.57	42.54	11.57
大参林	5.32	7.03	10.62	7.91	10.36	11.66
同比增长		32.17	51.17	-25.51	30.90	12.63
老百姓	4.35	5.09	6.21	6.69	7.85	9.29
同比增长		16.94	22.09	7.75	17.29	18.35

续表

归母净利润	2018年	2019年	2020年	2021年	2022年	2023年
一心堂	5.21	6.04	7.90	9.22	10.10	5.49
同比增长		15.90	30.81	16.66	9.59	-45.60
健之佳	1.34	1.68	2.51	3.01	3.63	4.14
同比增长		25.83	49.39	19.66	20.90	14.05
漱玉平民	1.13	1.11	2.16	1.15	2.29	1.33
同比增长		-1.91	94.59	-46.88	99.64	-42.01
华人健康	0.20	0.52	0.89	0.70	1.61	1.15
同比增长		166.39	71.17	-21.58	130.58	-28.68

资料来源：各公司公告。

整体而言，2022年底业绩基数较高，为2023年上市公司的业绩增长带来一定压力，但截至2023年底，上市公司仍然交出了一份较为亮眼的成绩，盈利能力稳健。

毛利率方面，2023年7家医药零售上市公司整体保持稳定。其中，益丰药房的毛利率达到38.21%，继续排在首位；大参林的毛利率为35.90%，维持第二。相较于2022年，老百姓的毛利率提升最大，提高0.67个百分点（见图4）。

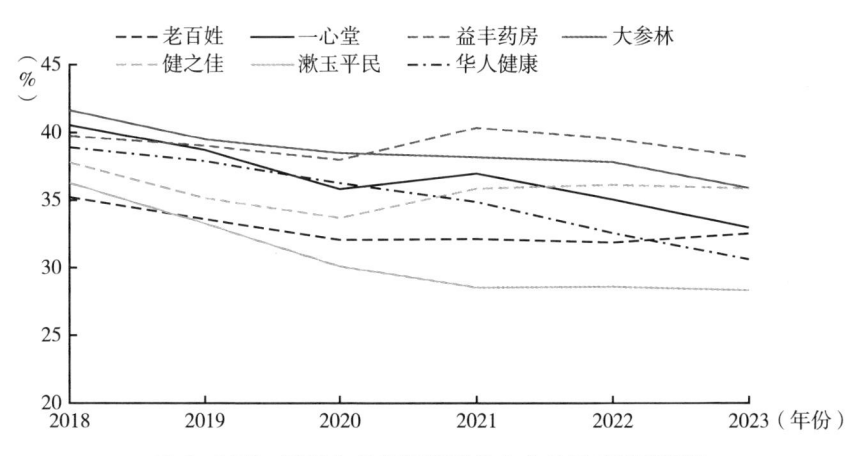

图4 2018~2023年7家医药零售上市公司毛利率情况

资料来源：各公司公告。

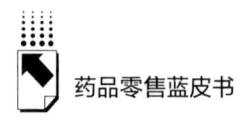

从加权ROE（净资产收益率）、ROA（资产收益率）及ROIC（资本投入回报率）三个指标来看，出于上市后融资、并购等因素促使账上现金储备逐渐增多，以及大量开店导致新店及次新店增多等原因，ROE、ROA、ROIC等指标基本上在公司上市后头两年呈向下趋势，但随着上市几年后新店率的逐步稳定，以及账上货币资金储备逐渐平稳，几大龙头公司经营盈利能力均在逐渐提升。2021~2023年，6家公司的三项指标整体有所下滑（华人健康2022年未上市，暂不参与比较），主要是处方药占比增加、疫情影响较大等因素叠加导致行业利润率有所下降，不过随着政策对行业的规范，优质企业长期成长盈利能力提升的逻辑基本不变。2023年，大参林的加权ROE最高，达到18.01%，益丰药房的ROA和ROIC最高，分别为7.00%和12.18%。

（三）医药零售上市公司运营指标稳健

从账款指标来看，2023年7家医药零售上市公司应收账款周转率较2022年均有所下滑，各家公司的资产流动性有所下降，账期管理能力仍有提升空间（见图5）。

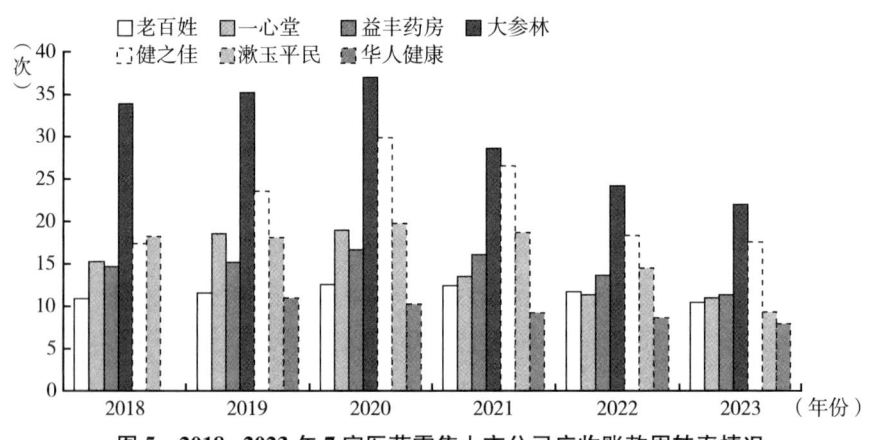

图5 2018~2023年7家医药零售上市公司应收账款周转率情况

资料来源：各公司公告。

随着整体规模不断扩大，上游议价能力不断加强，7家上市公司应付账款周转率基本维持稳定，其中健之佳应付账款周转率继续下降，2023年达到3.12次；一心堂的应付账款周转率也继续维持低位，2023年为4.48次。这体现了行业巨头们区域集中布局相对供应商的明显议价优势（见图6）。

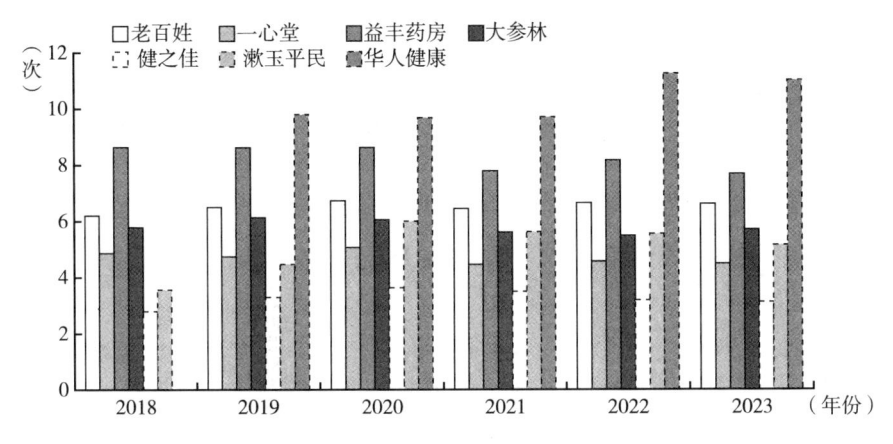

图6 2018~2023年7家医药零售上市公司应付账款周转率情况

资料来源：各公司公告。

存货管理方面，2023年7家上市公司的存货周转率同比基本持平，其中华人健康的存货周转率最高，达到4.00次（见图7）。近两年各公司存货管理能力有所下降，主要由于疫情影响，同时上游原材料涨价，各公司适度提前采购等。

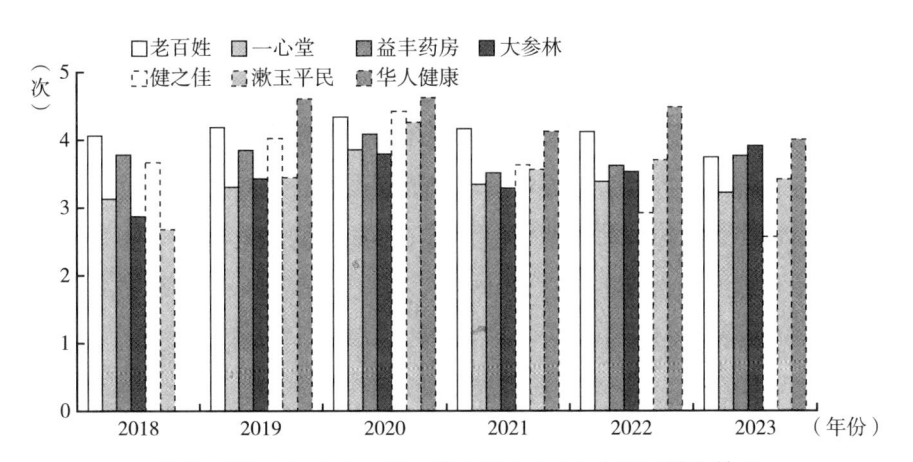

图7 2018~2023年7家医药零售上市公司存货周转率情况

资料来源：各公司公告。

资金方面，截至2023年底，7家上市公司都有着较为丰富的储备。其中，大参林、一心堂、益丰药房的资金储备最多，分别达到29.97亿元、29.87亿元、24.69亿元；华人健康由于在2023年成功上市，迅速将资金储备从2022年的1.32亿元提升至5.94亿元，增长明显（见图8）。上市公司在资本市场的加持下，拥有较同业者更好的融资环境，在扩张和高质量发展方面具有优势。

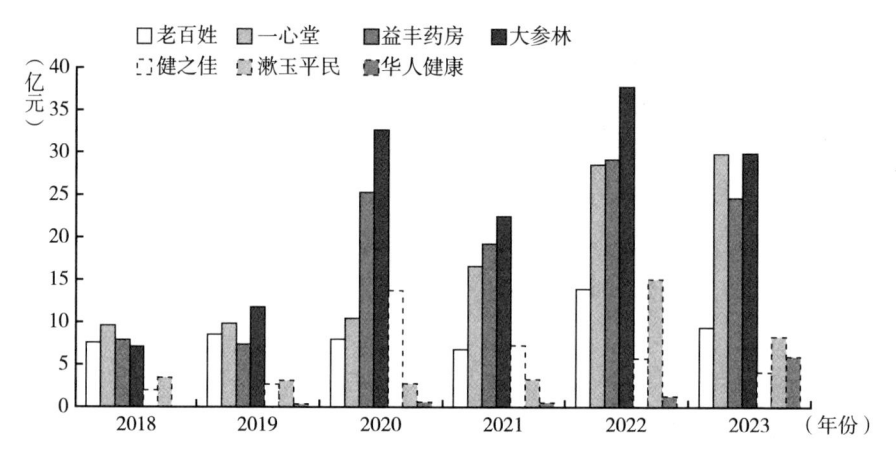

图8 2018~2023年7家医药零售上市公司现金及现金等价物余额情况

资料来源：各公司公告。

三 医药零售上市公司的其他经营情况

（一）上市公司战略

1.上市公司根据"十四五"规划制定战略

2021年，商务部发布《关于"十四五"时期促进药品流通行业高质量发展的指导意见》（以下简称《意见》），基本确定了医药零售行业的政策趋势（见表5）。

《意见》从零售企业整体规模、经营模式、行业监管等多个方面作出了明确的要求，为药店行业 5 年内发展动向作出清晰的指引，引导行业逐渐向规模化、集约化、标准化发展。几家医药上市公司围绕着《意见》制定了发展战略，这是其健康发展的根本原因之一。

表 5　《意见》对药店发展的指引

序号	指引方向	具体内容
1	发展新业态	支持智慧药房等新形态，推广"网订店取""网订店送"等零售新模式，引导线上线下规范发展；发展特色业务，满足多层次健康消费市场需求
2	优化行业布局	实现网点布局和区域发展相适应、药品供应能力和用药需求相匹配，完善城乡布局，结合城市一刻钟便民生活圈完善对基层的有限覆盖，提高用药的可及性和便利性
3	提升行业规模和集中度	培育形成 5~10 家超 500 亿元的专业化、多元化药品零售连锁企业，药品零售百强企业年销售额占药品零售市场总额 65%以上；药品零售连锁率接近 70%
4	加强行业标准化监管	加强药品零售品牌建设，提升老字号药店影响力。鼓励有条件的地区稳妥开展零售药店分类分级管理试点，改善购药服务体验

资料来源：商务部。

2. 个账改革和门诊统筹是机遇

2021 年 4 月，国务院办公厅发布《关于建立健全职工基本医疗保险门诊共济保障机制的指导意见》，明确个人账户可用于支付在定点医疗机构就医，以及在定点零售药店购买药品、医疗器械和医用耗材发生的个人负担费用，并探索用于家属参加城乡居民基本医保等个人缴费。该意见明确在职职工个人缴费部分（本人缴费基数的 2%）仍然计入本人个人账户；退休人员划入额度逐步调整到统筹地区实施此项改革当年基本养老金平均水平的 2%左右。

2023 年 2 月，国家医保局发布《关于进一步做好定点零售药店纳入门诊统筹管理的通知》。门诊统筹资质或将成为药店获客核心竞争力，并有望同步带动店内其他品类销售增长。根据国家医保局公布的数据，截至 2023

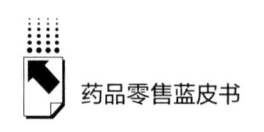

年8月,我国门诊统筹药店数量达到14万家左右,累计结算1.74亿人次,结算医保基金69.36亿元。

未来全国存量医保账户门店面临规范化洗牌,单纯依靠地域和医保个账的中小连锁门店经营压力加大,有能力和资格对接门诊统筹的门店有望获得增量,行业将加速向头部企业集中。前瞻性布局特慢病药房、DTP药房等专业门店的企业,以及具备规模管理优势的医药零售上市公司优势明显。

(二)医药零售上市公司积极拥抱新零售

近年来,医药零售企业积极入局线上B2C和O2O业务,促进线上线下融合发展,线上业务增速远高于线下门店。具体如下。

老百姓:2023年线上渠道实现销售额20亿元,同比增长38.00%,占公司营收的8.9%(见图9)。

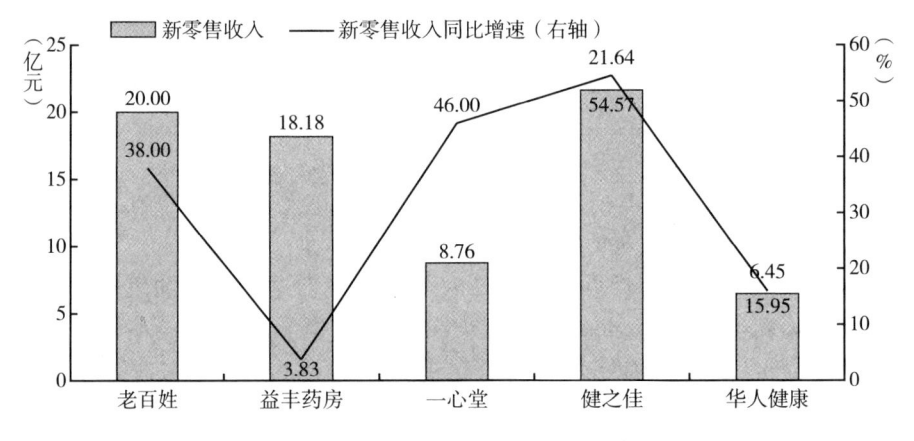

图9 2023年部分上市公司新零售业务收入增速

资料来源:各公司公告。

益丰药房:2023年线上渠道实现收入18.18亿元,同比增长3.83%,占公司营收的8.05%。其中,O2O实现收入13.99亿元,同比增长2.72%;B2C实现销售收入4.19亿元,同比增长7.99%。

一心堂:2023年线上渠道总收入为8.76亿元,同比增长46.00%,占公司营收的 5.04%。

健之佳：2023 年线上渠道实现营收 21.64 亿元，同比增长 54.57%，占公司营收的比例达 23.83%，同比提升 4.7 个百分点。其中，自营平台实现收入 6.90 亿元，同比增长 63.75%；第三方电商平台 B2C 业务实现收入 6.45 亿元，同比增长 21.24%；第三方 O2O 平台业务实现收入 8.30 亿元，同比增长 85.73%。

华人健康：2023 年线上渠道总收入为 6.45 亿元，同比增长 15.95%。其中 O2O 销售收入 2.41 亿元，同比增长 38.22%，O2O 线上直营门店 1333 家。

此外，近年来，医药零售龙头公司已开始大力布局自有线上零售业务以及互联网医院诊疗体系，未来有望通过区域性会员体系优势向线上诊疗体系导流，打造线上—线下诊疗体系的闭环。考虑到：①患者对本地的线下公立医院医生认同及信赖感更强（本地会员对接本地医生）；②我国医保资源属地化管理且具备固有额度；③医药零售上市公司的会员体系成熟，具备线下门店布局及药品供应链盈利模式优势，新零售生态具备较强发展确定性，从中长期来看，对接医保线上的付费诊疗体系有望成为行业新增长点。

（三）医药零售上市公司布局产业上游

中医药产业是国家医疗健康行业未来主要发展方向之一，市场及实用性具备较大的成长空间。习近平总书记指出，"中医药是中华民族的瑰宝，一定要保护好、发掘好、发展好、传承好"。2023 年 2 月，国务院办公厅印发《中医药振兴发展重大工程实施方案》，进一步加大"十四五"期间对中医药发展的支持力度。

根据各公司公告，近年来，各大上市公司纷纷布局医药产业链上游，尤其是中药产业，并且均已取得成效。具体来看，老百姓旗下湖南药圣堂中药科技有限公司主要从事中药饮片和中成药生产，聚焦湖南道地药材炮制及其慢性病调理作用，积极与湖南中医药研究所合作并承担湖南省炮制规范标准修订。益丰药房设立恒修堂药业有限公司，配置了业内先进的自动化生产加工和检测设施设备，引进 SAP/WMS/MES 系统，将企业管理信息系统与过程控制系统有效整合，实现业务流程自动化、标准化，生产过程可追溯，生产工艺控制及仓储物流智能化管理，打造特色"一物一码"机制，获评"国家高新技术企业"。大参林打造了以"紫云轩"为核心品牌的各类型滋补产品，还推出了以"可可康"为核心品牌的中西成药产品以及以"东腾阿胶"为品牌的阿胶系列产品。一心堂借助地理优势，全力加强中药产业链布局，初步建立种苗培育、加工、中药批发、医疗机构药材供应、中药零售销售业务等完整的产业链。漱玉平民拓展养生饮品、养生零食市场，创新开发新颖卡通造型儿童零食、冲泡方便高颜值的冻干果茶类等商品（见表6）。

表 6　上市公司的中药产业布局

上市公司	医药工业子公司	业务范围
老百姓	湖南药圣堂中药科技有限公司	中药饮片、中成药生产
一心堂	云南鸿翔中药科技公司	中药研究培育、中药材料收储、中药饮片加工、配方颗粒
	鸿翔中药科技公司	
	云中药业有限公司	
益丰药房	恒修堂药业有限公司	中药饮片的研发、生产和销售
大参林	广东紫云轩中药科技有限公司	中药饮片、参茸滋补、中西成药、阿胶产品
	山东东腾阿胶有限公司	
	中山可可康制药有限公司	
漱玉平民	漳州市龙文金芝林医药有限公司	养生饮品、养生零食
	山东鹊华健康产业发展有限公司	

资料来源：各公司公告。

上市公司在充分尊重市场发展客观规律的前提下，以市场为导向，科学控制产、供、销的关系，将生产、库存与市场销售直接有效地结合，能够更加科学地把握市场供求关系的变化，进而合理控制生产，保证产品供应，满足市场需求，更好地服务于市场。

因此，各大上市公司在上游中药产业链的布局能够实现如下目的：①降低原材料价格波动风险，实现产品生产和销售的高效协同，提高企业的市场竞争力；②最大限度地减少中间环节，有效降低运营成本及费用，提高资金使用效率以及运营利润率；③更好地掌控产品生产环节中的质量和标准，提高产品质量和品牌形象。

（四）医药零售上市公司进行品类创新

医药零售上市公司目前业务覆盖范围除传统的处方药和非处方药之外，一般还会包括保健品以及医疗器械等毛利相对较高的产品。药店通过各种品类的联合销售获得更高的利润水平。健之佳是非药业务拓展最具代表性的企业。健之佳零售业务目前覆盖的品类还包括中药材、保健食品、个人护理品、医疗器械等，甚至布局了便利店业务。据公司公告数据，2023年健之佳的保健食品、生活便利品、中药材、个人护理品销售收入分别同比增长9.34%、6.21%、27.45%、7.23%。公司非药业务毛利率高于药品板块，是提升公司盈利水平的主要力量（见图10、图11）。

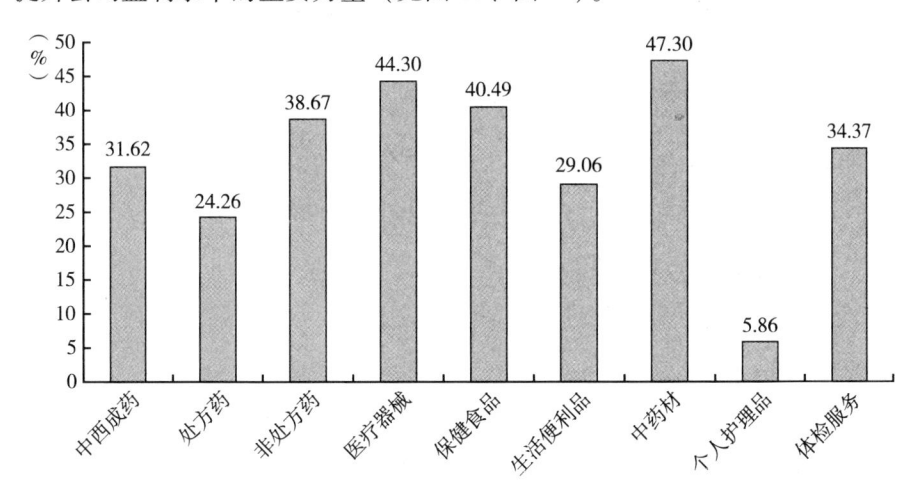

图10 2023年健之佳各品类毛利率

品类	毛利率(%)
中西成药	31.62
处方药	24.26
非处方药	38.67
医疗器械	44.30
保健食品	40.49
生活便利品	29.06
中药材	47.30
个人护理品	5.86
体检服务	34.37

资料来源：公司公告。

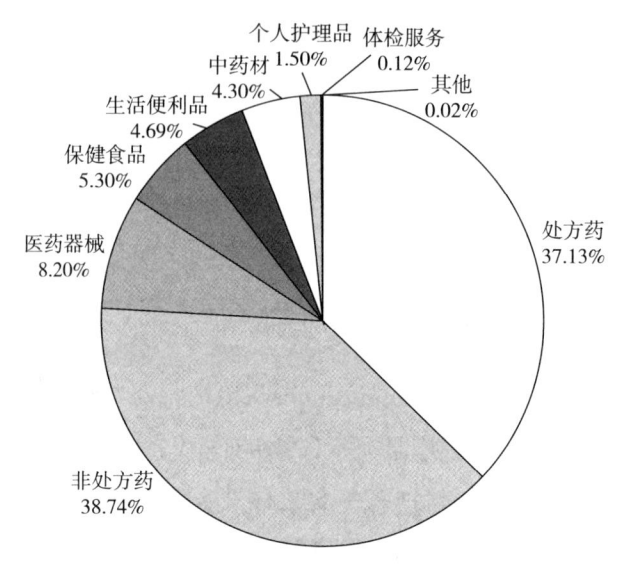

图 11　2023 健之佳各品类收入占比

资料来源：公司公告。

四　医药零售上市公司的发展展望

（一）借助资本，加速行业整合

根据国家药品监督管理局数据，截至2023年12月底，我国药店数量达到66.70万家，数量增速已经有所下滑。未来行业将会逐渐走出野蛮生长的路线，步入高质量发展阶段。

政策层面，行业监管将进一步加强，鼓励连锁做大做强；同时，处方外流也会继续助力市场扩容。

行业层面，规模化优势将推动集中度提升，已经形成规模效应的企业将会在盈利能力方面持续提升，新兴的大数据、AI等技术也将会在行业中崭露头角，在管理和运营方面为企业赋能，行业强者恒强的趋势必将持续。

公司层面，上市公司拥有更强大的融资工具，能够凭借资本优势加速行业整合，进而提升市场占有率。

商务部发布的《意见》提出，"培育形成5~10家超五百亿元的专业化、多元化药品零售连锁企业"，上市公司将成为其核心。

（二）加强服务

1. 慢病管理

我国慢病人口基数大，医疗资源紧张，并存在较为严重的医疗资源错配问题。大量优质医疗资源浪费在复诊、开具处方等方面。而我国药店数量众多，且多分布在社区周边，可及性强，能够成为医疗机构的有效补充。

目前远程复诊的可行性、连锁药店承接处方外流能力已经得到验证，未来药店配备问诊终端，药店中的执业药师与远程医师形成门诊药店的闭环，将大大助力分级诊疗。此外，连锁药店相较于其他机构拥有更大优势，连锁药店一般都具有慢病管理设备，也会配备相对更加专业的药学技术人员。

举例来看，益丰药房提供健康检测、全员健康专业服务，结合建档、回访、跟踪、评估与核检等方式，提高慢病会员用药依从性。大参林通过培养MTM药师、星级慢病服务专员以加强慢病管理，并开展血压、血糖、尿酸等检测服务和患者教育培训活动，持续为慢病患者提供专业药学服务。由此可见，建立健康档案、定期检验筛查、健康数据跟踪、专业人员服务、远程医师问诊、全程用药指导等服务形式已经趋于成熟。

未来，药店可能会因为自身较强的可及性，结合软硬件设备、专业的人员和服务，在我国医疗健康事业中扮演更重要角色。

2. 药店模式拓展——参考美国PBM模式

PBM（Pharmacy Benefit Management）全称是药品福利管理制度，是一种专业化的第三方服务。PBM机构主要是一种介于保险机构、福利机构、药厂、患者及药房之间的管理协调机构，成立的目的在于对医疗费用实施有效管理，在节约支付方的医疗支出的同时，增加药品需求方的效益。

我国的商业健康保险还处在发展的早期阶段，2019年中国商业健康保险支出为人民币2351亿元，仅占全国医疗健康总支出的3.6%，而同期美国商业健康保险支出在医疗健康总支出的比例为33.3%。随着我国居民对健

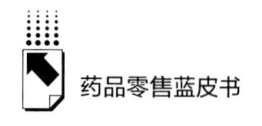

康需求的不断增加，但由于基本医疗保险覆盖的药品数量有限，无法提供完善的保险服务，健康商业保险的发展势在必行。

参考美国PBM的模式，药店可以在商业保险的发展过程中，通过与保险支付方直接联系，从中赚取管理费。药店通过向保险机构提供批发商溢价所得折扣，从而达到降低商业保险机构在药物上的支出，进而降低人们购买商业保险的支出的目的，发挥类似于PBM机构的作用。我国商业保险未来的发展空间较大，药店通过直接与商业健康保险对接，承接PBM服务，可以在产业链中赢得更多优势。

政 策 篇

B.4 药品零售监管政策实施背景及解读分析报告

谭 刚[*]

摘　要： 本文从明确药品零售行业准入条件、鼓励药品零售连锁化发展、严格药品零售行为管理、强化药品网络零售管理、规范处方药与非处方药零售分类管理、提升执业药师药学服务能力、聚焦药品零售监督检查以及对违法违规行为的处罚"既有力度，也有温度"等8个方面，介绍了国家药品零售监管政策实施背景，并对相关政策作出分析解读。

关键词： 药品零售　药品安全　药品监管　药品分类管理

---

[*] 谭刚，中国药品监督管理研究会药品流通监管专业委员会、国家药监局高级研修学院特聘专家、国家药监局执业药师资格认证中心工作专家、中国医药商业协会特聘专家，多年从事药品流通监管工作，长期参与药品流通相关法规制定/修订以及相关政策研究工作。

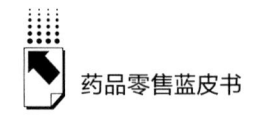

药品零售是药品流通的重要环节，是药品供应链的终端之一，直接面向公众，有别于普通商品购销，具有特殊的购销特点，是药品购销中的重要环节。步入21世纪以来，国家不断加快对药品零售行业的政策研究、发布与落地实施步伐，极大地促进了药品零售行业自律和健康发展。与此同时，在习近平总书记对药品监管提出"四个最严"的工作要求指导下，我国通过以《药品管理法》《药品管理法实施条例》为代表的一系列药品监管法律法规的制定/修订和发布实施，进一步完善了药品零售的许可制度、行为规范准则和监督管理要求。

一 明确药品零售行业准入条件

我国药品的经营方式分为药品批发和药品零售，与其他商品的批发、零售不同，药品批发和零售的划分以销售对象为依据，而与销售药品的数量无关。将药品直接销售给个人消费者的经营方式即药品零售。根据《药品管理法》的规定，我国对药品经营实施许可制度，在我国境内从事药品零售活动（包括药品上市许可持有人自行从事药品零售活动），必须依法持有"药品经营许可证"（零售）。

对于申请"药品经营许可证"的要求也是随着时代的发展与时俱进的。最初，根据已废止的《药品经营许可证管理办法》规定，开办药品零售企业，需要先申报筹建，且要符合当地药品零售区域合理化布局要求，同时考虑公众购药便捷因素，经筹建审核同意后，方可正式向发证机关申请"药品经营许可证"行政审批。部分地区考虑到当地药品零售合理化布局，还对药品零售企业之间的距离作了量化要求（例如，要求两个药品零售企业之间的步行距离不得低于100米），且无论药品零售企业经营类别多寡和范围大小，申领"药品经营许可证"必须安排现场验收检查。根据《国务院办公厅关于印发全国深化"放管服"改革优化营商环境电视电话会议重点任务分工方案的通知》的精神，2024年1月1日起实施的《药品经营和使用质量监督管理办法》明确取消了药品零售企业的筹建与距离限制，且对仅从事乙类非处方药零售活动的实施告知承诺制审批,当场颁发"药品经营许可证"。

目前,《药品经营和使用质量监督管理办法》对于申请从事药品零售活动的,明确要求如下。一是配备的药学技术人员与其经营类别严格挂钩。二是要有与所经营药品相适应的营业场所、储存陈列设施设备及卫生环境,兼营非药品的需与药品分开陈列。三是专门提出在超市等其他场所从事药品零售活动的,需具有独立的药品经营区域。四是有与所经营药品相适应的质量管理机构或者人员,法定代表人、主要负责人、质量负责人等关键岗位符合国家规定的条件。五是有保证药品质量的质量管理制度、符合质量管理与追溯要求的信息管理系统,并符合《药品经营质量管理规范》(以下简称"药品GSP")的要求。申办时限也由之前的30个工作日,提速至20个工作日。

此外,鉴于药品批发和药品零售活动的各自特点,与《药品经营许可证管理办法》将药品批发与药品零售经营范围统一划定的做法不同,《药品经营和使用质量监督管理办法》对二者的经营范围作了划定。药品零售经营范围包括中药饮片、中成药、化学药、第二类精神药品、血液制品、细胞治疗类生物制品及其他生物制品等。其中第二类精神药品、血液制品、细胞治疗类生物制品经营范围的核定,按照国家有关规定执行;经营冷藏、冷冻药品的,应当在"药品经营许可证"经营范围中予以标注。

二 鼓励药品零售连锁化发展

药品零售连锁企业由总部、配送中心和若干个门店构成,总部会统一企业标识、规章制度、计算机系统、人员培训、采购配送、票据管理、药学服务标准规范等,对所属零售门店的经营活动履行管理责任,实施规模化、集团化管理经营。总部是药品零售连锁企业开展药品经营活动的管理核心,负责制定统一的质量管理制度并确保整个药品零售连锁企业执行到位,并对所属零售连锁门店的经营活动履行管理责任;配送中

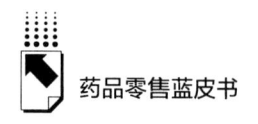

心是药品零售连锁企业的物流机构,承担将总部购进的药品配送至相关零售门店的职责;零售门店是药品零售连锁企业的基础,按照总部统一质量管理体系要求,承担日常药品零售业务,并向个人消费者直接提供药学服务。

《药品管理法》第五十三条明确指出:国家鼓励、引导药品零售连锁经营。《麻醉药品和精神药品管理条例》规定,只有经过审批的药品零售连锁企业定点门店方可经营第二类精神药品。言下之意,单体药品零售企业不得经营第二类精神药品。《药品经营和使用质量监督管理办法》也明确规定,药品零售连锁门店的经营范围不得超过药品零售连锁总部的经营范围,有力地保障了药品零售连锁"统一采购配送"的执行。药品零售企业被其他药品零售连锁企业总部收购,如实际经营地址、经营范围未发生变化的,按照变更药品经营许可证程序办理。

多年来,国务院和有关部委局陆续下发了一系列文件鼓励支持药品零售连锁发展,《关于"十四五"时期促进药品流通行业高质量发展的指导意见》提出了新的要求。具体措施主要有如下几个。一是允许药品零售连锁委托符合药品GSP的企业向企业所属门店配送药品,药品零售连锁企业可不再设立仓库,药品零售连锁企业总部经批准可以跨管辖区域设置仓库。二是支持药品零售连锁企业专业化、多元化发展。三是鼓励"互联网+药品流通"模式,鼓励药品零售连锁企业率先推进"网订店取""网订店送"方式销售药品。四是推进基层医疗机构与连锁药店的合作,鼓励连锁药店在社区健康服务、老年患者康复、慢性病患者健康管理等方面作出尝试,发挥其服务专业、管理规范的优势和全方位满足人民群众不同用药与健康需求的社会职能。五是调动药品零售连锁企业在乡镇、村镇设店的积极性,支持进入农村市场。六是鼓励药品零售连锁企业结合城市一刻钟便民生活圈,新建社区的服务网点,有效融入以多业态集聚形成的社区服务商圈,实现药品流通对基层的有效覆盖,提升人民群众用药的可及性、便利性。七是鼓励兼并重组,推进药品零售连锁化经营,实现到2025年末药品零售连锁率接近70%。

三 严格药品零售行为管理

根据《药品管理法》的规定，在我国依法取得"药品经营许可证"后，从事药品零售活动，应当持续遵守药品 GSP 的要求。而药品 GSP 是药品经营管理和质量控制的基本准则，其目的是通过药品流通的全过程质量管理，规范药品经营行为，保障人体用药安全、有效。现行版药品 GSP 中，药品零售的质量管理分为 8 节，主要内容包括药品零售企业的质量管理与职责、人员管理、文件、设施与设备、采购与验收、陈列与储存、销售管理、售后管理。

多年来，国家药监局发布了一系列法规文件和技术规范，规范药品零售行为。可总结为：药品零售企业在从事药品经营活动中，须严格遵循"诚实守信、依法经营"的原则，禁止以任何弄虚作假手段骗取药品经营许可证，尤其是禁止通过聘用"挂证"执业药师方式骗取药品经营许可证的恶劣行径。药品零售企业不得违法回收或参与非法回收药品，销售回收药品；不得从非法渠道购进药品，药品零售连锁企业门店不得从非本药品零售连锁企业总部外的其他任何渠道获取药品；不得购进销售医疗机构制剂；不得购进销售假劣药品（包括以销售为目的的储存陈列、运输、宣传展示等行为），或将非药品冒充药品进行宣传、销售；不得以中药材及初加工产品冒充中药饮片销售，不得非法加工中药饮片；不得出租、出借柜台等为他人非法经营提供便利；不得销售国家明令禁止零售的药品；非定点药品零售企业不得销售第二类精神药品；不得违反规定销售含特殊药品复方制剂（超经营方式、超数量、超频次等），导致其流入非法渠道；不得销售米非司酮等具有终止妊娠作用的药品；不得未经许可擅自改变药品经营许可证许可事项、登记事项；不得向除个人消费者以外的其他单位销售药品；不得购进药品不索取发票及随货同行单，或虽索取发票等票据，但相关信息与实际不符；不得违反药品的贮藏要求储存、陈列药品；非本企业在职人员不得在营业场所内从事药品销售相关活动；不得采取任何手段，诱导个人消费者超出

治疗需求购买药品。

药品零售企业还应当严格按照国家有关广告管理的规定进行药品广告宣传，不得在营业场所擅自发布未经批准、与批准内容不一致或以非药品冒充药品的违法广告，不得发布虚假广告，不得进行虚假宣传。企业开展过期失效药品回收服务的，应当做到专册登记、专柜存放，防止丢失和误用，对回收药品按照不合格药品定期进行处理和记录，禁止转交个人处理。出现突发公共卫生事件或者其他严重威胁公众健康的紧急事件时，药品零售企业应当严格遵守各级人民政府的应急处置规定，按要求采取下架商品、暂停销售等措施。

四　强化药品网络零售管理

我国药品网络销售经历了一个从全面禁止到有限开放，到严格监管再到探索试点，直至叫停试点的过程。现已全面取消了实施12年的"互联网药品交易服务企业审批"许可事项。近年来，随着药品流通行业快速发展，尤其是电子商务、数字经济等新业态的兴起，为适应药品网络销售的快速发展，国家市场监管总局于2022年9月印发《药品网络销售监督管理办法》。该办法一是突出了药品网络销售资质和主体责任；二是明确了"线上与线下一致"总体要求，同时也突出了药品网络销售管理特色，为药品网络销售专门制定了禁止清单；三是严格处方药网络信息展示和零售流程管理；四是落实网络药品交易三方平台的监督职责；五是强化药品网络销售监管力度；六是对药品网络销售违法行为设定最严厉的处罚。为确保该办法的要求落地，国家药监局又发布了该办法多个配套文件。

一是《药品网络销售禁止清单（第一版）》。明确七类特殊管理的药品以及中药配方颗粒和医疗机构制剂不得通过互联网销售；降糖类药物外的所有注射剂、药品GSP规定的属于国家有专门管理要求的药品（胰岛素除外）、部分激素、具有终止妊娠作用的药品以及部分治疗窗窄且有较高用药风险的药品不得通过互联网零售。2023年7月，国家药监局发布《关于

〈药品网络销售禁止清单（第一版）〉有关问题的复函》，明确《药品网络销售禁止清单（第一版）》第二项第（二）款"含麻醉药品口服复方制剂"，具体参照《食品药品监管总局办公厅关于进一步加强含麻醉药品和曲马多口服复方制剂购销管理的通知》中所列产品名单执行。复合包装产品中包含《药品网络销售禁止清单（第一版）》第二项第（四）款所列药品的单方制剂，应按照禁售清单要求执行。

二是《关于规范药品网络销售备案和报告工作的公告》。明确药品网络交易第三方平台由省级药品监管部门负责办理备案、材料核对、变更备案、取消备案与数据推送；药品网络销售企业报告由县级以上药品监管部门负责办理。

三是《GSP附录6：药品零售配送质量管理》。在规范零售配送过程质量管理的基础上，突出要求零售冷链药品配送设施设备与操作行为，要严格执行GSP及相关附录的规定，强调冷链药品零售配送不得中转暂存；强化药品零售配送车、箱对药品质量的保障能力；明确包装封签一次性使用、破坏不可恢复的技术要求，以及与封签关联的售出药品的退货原则；受托配送企业的行为将纳入药品零售企业的质量管理；要求三方平台加强对平台内发生的药品销售活动及后续配送提供方的监督。

《药品网络销售监督管理办法》实施半年之际，针对药品网络零售活动中药品信息展示仍存在的问题，2023年6月，国家药监局发布《关于规范处方药网络销售信息展示的通知》，进一步明确药品网络销售平台/网站（含应用程序）首页、医药健康行业板块首页、平台商家店铺主页，不得展示处方药包装、标签等信息。通过处方审核前，不得展示或提供药品说明书，页面中不得含有功能主治、适应证、用法用量等信息。

五　规范处方药与非处方药零售分类管理

在我国，药品上市许可持有人、药品批发企业向药品零售企业销售药品时，仅需注意核对购货方经营类别和经营范围，即可基本满足处方药与非处

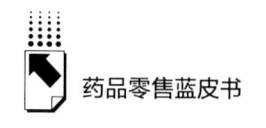

方药分类管理的批发环节的要求。现实中，药品使用环节并不存在处方药与非处方药分类管理的问题，在医疗机构所有的药品均需列入处方使用。因此，处方药与非处方药分类管理的意义主要体现在药品零售环节。

药品零售企业销售处方药应当按照国家处方药与非处方药分类管理有关规定，凭处方销售处方药，处方保留不少于5年。处方应当经执业药师审核，调配处方应当经过核对，对处方所列药品不得擅自更改或代用。对有配伍禁忌或超剂量的处方，应当拒绝调配；必要时，经处方医师更正或确认重新签字后，方可调配销售。调配处方后，药学服务人员应当对照处方，核对药品名称、规格、剂型、数量、标签以及个人消费者姓名、性别、年龄等信息，正确无误后方可销售。

根据《关于做好处方药与非处方药分类管理实施工作的通知》规定，对于部分滥用或超剂量使用会带来较大安全性风险的药品，药品零售企业必须做到严格凭处方销售。此类药品包括所有除注射剂、医疗用毒性药品、第二类精神药品、禁止零售的药品以外其他按兴奋剂管理的药品、精神障碍治疗药（抗精神病、抗焦虑、抗躁狂、抗抑郁药）、抗病毒药（逆转录酶抑制剂和蛋白酶抑制剂）、肿瘤治疗药、含麻醉药品的复方口服溶液和曲马多制剂、未列入非处方药目录的抗菌药物和激素，以及国家药监局公布的其他必须凭处方销售的药品。对需要长期使用固定药物控制和治疗的慢性疾病用药，以及急症、急救用药，各地药品监督管理部门可以采取一定措施，在保证群众用药安全的前提下，方便群众用药，促进药品分类管理工作的开展。

药品零售企业可不凭医师处方销售非处方药，但执业药师或其他药学技术人员应当向个人消费者提供必要的药学服务，指导其合理用药或提出寻求医师治疗的建议。销售乙类非处方药时，执业药师或其他药学技术人员应当根据个人消费者咨询需求，提供科学合理的用药指导；销售甲类非处方药时，执业药师应当主动向个人消费者提供用药指导。

药品零售企业不得采用开架自选的方式销售处方药，也不得采用任何方式直接或变相赠送销售处方药、甲类非处方药（包括网络销售）。非人工自助售药设备禁止销售除乙类非处方药外的任何其他药品。

在特殊管理的药品销售方面，药品零售企业应当严格遵守国家相关规定：对于单位剂量麻黄碱类药物含量大于30mg（不含30mg）的含麻黄碱类复方制剂，一律列入必须凭处方销售的药品范围，无医师处方严禁销售。药品零售企业销售上述药品应当查验购买者的身份证原件，并对其姓名和身份证号码予以登记。除凭医师处方按处方剂量销售外，对于属于非处方药的含麻黄碱类复方制剂一次销售不得超过2个最小包装。药品零售企业不得开架销售上述药品，应当设置专柜由专人管理、专册登记，登记内容包括药品名称、规格、销售数量、生产企业、生产批号、购买人姓名、身份证号码。

六 提升执业药师药学服务能力

药品零售企业应当按照药品GSP的要求，以促进人体健康为中心，开展药学服务活动，实现服务的规范化、科学化、人性化，以满足个人消费者合理用药需求。药品零售环节药学服务的提供者主要为注册在其经营场所的执业药师。执业药师作为药品零售环节风险管理的"守门员"，需全面深入了解药品在零售环节中存在的风险，并具备识别药品质量和使用风险的鉴别力，具备应对药品使用风险的执行力，具备发现潜在风险的洞察力。截至2024年1月，全国累计在注册有效期内的执业药师已达79.7万人。其中，注册在药品零售企业的执业药师72.1万人，占注册总数的90.5%。

为加强对药学技术人员的执业准入管理，进一步厘清执业药师的管理权责，促进执业药师队伍建设和发展，规范执业药师注册管理，国家药监局先后发布《执业药师职业资格制度规定》《执业药师职业资格考试实施办法》《执业药师注册管理办法》《执业药师继续教育暂行规定》。为规范执业药师的配备和使用，2020年11月，国家药监局又印发《关于规范药品零售企业配备使用执业药师的通知》，重申坚持药品零售环节执业药师配备政策，稳步提高配备水平；明确在药品经营领域，依法经资格认定的药师是指执业药师；细化落实执业药师配备要求，强调监督检查落实责任；严格执业药师真

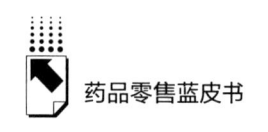

实在岗要求,严厉打击"挂证"违法行为;要求切实发挥执业药师作用,持续加强队伍建设。

七 聚焦药品零售监督检查

结合药品零售环节的风险点,国家药监局每年均会部署对药品零售环节的专项检查。近年来,国家药监局将整治重点聚焦在以下几方面。一是近两年以来存在严重违反药品GSP或屡次违反药品GSP的药品零售企业;二是近两年以来多次被投诉举报的药品零售企业;三是近两年以来监督抽验检出不合格药品的药品零售企业;四是上一年度新开办的药品零售企业;五是城乡接合部、农村地区和二级以上医疗机构周边的药品零售企业。其中,对城乡接合部和农村地区的药品零售企业开展专项检查尤为重要,通过着力规范此类地区药品零售企业的药品购进渠道、储存条件及药学服务,查处药品零售环节违法违规行为,可进一步保障公众用药安全有效。

专项检查重点为以下10类行为。一是违法回收或参与回收药品,销售回收药品;从非法渠道购进药品并销售;非法购进医疗机构制剂并销售。二是购进、销售假劣药品,或将非药品冒充药品进行宣传、销售。三是以中药材及初加工产品冒充中药饮片销售,非法加工中药饮片。四是存在出租、出借柜台等为他人非法经营提供便利的行为。五是销售麻醉药品、第一类精神药品、疫苗等国家明令禁止零售的品种;非定点药店销售第二类精神药品;违反规定销售含特殊药品复方制剂,导致流入非法渠道;销售米非司酮(含紧急避孕类米非司酮制剂)等具有终止妊娠作用的药品。六是超范围经营药品。七是购进药品未索取发票(含应税劳务清单)及随货同行单,或虽索取发票等票据,但相关信息(单位、品名、规格、批号、金额、付款流向等)与实际不符。八是未严格按照药品的贮藏要求储存、陈列药品。九是违反处方药与非处方药分类管理规定销售药品。十是执业药师挂证、不在岗履职。

针对不同类型药品零售企业的风险差异,《药品经营和使用监督管理办法》《药品检查管理办法（试行）》对不同的药品零售企业规定了不同的药品 GSP 符合性检查（常规检查）频次。对经营范围有毒性中药饮片、罂粟壳中药饮片的药品零售企业，经营冷藏冷冻药品、血液制品、细胞治疗类生物制品、第二类精神药品的药品零售企业，每年检查不少于一次；对其他药品零售企业，三年内完成本行政区域内药品 GSP 符合性检查全覆盖。

八　对违法违规行为的处罚"既有力度，也有温度"

相较于上一版《药品管理法》，现行《药品管理法》法律责任章节最突出的就是加大违法成本，处罚倍数有了大幅提高，还新设置了最低计算金额。在销售假药的处罚设定时，对药品上市许可持有人、药品批发企业、药品零售企业统一尺度，一视同仁。但针对药品零售企业的特点，《药品管理法》在第一百一十七条销售劣药的处罚条款中，单独就药品零售企业销售劣药作出规定（货值金额不足一万元的，按一万元计算），与药品上市持有人和药品批发企业作区别对待（货值金额不足十万元的，按十万元计算），体现出针对不同风险主体采用不同标准、宽严相济的原则。

《药品经营和使用监督管理办法》在罚则设定时，细化了对《药品管理法》第一百一十五条无证经营行为处罚（罚款一百五十万元起步）参照情形的对应，包括擅自变更许可事项和许可证过期依然开展经营活动的行为。同时，明确了几种药品经营企业如能及时改正、不影响药品质量安全的，给予减轻处罚的集中情形：超出许可的经营方式、经营地址从事药品经营活动；超出经营范围经营的药品不属于疫苗、麻醉药品、精神药品、药品类易制毒化学品、医疗用毒性药品、血液制品、细胞治疗类生物制品；药品经营许可证超过有效期但符合申请办理药品经营许可证要求等。针对药品零售企业违反本办法第三十六条第二款规定（销售了国家禁止零售的药品）的行为，提出法律、行政法规已有规定的，依照法律、行政法规的规定处罚。法律、行政法规未作规定的，责令限期改正，处五万元以上十万元以下罚款；造成危害后果的，处十万元以上二十万元以下罚款。

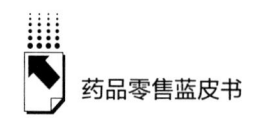

根据《国务院关于进一步贯彻实施〈中华人民共和国行政处罚法〉的通知》，涉及公众健康安全的部门规章，可设置二十万元以下的罚款数额。考虑到药品产品的特殊性以及零售的特点，按照药品监管"四个最严"的工作要求，《药品经营和使用监督管理办法》和《药品网络销售监督管理办法》单独设置了处罚。同时，为提高执法可操作性，以及体现教育和处罚相结合的原则，《药品经营和使用监督管理办法》在法律责任章节第一条就明确，药品经营和使用质量管理的违法行为，法律、行政法规已有规定的，依照其规定。违反本办法规定，主动消除或者减轻违法行为危害后果的；违法行为轻微并及时改正，没有造成危害后果的；初次违法且危害后果轻微并及时改正的，依据《中华人民共和国行政处罚法》第三十二条、第三十三条规定从轻、减轻或者不予处罚。有证据足以证明没有主观过错的，不予行政处罚。

2024年2月，国务院印发《关于进一步规范和监督罚款设定与实施的指导意见》，新设罚款和确定罚款数额时，该宽则宽、当严则严，避免失衡；能够通过教育劝导、责令改正、信息披露等方式管理的，一般不设定罚款。合理确定罚款数额，规定处以一定幅度的罚款时，罚款的最低数额与最高数额之间一般不超过10倍。任何行政机关都不得随意给予顶格罚款或者高额罚款，不得随意降低对违法行为的认定门槛，不得随意扩大违法行为的范围。符合《中华人民共和国行政处罚法》规定的从轻、减轻、不予、可以不予处罚情形的，要适用《中华人民共和国行政处罚法》依法作出相应处理。同月，国家药监局印发《药品监督管理行政处罚裁量适用规则》，重点在四个方面对药品监管行政处罚裁量工作进行了完善。一是完善裁量情形：进一步细化了从重、从轻、不予、免于处罚、情节严重以及单罚和并罚的情形，对《中华人民共和国行政处罚法》规定的初次违法、危害后果轻微，结合药品监管实际，兼顾考虑违法者的年龄、心理、精神状态等因素，明确了具体含义、认定情形、判定的主要因素，回应了各级药品监管部门、基层执法人员和企业等各方面的高度关注。二是规范裁量程序：强化了裁量遵循依法、全面、客观取证原则，应充分听取当事人陈述和申辩，强调了依法举行听证、进行集体讨论、说明裁量理由等程序。三是明确裁量基准制定的原则：进一步完善了各地药品处罚裁量基准的制定程序和规则，对制定裁量基准的原则、要求和程序作出规范，充实了罚款额度的确定、处罚到人的范围和违法所得的计算等内容。四是强化裁量监督：要求各级药品监督管理部门落实执法责任制和过错责任追究制，建立健全行政处罚裁量监督机制，推进典型案例指导，及时纠正违法或明显不当行政处罚裁量基准或行为，持续规范行政处罚裁量权的行使。

B.5
药品网络销售监管法治进程和实践经验

——《药品网络销售监督管理办法》实施一周年回顾与展望

詹炳权[*]

摘　要：《药品网络销售监督管理办法》（以下简称《办法》）自2022年12月1日起开始施行。一年多来，在国家药监局的精心部署和统一指导下，全国各地迅速掀起普法学法热潮，与《办法》相适应、相协调、相配套、相衔接的制度规范体系不断完善，药品网络销售监管工作得到全面加强。《办法》是新时期药品流通监管制度创新的最新成果，也是推动中国式药品监管现代化的具体实践，深入领会其核心价值和具体内涵，有助于在保障人民群众用药安全方面凝聚社会共识、形成治理合力。

关键词： 药品网络销售　药品流通监管　数字治理

近年来，互联网、电子商务、大数据、人工智能等信息技术的快速发展，催生许多新兴业态模式，不仅给经济增长、社会发展和治理能力提升等带来重要机遇，而且在推动药品流通行业数字化转型，提升群众购药可及性、便利性和经济性等方面也发挥了重要作用。互联网的出现极大改变了传统药品流通行业发展格局，促使商流、物流、资金流、信息流逐渐实现电子化，平台经济也得到快速发展。数据显示，药品线上零售市场规模持续保持两位数的高速增长，2023年网上药店市场药品销售额预计为3460亿元，同

---

[*] 詹炳权，国家药品监督管理局南方医药经济研究所研究员，长期从事"两品一械"网络交易监测和政策法规研究。

比增长 18.3%[1]。与此同时，互联网药品信息俱增，越来越多违法犯罪行为逐渐向线上转移，药品网络销售经营者主体责任落实不到位导致的市场失灵给监管工作带来新的挑战。

一 与时俱进推动药品网络销售的建章立制

综观世界各国的监管实践，大多数国家为保护消费者利益对在线售药和在线配药活动都采取了必要的监管措施，但由于互联网的开放性和隐蔽性等特点，各国如今都普遍面临着网络非法药店泛滥、阿片类药物的非法供应等一系列亟待解决的问题。在欧洲，在线购买药品和自我用药行为的增加趋势已成为该地区严重的公共卫生问题[2]。而在美国，一项针对 FDA 发布的警告信内容和所涉及的 1108 个网站的分析研究也表明，大量非法的外国网站都托管于 FDA 无法触及的地方，对其中 100 个向美国消费者销售处方药的网站进行抽样调查结果显示，所有这些网站都是非法的在线药店，大多数都涉嫌非法销售阿片类药物，且是在没有处方的情况下配发的[3]。由此可见，如何更好地保障网络流通渠道的药品质量安全，是当下亟须解答的时代之问和世界之问。

党的二十大报告指出，全面依法治国是国家治理的一场深刻革命，关系党执政兴国，关系人民幸福安康，关系党和国家长治久安。必须更好发挥法治固根本、稳预期、利长远的保障作用，在法治轨道上全面建设社会主义现代化国家。这就要求我们必须加快完善药品网络销售监管的制度体系，以法治化推动中国式药品监管现代化。为了回应人民群众的新要求、新期待，推动重点领域的法治建设，国家药监局早在互联网兴起之初，就

---

[1] 林建宁：《朝阳产业底色不变，调整期机遇涌现》，《医药经济报》2024 年 1 月 18 日。
[2] European Monitoring Centre for Drugs and Drug Addiction, 2013, Casati et al., 2012, Foley et al., 2015, European Monitoring Centre for Drugs and Drug Addiction, 2016.
[3] Online but unlawful sales of unapproved and misbranded prescription drugs: Internet pharmacy compliance with Food and Drug Administration warning letters, Yam B. Limbu, Bruce A. Huhmann, 2023.

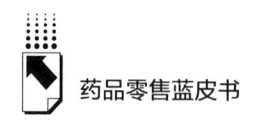

着手布局设计药品网络销售的监管制度。从 2005 年以药品网络交易 ABC 证为代表的分类管理制度设计,到 2013 起开展的互联网第三方平台药品网上零售试点探索,均是围绕当时的宏观政策取向对行业发展作出的具体回应。在漫长的实践过程中,国家药监局逐渐深化对互联网监管的规律性认识,并结合《中华人民共和国电子商务法》《中华人民共和国药品管理法》等法律法规和国务院文件的最新要求,持续推进《办法》的起草和完善。2022 年底《办法》经过长期酝酿后应运而生,历时近 8 年的药品网络销售监管法治建设工作实现了从 0 到 1 的重大突破,在统筹行业发展需要和监管工作实际中,为破解药品网络销售合规治理的世界难题贡献了中国经验和中国方案。

二 筑牢药品网络销售制度体系的四梁八柱

药品网络销售的监管本质上是药品传统流通监管的线上延伸,其经营活动的管理需要符合药品经营质量安全监管的一般性规定。结合网络监管的新形势和新要求,《办法》在《中华人民共和国药品管理法》的基础上,对药品网络销售监管要求又作了进一步细化,是药品流通监管领域重要的部门规章。《办法》在制定过程中,始终遵循着中国特色社会主义法律体系的基本原则,其蕴含的精神主旨和价值取向,贯穿于整个药品网络销售监管工作,对建立健全科学高效权威的药品监管体系、引导企业规范经营活动、有力保障人民群众用药安全具有重要意义。

(一)基本原则

《办法》坚持以习近平新时代中国特色社会主义思想为指导,坚持人民至上、生命至上,坚持以人民为中心的发展思想,围绕保障药品质量安全、优化民生服务、方便群众购药等方面,全面加强药品网络销售监管。其基本原则包含五个方面:一是坚持便民惠民,以人民群众多层次多元化医疗健康需求为导向,依托互联网技术优势,提升药品可及性;二是坚持线上线下一体化原则,落实企业主体责任,引导行业依法依规健康发展;三是坚持以网管网,充分利用技术手段,实现技术赋能、智慧监管;四是坚持风险管理,以风险为导向科学开展制度设计;五是坚持"四个最严"要求,对药品网络销售违法违规行为予以严肃查处。

(二)框架设计

现行的药品网络销售监管制度体系采取了"1+2+N"的基本框架。首先,以《办法》为主体,聚焦保障药品质量安全、方便群众用药、完善药品网络销售监督管理制度设计等方面,对药品网络销售管理、第三方平台管理以及各方责任义务等方面,提出6个章节42条具体规定,分别是总则、药品网络销售管理、平台管理、监督检查、法律责任、附则。其次,根据《办法》第八条第二款、第十四条第三款的规定,配套出台了《药品网络销售禁止清单(第一版)》和《药品经营质量管理规范附录6:药品零售配送质量管理》,分别就部分需要采取特殊管控措施的药品品种以及药品网络零售"最后一公里"的质量管理提出明确要求。最后,为确保《办法》的各项要求能够被正确理解和有效执行,国家药监局积极回应行业关注的重点问题,以通知和公告的形式发布了多个指导文件,在规范药品网络销售备案和报告工作、规范处方药网络销售信息展示、统一《药品网络销售禁止清单(第一版)》有关执行标准、指导各地开展药品网络销售违法违规线索核查处置及药品网络交易第三方平台检查等操作方面给予了技术指引。

(三)主要内容

药品网络销售监管制度的核心要义突出强调了"四个责任"。一是药品网络销售企业的主体责任。《办法》明确从事药品网络销售的主体应当是药品上市许可持有人或者药品经营企业,从事药品网络零售的主体必须是线下实体药店;药品网络销售企业需严格按照经过批准的经营方式和范围经营,建立并实施药品质量安全管理等制度,明确网络销售的信息展示、药品配

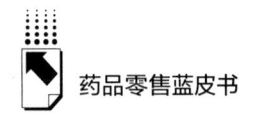

送、追溯记录、风险控制和信息公开等管理要求。二是第三方平台的管理责任。《办法》明确药品网络交易第三方平台应当设立药品质量安全管理机构、建立药品质量安全等管理制度、配备药学技术人员，按规定向所在地省级药品监督管理部门备案，严格履行审核、检查以及发现严重违法行为后停止服务并报告等义务。三是属地监管部门的监管责任。《办法》进一步明确了国家、省、市、县药品监督管理部门在药品网络销售监管中的职责划分和药品网络销售违法行为查处的管辖权；细化药品监督管理部门在监督检查时的具体职权，要求加强药品网络销售监测工作；明确药品监督管理部门对个人信息和商业秘密的保密要求。四是违反规定需承担的法律责任。对违规销售国家实行特殊管理的药品、未遵守药品经营质量管理规范等情形，按照《中华人民共和国药品管理法》相应罚则，明确处罚标准；对第三方平台违反资质审核等义务的，以及网络销售企业违反处方管理、信息展示等义务规定的依法追究相应责任。

除此之外，药品网络销售经营者在开展相关经营活动时，还应当严格遵循《中华人民共和国价格法》《中华人民共和国反不正当竞争法》《中华人民共和国处方管理办法》等相关法律法规要求，要在法治框架下切实维护市场公平竞争秩序、保障和促进公众健康，更好地为消费者提供优质、可靠的药品和服务。

三 多措并举创新药品网络销售的治理范式

互联网技术的创新发展和普及应用，在提高群众用药便利性与可及性的同时也伴随着市场信息不对称、资本无序扩张等复杂问题。在数字社会的合规治理工作中，目前，监管部门主要采用的是回应性治理和集中式治理相结合的合规治理范式。具体来看，在新技术、新业态发展初期，政府对新事物的监管秉承包容审慎态度，此阶段主要采取的是回应性、引导性、非强制性的措施进行引导规范。随着事物发展的不断深入，一些亟须解决的问题逐渐显露，于是便会触发政府通过立法和专项整治等方式进行集中式治理。近年来，国家药监局紧盯网络销售关键风险，按照"讲政治、强监管、保安全、促发展、惠民生"的工作思路，先后部署开展药品安全专项整治行动和药品安全巩固提升行动，对药品网络销售环节开展集中治理，及时控制消除潜在风险隐患。通过持续公布一系列药品网络销售违法违规典型案件，对不法行为形成有力震慑，切实维护了市场秩序的总体稳定，获得良好的社会效应。

然而，面对互联网技术和新型商业模式的快速更迭，监管部门还需要探索更具动态性、灵活性、适应性的合规治理范式以提升常态化监管水平。在此背景下，敏捷式治理作为一种新型治理范式被引入公共管理和社会治理领域，其追求的快速、灵活、多元主体共同参与等理念和策略，为创新药品网络销售监管治理方式方法提供了新的启示。敏捷式治理提倡构建多层次的治理体系，通过引导企业、社会组织等多元主体共同参与讨论规则和标准的制定、自查自纠合规风险，以实现灵活、快速的合规治理目标。国家药监局着力推动构建药品网络销售社会共治新格局，组织药品网络销售主流第三方平台建立药品网络销售安全风险共治联盟，引导平台增强主体责任意识。联盟企业通过联合签署诚信经营倡议书、定期开展风险会商等形式，不断提升风险防控能力和风险预警能力，及时拦截了超百万条不良信息，清理了一批无证经营药品的非法商家。在这种模式下，相关企业不仅能够及时灵活、动态响应监管需求，还可以通过合规改进计划和质量管理体系标准，持续进行自我审查、自我约束、自我规范。通过加强日常检查、专项检查、第三方合规审计评估等外部措施，监管部门可以对行业自律效果进行检查评估，采取具有针对性的监管措施，这不仅能够更好地适应网络监管的新形势、新要求，还能充分发挥多元主体动态共治的协同优势，真正实现"以网管网，以快制快"。

展望未来，私域社交电商、网络直播营销、跨境电商零售等新兴业态方兴未艾，数字孪生、生成式人工智能等新技术在新一轮科技革命中前景无限。新业态、新技术的应用有望激发更加澎湃的创新动能，为推动药品流通行业的数字化转型带来更多的机遇。同时，其衍生出来的一系列监管问题也

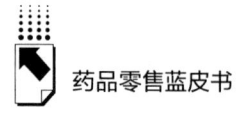

更具复杂性和挑战性，需要群策群力持续营造有利于保障公众用药安全的创新政策和制度环境。只有正确认识互联网时代下药品流通行业的发展规律、准确把握新时期药品网络销售的监管理念，才能有效解决涉及多方利益复杂交织的监管问题，才能更好地满足公众对药品安全的新期待，推动药品流通行业在迈向高质量发展的浪潮中行稳致远。

B.6 医保"双通道"政策实施后药店发展现状

李赛赛 贺宇鹏 段政明[*]

摘 要： 本文梳理了医保"双通道"政策的核心内容和实施现状，分析了"双通道"政策背景下零售药店发展的机遇与挑战。在医保"双通道"和门诊统筹改革趋势下，建议推动医保、医疗、医药（简称"三医"）政策紧密协同，合力促进药品零售行业发展，同时零售药店自身也需提升药学服务能力、信息化建设水平。

关键词： 医保"双通道" 零售药店 门诊统筹 国谈药

一 谈判药品的发展沿革

随着药物研发领域的快速发展，大量具有显著疗效的创新药品不断上市，但这些药品往往价格昂贵，致使患者经济负担增加，为了提高创新高值药品的可及性，医保部门采取了与药品生产企业进行价格谈判的策略，以期将这些创新高值药品纳入医保支付范围，这种做法在全球范围内已成为一种普遍趋势。自2013年起，我国医保、卫生部门便开始探索与药品生产和经营企业进行谈判。

---

[*] 李赛赛，中国药科大学，主要研究方向为医疗保险与国家药物政策；贺宇鹏，中国人民健康保险公司社保业务部，主要研究方向为医保创新业务与商保承办服务；段政明，国家医疗保障局基金监管司原副司长，副主任医师，主要研究方向为"三医"改革政策与管理。

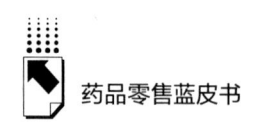

（一）地方探索时期

2012年，青岛市人力资源和社会保障局出台《关于建立城镇大病医疗救助制度的意见（试行）》，开启了特药、特材谈判。2013年，江苏省开始实施特药制度，医保部门与药品生产企业谈判议价，将赫赛汀、格列卫、达希纳3种抗肿瘤治疗药品纳入医保基金支付范围。2014年，浙江省人力资源和社会保障厅将31个高值药品纳入省大病保险特殊用药谈判范围，以解决参保人员罹患重特大疾病的特殊用药问题。2016年，湖南省医保部门将尼洛替尼等16个特殊药品纳入大病保险支付范围。此后，北京、江西等地也陆续引入医保药品谈判机制。由此可见，地方层面的药品谈判主要为"大病医保特殊药品谈判"，即"特药谈判"，主要集中在治疗重大疾病的药物，如肿瘤、罕见病等领域的药品。地方层面的探索在我国药品谈判政策发展过程中起到至关重要的作用，为后续国家层面药品谈判积累了宝贵的经验；但同时也存在缺乏药物经济学和循证医学方面的证据、谈判机制不够健全和规范等问题[1]。

（二）国家卫生部门主管时期

2015年，国务院办公厅发布《关于完善公立医院药品集中采购工作的指导意见》，正式提出建立专利药品、独家生产药品价格谈判机制，标志着药品谈判政策进入实质性发展阶段。2016年，国家卫生计生委等7部门联合印发《关于做好国家谈判药品集中采购的通知》，进一步明确了国家谈判药品的概念和操作流程，经过与药品生产企业的谈判，3个谈判药品谈判成功，价格降幅均在50%以上。同时要求医疗机构结合实际诊疗需求，按照谈判价格，在省级药品集中采购平台直接采购。鼓励其他医疗机构和社会药店在网上直接采购。这一时期，药品谈判政策由地方政府的自行探索转向国

---

[1] 常峰：《我国医保药品价格谈判机制与管理创新研究》，《价格理论与实践》2017年第5期。

家行政的强化推动,政策扩散效应持续扩大,31个省(区、市)均出台了相关政策[①]。

(三)人社部门主管时期

2017年,人力资源社会保障部办公厅发布《关于确定2017年国家基本医疗保险、工伤保险和生育保险药品目录谈判范围的通告》,经过专家评审和推进,将"疗效确切、价格昂贵、独家生产、专利有效期内"的44个药品纳入拟谈判范围,经过谈判,有36个药品谈判成功,被纳入乙类药品管理。这是人力资源社会保障部首次开展国家医保药品目录谈判,由人力资源社会保障部社保中心作为药品谈判的主体,负责组织实施国家层面的药品谈判工作,通过引入竞争性谈判、价格保密等做法提升了谈判的科学性和有效性。在谈判准备过程中,利用医保大数据测算分析,确定医保预期支付价格,实现了药品价格的显著降低,并通过谈判结果的公布,提高了政策的透明度和公信力,为未来建立医保目录动态调整机制提供了宝贵经验。

(四)国家医保部门主管时期

2018年,国家医保局成立,大力推进医保药品目录管理改革,通过引入更为科学的谈判方法和评估体系,进一步提升谈判工作的专业性和系统性,逐步建立了医保药品目录动态调整机制,医保药品目录调整周期从原来的最长8年大幅缩短至1年,新药上市当年即可被纳入医保药品目录。6年来,共有739个新药通过国家谈判准入被纳入医保支付范围。在这一阶段,高位推动、系统推进的常态化模式逐渐形成,国家谈判药品(以下简称"国谈药")政策在不断完善中发展创新。

综上所述,国谈药政策的推广是一个渐进的过程,从最初的地方试点

[①] 吕兰婷、胡邱铷、郭珉江:《我国药品谈判政策演变与创新扩散机制探究》,《中国卫生政策研究》2022年第9期。

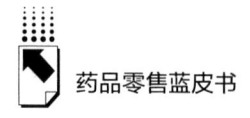

到全国推行，经历了政策法规的完善、工作机制的不断优化等多个阶段。随着政策的逐步落地和实施，国谈药政策在全国范围内得到广泛认可和推广。

二 医保"双通道"政策的核心内容及实施现状

国谈药政策对降低患者用药负担、提升患者用药可及性和可支付性发挥了重要作用，但在落地过程中也存在一些难点，主要问题在于国谈药进入医疗机构使用还存在一定的难度，包括医疗机构用药总品种数量限制、药占比考核、次均费用考核、医疗费用增长幅度、医保总额控制、支付方式改革（以DRG/DIP打包付费为主）等制约，导致新国谈药难以及时进入医疗机构[①]。同时，改革前，大多数药物首先进入医院被临床应用，经过临床验证认可后被纳入医保。改革后，药品上市后至被纳入医保的时间很短，药品出现"先进医保，再进医院"状况，医生对新药品的熟悉和接受需要时间，进一步延缓了新国谈药的临床应用。为了解决上述问题，国谈药"双通道"政策应运而生。

2021年4月，国家医保局、国家卫生健康委联合印发《关于建立完善国家医保谈判药品"双通道"管理机制的指导意见》，明确"双通道"是指通过定点医疗机构和定点零售药店两个渠道，满足谈判药品供应保障、临床使用等方面的合理需求，同步纳入医保支付的机制。要求发挥定点零售药店分布广泛、市场化程度高、服务灵活的优势，与定点医疗机构互为补充，形成供应保障合力。2021年9月，国家医保局、国家卫生健康委发布了《关于适应国家医保谈判常态化持续做好谈判药品落地工作的通知》，要求各地扎实推进"双通道"管理，对于医疗机构暂时无法配备的药品，要建立健全处方流转机制，通过"双通道"等渠道提高药品可及性。此外，国家医

---

① 曹庄、李赛赛、曹人元等：《国家医保谈判药品落地情况研究——基于5市17种国谈抗癌药使用及报销数据的分析》，《卫生经济研究》2022年第7期。

保局要求在2021年10月底前,各省(区、市)要确定本省(区、市)纳入"双通道"管理的药品名单并向社会公布。至此,从国家层面完成了医保谈判药品供应保障机制的顶层设计,为进一步推进"双通道"机制在全国铺开奠定了基础。

(一)医保"双通道"政策核心内容

医保"双通道"政策的核心是保障患者在医疗机构和定点零售药店能够同等购买到国谈药并同等享受医保报销待遇,同时在此过程中要保证患者用药安全和医保基金使用安全。要点如下。一是分类管理,即并非将所有国谈药都纳入"双通道",而是重点将临床价值高、患者急需、费用高、替代性不高的药品纳入,分类权限在各省级医保部门,体现了医疗保障的公平与效率。二是及时配备,医保、卫生部门双牵头,将国谈药"双通道"供应保障情况纳入定点医药机构协议管理,并与年度考核挂钩,同时调整完善医疗机构药品使用考核机制,将合理使用的国谈药不纳入药占比、次均费用等考核指标范围,以促进国谈药及时配备供应。三是完善支付,对使用周期长、疗程费用较高的国谈药实行单独支付政策,不纳入定点医疗机构医保总额控制范围,对实行DRG改革的病种,初期可以对国谈药实行单独支付,不纳入DRG支付总额,而后根据国谈药实际使用情况合理调整该病种的权重,以避免医药机构受医保总额控费限制而无法配备使用国谈药。

针对定点零售药店这条新开辟的通道,在具体落地操作层面,包括以下几方面要点。一是公平遴选定点药店,确保遴选原则和程序的公平合理,保证各药店适度竞争、有进有出。二是加强药店信息化建设,要求定点药店与医保信息平台、电子处方流转平台等对接,确保药品、医保支付等信息全面、准确、及时,保证电子处方顺畅流转。三是确保药品安全使用,定点药店需建立符合要求的储存、配送体系,同时需配备专业人士对患者合理用药进行指导,确保患者用药安全。四是优化医保经办服务,确保患者在药店购买国谈药可以直接结算,探索异地使用国谈药直接结算等。五是加强医保基

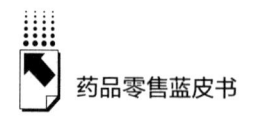

金监管,防范药店欺诈骗保①。以上是"双通道"政策在零售药店实施的核心要点,也是国谈药具体落地的难点。

(二)医保"双通道"政策落地现状

为落实国家政策,各省(区、市)围绕患者购买"双通道"药品,从医院开具处方、药店购买药品到药品配送、医保实时结算等各个环节,明确当地"双通道"政策具体内容。各地在纳入药品范围、支付政策、药店遴选等方面有所差异,但均遵循国家指导原则,并考虑地区经济发展水平、医保基金承受能力和患者用药需求等因素。

1. 药品范围

各省(区、市)根据国家指导原则以及本省(区、市)实际情况,对纳入"双通道"管理的药品范围进行了细化,如将"临床价值高"细化为"综合考虑显效率、治愈率、总生存期等指标"(甘肃);将"费用较高"细化为"肿瘤、血液病、罕见病用药等疗程费用高的药品"(甘肃)或"年治疗费用超过上年度我市居民人均可支配收入50%的药品"(天津)等;并通过专家论证等程序将符合条件的国谈药纳入"双通道"管理。此外,随着政策的落地及发展,"双通道"政策已不局限于国谈药,逐渐延伸至其他药品,如部分省(区、市)将本省(区、市)按特药管理药品(如门慢门特药品、大病保险药品、高值药品等)、国家确定的第一批罕见病治疗药品等纳入"双通道"管理,"双通道"覆盖的药品范围逐渐拓宽,各地"双通道"药品数量见表1。

表1 部分省(区、市)"双通道"药品数量及备注情况

省(区、市)	药品数量(个)	备注
广东	291	要求推进互联网+"双通道"流通服务,实施"线上下单,线下取货"的便民方式

---

① 《国家医保局 国家卫生健康委关于建立完善国家医保谈判药品"双通道"管理机制的指导意见》,http://www.nhsa.gov.cn/art/2021/5/10/art_104_6527.html,2021年5月10日。

续表

省（区、市）	药品数量（个）	备注
浙江	275	包括213个西药品种,62个中成药品种;其中,提及三甲医院配备国家谈判药83个,三乙中医院55个
山东	275	全省"双通道"药店已达438家,覆盖全省136个县级行政区;同时,所有"双通道"药店全部实现即时联网结算,切实减轻群众跑腿垫资压力
湖南	258	对标国家标准,"双通道"单行支付管理药品不单独设置限定支付范围
河北	221	定点零售药店纳入"双通道"管理需满足3个条件,包括实现电子处方流转及追溯,实时上传药品"进、销、存"数据和结算费用,以及所售谈判药品不允许加成
安徽	188	各地执行省级"双通道"药品目录的同时,根据之前药品"双通道"管理情况制定补充目录,报省医保局备案后执行
内蒙古	176	在确保基金安全的前提下,对实行单独支付的谈判药品,可不纳入定点医疗机构总额范围
四川	157	其中谈判药品128个,含52种注射剂
吉林	143	职工和居民医保个人先行自付比例分别降至20%和30%
辽宁	117	个人先行自付比例由30%调至20%,全省统一确定高值药品门诊和住院费用政策范围内报销比例,职工医保为80%,居民医保为70%;限门诊使用时单独据实结算的高值药品,住院使用时也按上述政策计算个人待遇
河南	107	医疗机构是谈判药品临床合理使用的第一责任人
江苏	100	药品范围全省统一执行,各地不得调整,今后将依据国家药品目录调整动态更新
福建	97	实现了互联网医院诊疗医保网上结算服务,建立互联网医院全流程就诊结算闭环管理体系
上海	96	"双通道"药店6个条件;其中能够配备50%纳入"双通道"管理的药品、对未配备的药品具有1~2天调配能力的定点零售药店以及符合条件的DTP药房优先考虑
江西	88	第1批53个药品,其中注射剂为19种;第2批35个药品

资料来源：各省（区、市）医保局。

2. 支付政策

按照国家要求，各省（区、市）对纳入"双通道"管理的国谈药在定点医疗机构和定点零售药店均施行统一的支付政策。同时，各省（区、市）根据医保基金承受能力对纳入"双通道"管理药品费用支付取消或减免了起付线及个人先行自付比例。此外，近半数省（区、市）已探索对纳入"双通道"管理中使用周期较长、疗程费用较高的国谈药进行单独支付管理。已经开展DRG/DIP付费改革的，部分省（区、市）探索将定点医疗机构使用"双通道"药品费用折算DRG点数/DIP分值后补充计入DRG支付总点数/DIP支付总分值（海南），以促进国谈药的配备供应。

3. 药店遴选

为确保患者在"双通道"药店可以购买、及时结算和安全使用国谈药，各省（区、市）出台了相应的药店遴选规程，以确保选择符合标准的定点药店提供国谈药。除包括资质合规、设施完善、管理规范、信誉良好、安全供应、布局合理、冷链运输能力、实现进销存与医保信息系统对接、实现电子追溯等普通药店所具备的基本资质外，"双通道"药店还须设置谈判药品专门经营区域、谈判药品专职负责人等。部分省（区、市）对"双通道"药店配备供应国谈药的能力还作出了量化规定，如国谈药配备率不低于30%/50%/80%（福建/上海/新疆等）、对未配备的国谈药具有1~2天调配能力等，取得DTP药房资质的优先纳入。据国家医保局统计，截至2023年10月底，2022年版药品目录协议期内谈判药品在全国23.92万家定点医药机构配备，其中定点医疗机构和定点零售药店分别为6.67万家和17.25万家[①]。

（三）医保"双通道"政策在"三医"改革中的作用及不足

"双通道"政策在"三医"改革中发挥了积极的作用。首先，在医保改革层面，对于广大参保患者而言，"双通道"政策开辟了新的、更加便捷的、更加多样的购药渠道，创新药的可及性、可负担性不断提高，实现了政策出台的初衷。其次，在医疗改革层面，"双通道"政策减轻了医疗机构受各项药品管控、费用管控政策而无法进药的压力，将原来药品院内管理的一部分职能转移至院外，有助于推动医药分离。最后，在医药改革层面，政策

---

① 《国家医保局2023年国家基本医疗保险、工伤保险和生育保险药品目录调整新闻发布会实录》，http://www.nhsa.gov.cn/art/2023/12/13/art_14_11684.html，2023年12月13日。

引导患者凭医院处方去药店购买国谈药，药店客流量增加，也带动了其他产品的销售，增加了药店收益。同时，因国谈药在储存、管理和使用等方面有特殊规定，对于药店服务水平的提高也起着促进作用。对于生产流通企业而言，政策扩展了销售渠道，有助于增加收益。

总体来看，"双通道"政策的实施促进了医疗资源的合理配置，提高了创新药的可及性，但也存在一些不足之处。一是政策在部分省（区、市）贯彻落实不到位，如"双通道"药店尚未建立动态管理机制，异地就医直接结算不畅通等[1]，这些可能诱发患者、医药机构、药企之间的矛盾。二是各省（区、市）落地政策差异大，如"双通道"管理药品范围界定模糊[2]，各省（区、市）纳入"双通道"及单独支付的药品不同，导致患者在不同地区的用药待遇水平存在差异，加之各地医保和卫生两部门政策协同和配合度不同，患者在各省（区、市）用药可及性存在差异。三是公立医院处方流转难，现有医保医疗医药管理政策不协同，"双通道"政策落实还有较长的路要走。

三 医保"双通道"政策实施后零售药店发展的机遇与挑战

（一）零售药店发展的机遇

《2022年药品零售行业发展报告》显示，近5年我国零售药店数年复合增长率达6.6%，保持稳步增长势头。根据《药品监督管理统计年度数据（2022年）》[3]，截至2022年，全国药店总数已突破62.3万家，其中零售连锁家数6650家，门店总数约36万家，占比57.78%；单体药店总数26.3万

---

[1] 顾海、刁仁昌、石斌等：《国谈药"双通道"落地存在的问题及对策建议》，《中国医疗保险》2023年第8期。
[2] 孙焕征、曹人元、任今今等：《医保国谈药"双通道"管理机制成效与展望》，《中国医疗保险》2023年第1期。
[3] 国家药品监督管理局：《药品监督管理统计年度数据（2022年）》，https://www.cpi.ac.cn/sjcx/yjbg/202304/t20230419_387300.html，2023年4月19日。

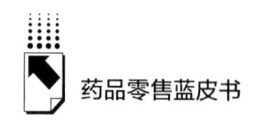

家，占比42.22%。连锁率为57.8%，正在逐年提升，但与发达国家相比（美国2021年药店连锁率达71.1%），连锁率仍有提升空间。根据《关于"十四五"时期促进药品流通行业高质量发展的指导意见》中提出的2025年药品零售连锁率接近70%的总体目标，综合对比域外典型国家产业现状，预测我国零售药店市场未来发展空间巨大。

与此同时，医保"双通道"政策的出台对于促进零售药店的发展具有重大利好作用。从具体数据来看，在药品销售三大终端中，目前公立医院终端市场份额最大，基层医疗机构终端市场份额最小，零售药店终端市场份额居中且近年来增长显著。如图1所示，零售药店销售额占比从2016年的22.5%增长至2023年上半年的27.6%，其中2022年受新冠疫情影响相关药品需求激增，零售药店销售额占比曾一度增长至29.0%[1]。根据RPDB中国药品零售数据库数据统计，样本零售药店国谈处方药销售额自2021年实施"双通道"政策后增长迅猛，增速始终保持25%以上，2023年达到30%。国谈处方药在零售药店处方药销售中的占比也从2020年的10%上升至2023年的17%。[2] 由此可见，"双通道"政策确实推进了国谈药的落地，也让零售药店获得了长足发展的机会。未来随着各地对于零售药店纳入门诊统筹管理的政策逐步细化，预计零售药店在各地的处方药销售中将扮演更重要的角色。

（二）零售药店面临的挑战

"双通道"政策为零售药店带来了发展机会，同时零售药店也面临着一系列的挑战。一是处方流转难。虽然国家医保局推动了电子处方流转平台建设，但在实际操作中处方流转平台的建设和应用还不够完善，导致处方流转不畅。更深层次原因是部分医疗机构和医生不愿意让处方外流[3]，既有对处

---

[1] 《2023H1我国三大终端六大市场药品销售额达9655亿元，同比增长10.4%》，米内网，https://www.menet.com.cn/info/202310/20231017714010414_146631.shtml，2023年10月17日。
[2] 《2023年我国零售药店处方药销售趋势洞察》，https://mp.weixin.qq.com/s/c2ioyeBE-2RTFo-1HthgMw，2024年3月4日。
[3] 雷清强、陈天池、廖博玮等：《定点零售药店纳入医保门诊统筹管理实践比较分析》，《中国卫生政策研究》2023年第12期。

医保"双通道"政策实施后药店发展现状

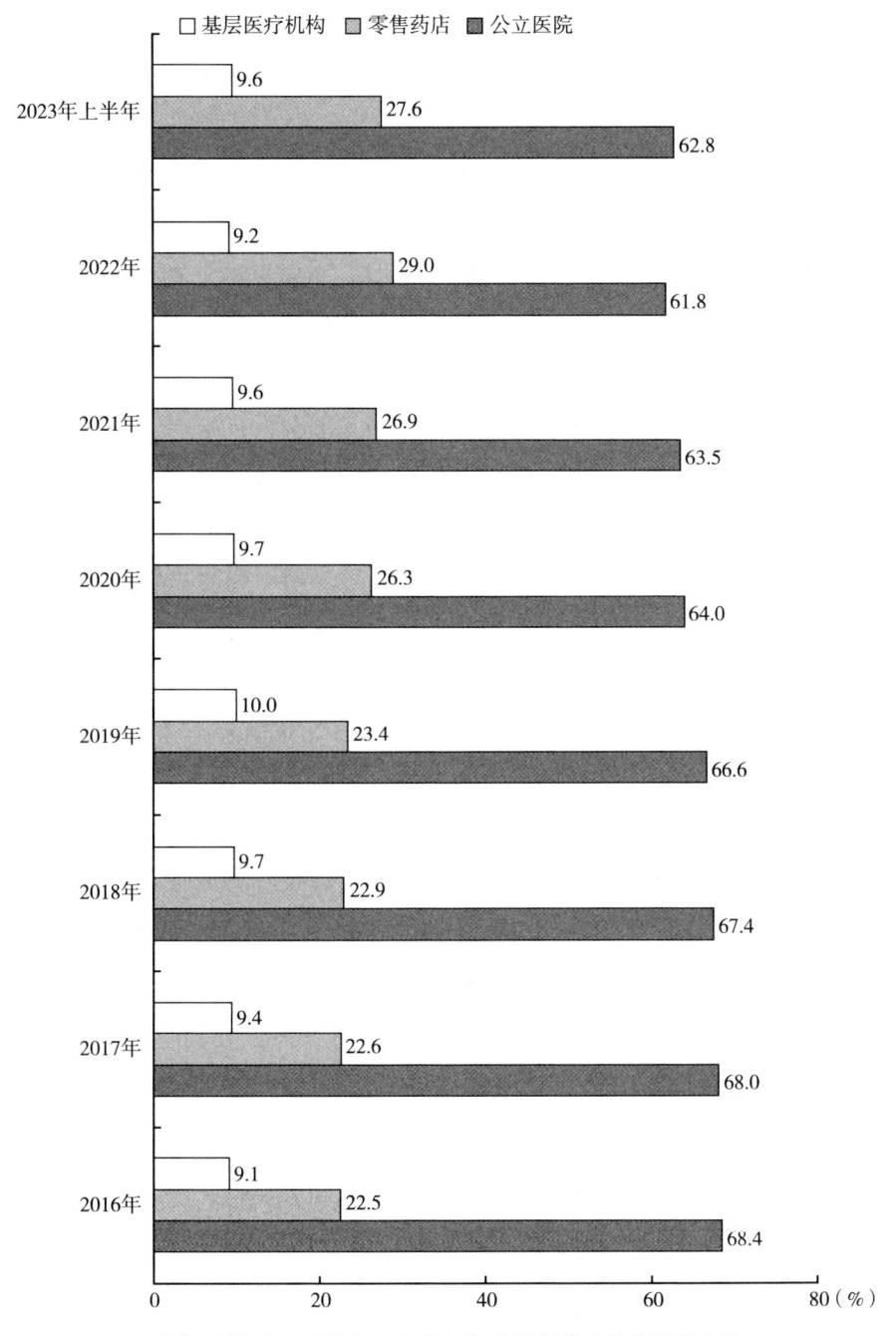

年份	基层医疗机构	零售药店	公立医院
2023年上半年	9.6	27.6	62.8
2022年	9.2	29.0	61.8
2021年	9.6	26.9	63.5
2020年	9.7	26.3	64.0
2019年	10.0	23.4	66.6
2018年	9.7	22.9	67.4
2017年	9.4	22.6	68.0
2016年	9.1	22.5	68.4

图1 2016年至2023年上半年全国三大药品销售终端占比

资料来源：米内网。

方外流的管理和监管存在顾虑的考虑，也有医院内部考核机制不鼓励处方外流的缘故。例如，部分省（区、市）将外流处方仍计算在流出处方的医疗机构上，进而影响其门诊收入占比、点评处方占比等考核指标完成情况；又如部分医疗机构担忧因处方外流发生用药安全性风险而承担连带责任等。

二是提升药品管理和药学服务能力。为了承接"双通道"职能，一方面，零售药店需要建立符合国谈药要求的储存、配送体系，优化供应链管理体系，建立全程监管和追溯机制，确保国谈药的及时供应和药品质量安全，还要处理好与药品生产企业的合作关系；另一方面，与普通药店相比，"双通道"药店需要为患者提供更专业全面的药学服务，包括用药指导、用药安全教育等，确保患者正确安全使用药品。此外，零售药店还需完善信息系统，与医保信息平台、电子处方流转平台等对接，确保处方信息、病例信息、医保信息等关键信息准确无误。以上对零售药店在药品管理、成本管控、人才配备和服务质量提升等方面均提出了更高要求。

三是适应医保基金常态化监管。随着医保基金监管更加常态化智能化，零售药店需要建立健全内部管理制度，严格遵守医保服务协议，执行医保基金使用规定，防止出现欺诈骗保行为。作为"双通道"药店，需要采取更加严格的措施，对患者身份进行核实，确保"处方患者"和"实际用药患者"一致，防止医保基金被套取。此外，零售药店需要适应基于大数据的智能审核与监控，这要求药店引入具备药品医保支付类别、限制性条件、长处方管理药品等事前提醒、事中拦截、智能审核功能的系统，以提高监管效率和准确性，这对零售药店智能化管理提出了更高要求。

四 医保"双通道"、门诊统筹改革趋势下零售药店发展的思考与建议

（一）医保"双通道"、门诊统筹改革趋势

继"双通道"政策实施落地以后，为推动职工医保门诊统筹共济改革，

2023年国家医保局又出台了《关于进一步做好定点零售药店纳入门诊统筹管理的通知》，旨在更好发挥职工医保门诊医药费用保障功能，提升参保群众就医购药的便利性、可及性。与"双通道"政策相比，门诊统筹政策的出台，对于我国零售药店行业发展起到了更广泛、更重要的促进作用。药店如何抓住机遇并应对挑战成为必须深思的问题。

（二）零售药店发展的思考与建议

从外部行业政策来看，零售药店的发展需要大力推动处方外流，而处方外流的推动离不开"三医"协同，即医疗、医保和医药三方政策的紧密合作和联动。在当前门诊统筹改革背景下，卫健部门应当有针对性地设置医院考核指标，明确处方外流涉及的用药安全性风险责任。医保部门应会同卫健、药监部门简化处方流转过程中的烦琐程序，完善电子处方流转平台中患者既往用药情况、病例信息等关键信息，为药店打通处方审核的反馈通道。进一步探索纸质处方、互联网医院流转处方的实施途径，通过信息化改造使零售药店及时与医院对接和匹配药品信息。医保部门还应为零售药店划分独立的医保预算份额，避免医疗机构因不愿意与零售药店共享份额/点数而阻碍处方流转。为更好发挥OTC药品的诊疗作用，建议允许OTC药品不需要处方即可在定点零售药店使用统筹基金结算，同时强化医保基金监管。

从药店自身发展来看，零售药店应尽快适应"双通道"和门诊统筹等新的政策环境，提高自身的竞争力和创新能力。一方面，专业化药学服务能力是零售药店的核心竞争力之一，零售药店应重视并强化药店药学服务的专业属性，配备足量的执业药师，提升药师的专业技能和服务水平，为患者提供更加专业的用药咨询、处方审核等，以提升患者满意度、树立零售药店良好的社会形象和公信力。另一方面，在大数据、信息化、智能化快速发展的大环境下，药店需要不断适应技术发展，加强信息化建设，建立完善电子健康记录系统、电子处方流转系统、医保结算系统、药品进销存系统等以提高运营效率和管理水平，为患者提供更加优质、高效、便捷的医疗服务。此

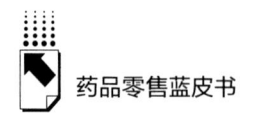

外，随着零售药店逐渐成为医保药品的主要销售渠道之一，为了确保医保基金的安全和合理使用，药店需要主动接受监管，并主动利用好医保处方流转平台的购药记录、药店的患者病例记录等信息，引入智慧医保手段，做好医保基金合理使用的"守门人"。

B.7
药品网售办法及相关配套文件研究

章云勇*

摘　要： 近年来，我国电子商务迅速发展，网络购物已成为常态，药品网络销售也日益活跃。《药品网络销售监督管理办法》进一步落实《药品管理法》相关要求，秉承"安全、发展、便民"并重的理念，保障药品质量安全，方便群众购药，完善药品监管制度设计。对药品网售管理、第三方平台管理以及各方责任作出了明确规定，符合以保护和促进公众健康为主旨的监管理念，顺应了医药电商、药品网售、互联网医疗等新业态的发展趋势。

关键词： 药品网络销售　监督管理　药品经营

近年来，我国电子商务快速发展，网络购物已经成为人们日常的消费方式。为进一步提升医疗卫生现代化服务水平，提高药品可及性，国务院相继出台了一系列政策，要求创新服务模式。在"互联网+医药"战略的推动下，互联网技术与药品流通领域深度结合，催生了新兴的药品销售模式。特别值得注意的是，随着2019年《药品管理法》的修订，国家逐步放宽了网售处方药的限制，网上药品销售活动日益活跃。2021年4月，《国务院办公厅关于服务"六稳""六保"进一步做好"放管服"改革有关工作的意见》明确提出："在确保电子处方来源真实可靠的前提下，允许网络销售除国家实行特殊管理的药品以外的处方药。"2022年12月1日起实施的《药品网络销售监督管理办法》等一系列相关法规和政策文件，推动了医药电商合

---

* 章云勇，北京市合达律师事务所合伙人，主要研究方向为政府法律事务以及食品药品大健康行业全领域、全链条、全环节、全覆盖的政策法规及合规管理。

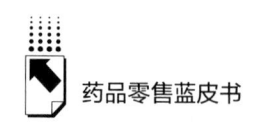

法规范发展。医药电商交易规模持续扩大，药品营销成本得以降低，患者用药的便捷性得以提高，从而助推了互联网药品经营市场的快速发展。

一 网售药品政策法规概况

2000年以前，国家不允许药品进行网络销售；2000~2014年，逐步有条件放开非处方药网络销售；2014~2018年，有条件地允许第三方平台向个人消费者销售药品；2019年以来，政策鼓励创新，进入包容审慎的法律规范新阶段，全面放开处方药网络销售，药品网售迎来了跨越式增长新时期。

（一）有条件放开非处方药网络销售

2000年，《药品电子商务试点监督管理办法》出台，部分省（区、市）开始试点网售非处方药。2004年7月，《互联网药品信息服务管理办法》实施，加强了药品监督管理，规范了互联网药品信息服务活动，并解决了药品信息展示与药品广告区别的难题。为全面贯彻《国务院办公厅关于加快电子商务发展的若干意见》精神，规范互联网药品购销行为，2005年9月颁布了《互联网药品交易服务审批暂行规定》，对互联网药品交易服务企业实行审批制度，使非处方药网络销售合法化、制度化，但明确规定不得向个人消费者网售处方药。2007年2月，《药品流通监督管理办法》再次明确禁止采用邮售、互联网交易等方式直接向公众销售处方药。

（二）有条件地允许第三方平台向个人消费者销售药品

2017年1月，国务院发布了《关于第三批取消中央指定地方实施行政许可事项的决定》，取消了互联网药品交易服务企业审批（第三方平台除外）的行政许可事项。2017年9月，《国务院关于取消一批行政许可事项的决定》发布，取消了互联网药品交易服务企业（第三方平台）审批的行政许可事项，网售药品不再需要单独许可证。

（三）全面放开处方药网络销售

2019年新修订的《药品管理法》明确规定，除国家实行特殊管理的药品外，允许药品通过网络销售，从法律层面正式确立了处方药网络销售的合法地位。2022年12月《药品网络销售监督管理办法》的实施有助于提高网络销售药品监管的实践性和可操作性，对药品网络销售企业、第三方平台以及监管部门的主体责任和义务作出了明确规定。

（四）现阶段网络销售相关政策法规

我国当前药品网络销售相关的法规及政策主要包括《药品管理法》《消费者权益保护法》《电子商务法》《药品网络销售监督管理办法》《互联网药品信息服务管理办法》《互联网广告管理办法》等。其中，《药品管理法》规定了药品上市许可持有人和药品经营企业通过网络销售药品的基本要求，以及不得网售的品种，还规定了第三方平台备案管理、对入驻企业的资质审核等内容，加强了对第三方平台的管理。《药品网络销售监督管理办法》是专门针对网上售药的部门规章，细化和完善了相关法律要求，内容比较全面完整。《电子商务法》和《消费者权益保护法》规定了第三方平台在出现商品或服务质量安全问题时需要对消费者承担民事责任，并且均规定了明知或应知销售者侵害消费者合法权益且未采取必要措施时的连带责任。《消费者权益保护法》规定，第三方平台若不能提供销售者的真实名称、地址和有效联系方式等真实信息，消费者有权要求平台赔偿；若平台对消费者作出更好的承诺，应当履行，且平台赔偿后可向销售者追偿。《电子商务法》还规定，对于涉及消费者生命健康的商品或服务，若第三方平台未尽销售者资质审核义务或未尽到对消费者安全保障义务，导致消费者权益遭受损害的，应依法承担相应责任。

网售药品相关法规政策文件见表1。

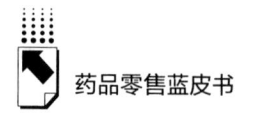

表1 网售药品相关法规政策文件

名称	施行时间	发布单位	备注
《中华人民共和国药品管理法》	1985年7月1日	全国人大常委会	1984年9月20日公布,2001年2月28日第一次修订,2013年12月28日、2015年4月24日两次修正,2019年8月26日第二次修订
《中华人民共和国电子商务法》	2019年1月1日	全国人大常委会	2018年8月31日公布
《中华人民共和国消费者权益保护法》	1994年1月1日	全国人大常委会	1993年10月31日全国人大常委会通过,2009年8月27日第一次修正,2013年10月25日第二次修正
《中华人民共和国药品管理法实施条例》	2002年9月15日	国务院	2002年8月4日国务院令第360号公布,2016年2月6日、2019年3月2日两次修订
《药品经营质量管理规范》	2000年7月1日	国家药品监督管理局	2000年4月30日国家药监局令第20号公布,2012年11月6日卫生部第一次修订,2015年5月18日国家食药监总局第二次修订,2016年6月30日国家市场监督管理总局修正
《互联网药品信息服务管理办法》	2004年7月8日	国家食品药品监督管理总局	2004年7月8日国家食药局令第9号公布,2017年11月7日修订。2001年2月1日起施行《互联网药品信息服务管理暂行规定》(国家药监局令第26号)(已废止)
《药品网络销售监督管理办法》	2022年12月1日	国家市场监管总局	2022年8月3日国家市场监督管理总局令第58号公布
《互联网广告管理办法》	2023年5月1日	国家市场监管总局	2023年2月25日国家市场监督管理总局令第72号公布,2016年7月4日公布的《互联网广告管理暂行办法》同时废止
《药品经营和使用质量监督管理办法》	2024年1月1日	国家市场监管总局	2023年9月27日国家市场监督管理总局令第84号公布,1999年8月1日实施的《药品流通监督管理办法(暂行)》(已废止),2007年5月1日实施的《药品流通监督管理办法》同时废止
《国务院关于积极推进"互联网+"行动的指导意见》	2015年7月4日	国务院	

续表

名称	施行时间	发布单位	备注
《国务院办公厅关于促进"互联网+医疗健康"发展的意见》	2018年4月28日	国务院	
《国务院办公厅关于服务"六稳""六保"进一步做好"放管服"改革有关工作的意见》	2021年4月7日	国务院	
《药品电子商务试点监督管理办法》	2000年6月26日	国家药监局	在广东省、福建省、北京市、上海市开展药品电子商务试点工作
《互联网诊疗管理办法（试行）》	2018年7月17日	国家卫生健康委、国家中医药局	
《互联网医院管理办法（试行）》	2018年7月17日	国家卫生健康委、国家中医药局	
《互联网诊疗监管细则（试行）(2022)》	2022年2月8日	国家卫生健康委、国家中医药局	
《国家药监局关于规范药品网络销售备案和报告工作的公告》	2022年11月30日	国家药监局	
《国家药监局关于发布药品网络销售禁止清单（第一版)的公告》	2022年12月1日	国家药监局	
《药品经营质量管理规范附录6：药品零售配送质量管理》	2023年1月1日	国家药监局	
《药品网络交易第三方平台检查指南（试行）》	2023年12月29日	国家药监局	

二 《药品网络销售监督管理办法》解析

《药品网络销售监督管理办法》（以下简称《办法》）的施行，意味着我国对网售药品的监管更加严格和规范，进一步增强了网络销售药品监管工

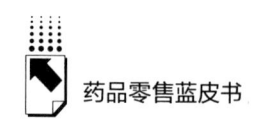

作的实践性与可操作性。《办法》聚焦于保障药品质量安全、方便群众用药、完善药品网络销售监督管理制度设计等方面，对药品网络销售管理、第三方平台管理以及各方责任义务等作出了具体规定。这一举措体现了监管部门对新业态发展的尊重和认同，与《药品管理法》及相关政策相互衔接，满足了行业需求，为医药行业药品网络销售的发展指明了方向。

（一）《办法》制定的意义

近年来，我国电子商务的迅速发展使网购成为人们日常消费的常态，药品网销活动也日益活跃。《办法》的实施落实了《药品管理法》相关要求，秉承"安全、发展、便民"并重的理念，保障药品质量安全，方便群众购药，进一步完善了药品监管制度设计。《办法》符合以保护和促进公众健康为主旨的监管理念，顺应了医药电商、药品网售、互联网医疗等新业态的发展趋势。这一举措将进一步优化行业资源配置，引导市场公平竞争，促进医药产业高质量发展，真正落实药品质量安全监管。

（二）《办法》制定的主要思路

以习近平新时代中国特色社会主义思想为指导，坚持人民至上、生命至上的原则，坚持以人民为中心的发展思想，着眼于保障药品质量安全、优化民生服务、方便群众购药等方面，全面加强药品网络销售监管。一是坚持便民惠民，以满足人民群众多层次、多元化的医疗健康需求为导向，充分利用互联网技术优势，提升药品的可及性。二是坚持线上线下一体化原则，落实企业主体责任，引导行业依法依规健康发展。三是坚持以网管网，充分利用技术手段，实现技术赋能、智慧监管。四是坚持风险管理，以风险为导向，科学开展制度设计。五是坚持"四个最严"要求，对药品网络销售违法违规行为予以严肃查处，切实保障人民群众的健康权益。

（三）《办法》的主要内容

《办法》共6章42条，规定了药品网络销售管理、平台责任履行、监督检查措施以及法律责任等内容。

1. 落实药品经营企业主体责任

明确从事药品网络销售的药品经营企业主体资格和要求，并根据法律规定，明确规定了疫苗、血液制品、麻醉药品、精神药品、医疗用毒性药品、放射性药品以及药品类易制毒化学品等国家实行特殊管理的药品不得在网络上销售。同时，对药品经营全过程实行严格管理，对药品网络销售企业的质量安全管理制度、药学服务、药品储存配送、药品追溯、风险控制、信息公开等方面提出了明确要求。

2. 压实药品网络销售平台责任

明确规定第三方平台应当设立药品质量安全管理机构，配备药学技术人员，建立并执行药品质量安全、药品信息展示、处方审核等管理制度，并按照规定进行备案。同时，要求平台与药品网络销售企业签订协议，明确双方对药品质量安全的责任，规定平台应当履行审核、检查监控以及发现严重违法行为时停止服务和报告等义务，并强化平台在药品召回、突发事件应急处置以及监督检查中的配合义务。

《办法》规定，第三方平台应当设立药品质量安全管理机构，建立并实施药品质量安全等管理制度，配备药学技术人员，按规定向所在地省级药品监督管理部门备案。应当加强检查，对入驻平台的药品网络销售企业药品信息展示、处方审核、药品销售和配送等行为进行管理，督促其严格履行法定义务。一旦发现不具备销售药品资质等严重违法行为，应立即停止提供网络交易平台服务，同时停止展示药品相关信息。

《药品管理法》中专门设立了"药品经营"专章，其中第六十二条对药品网络交易第三方平台进行了专门的规制，特别是在法律责任部分，第一百三十一条规定，药品网络交易第三方平台提供者未履行资质审核、报告、停止提供网络交易平台服务等义务的，将受到严厉的处罚。

首先是第一款明确了备案管理的要求。随着《办法》的实施，《关于规范药品网络销售备案和报告工作的公告》中进一步明确了相关程序和职责分工。

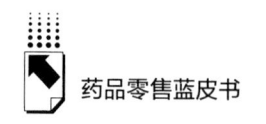

其次是第二款明确对资质等进行审核，以确保其符合法定要求，并对在平台上进行的药品经营行为进行管理。第三款规定，一旦发现有违法行为，应及时制止并立即向县级药监部门报告；如果发现严重违法行为，应立即停止提供网络交易平台服务。《办法》第二十条、二十二条、二十三条对上述内容进行了细化，并再次明确指出，"第三方平台未履行资质审核、报告、停止提供网络交易平台服务等义务的，依照药品管理法第一百三十一条的规定处罚"。由此可见，对第三方平台的管理日趋严格。

3. 明确处方药网络销售管理

考虑用药安全风险和线上线下一致性管理要求，明确对处方药网络销售实行实名制，并根据规定进行处方审核和调配；规定处方药与非处方药应当在展示时进行区分，并明确规定在处方药销售主页面和首页面不得直接公开展示包装、标签等信息；在处方审核前不得展示说明书等信息，也不得提供与处方药购买相关的服务，以强调"先方后药"和处方审核的管理要求。同时，要求在处方药销售之前向消费者充分告知相关风险警示信息，并确保消费者确认知情，以切实防范用药安全风险。

4. 落实"四个最严"要求

强化各级监管部门的监管措施，明确各级药品监督管理部门在药品网络销售监管中的职责划分和违法行为查处的管辖权。要求加强药品网络销售监测工作，对监测发现的违法行为依法按照职责进行调查处置。同时，强化药品安全风险控制，对有证据证明可能存在安全隐患的情况，依法明确药品监管部门可以采取告诫、约谈、限期整改以及暂停生产、销售、使用、进口等措施。此外，《办法》还对药品网络销售违法行为依法明确了相应的法律责任。

三　《办法》的相关配套文件解析

（一）《药品网络销售禁止清单（第一版）》

根据《药品管理法》第五十四条规定，国家实行处方药与非处方药分类管理制度。此外,《药品管理法》第五十八条和第七十三条均规定了调配处方药应进行核对。处方药必须凭医师处方才能调配、购买和使用,并且需要经过资格认定的药师进行处方审核、调配以及合理用药指导等。相对于非处方药,处方药的风险较高。根据《药品网络销售禁止清单(第一版)》(以下简称《清单》)中划定的范围,涉及的品种均是处方药。《清单》划定了网售药品的范围和限制,使网络售药更加明确具体,也是进一步落实《药品管理法》和《办法》相关要求的又一举措。

一方面,与《药品管理法》第六十一条第二款规定进行了衔接,强调了"疫苗、血液制品、麻醉药品、精神药品、医疗用毒性药品、放射性药品、药品类易制毒化学品等国家实行特殊管理的药品不得在网络上销售"的规定。另一方面,《药品管理法》第七十六条第三款规定了"医疗机构配制的制剂不得在市场上销售",也在《清单》中进行了明确。

中药配方颗粒是由单味中药饮片经水提、分离、浓缩、干燥、制粒而成的颗粒,须在中医药理论指导下,按照中医临床处方调配后,供患者冲服使用。早在 2006 年,国家食品药品监督管理总局就发布了《中药配方颗粒管理暂行规定》和《关于对中药配方颗粒在未经批准单位经营使用予以行政处罚问题的批复》,明确规定药品经营企业不得销售中药配方颗粒。此外,《药品经营和使用质量监督管理办法》也强调了药品经营企业不得经营"疫苗、医疗机构制剂、中药配方颗粒等",因此,中药配方颗粒也不得进行网售。

另外,还规定了其他禁止通过网络零售的药品,主要是用药风险较高的品种。针对这些药品,划定了明确的禁止销售的红线,使《清单》更加明确和全面。这些药品包括但不限于注射剂(降糖类药物除外)、地高辛、丙吡胺等。这些药品有些属于高风险用药,有些具有麻醉功能,有些存在较大的不良反应,需要严格禁忌,如果未经医生指导使用,极易造成健康风险,甚至危及生命。此外,含有特殊药品的复方制剂极易被滥用或用于制造毒品,多年来一直受到严格管理。基于网售药品的特点,对其进行了禁止性规定,以防止滥用和违法行为的发生。同时,《反兴奋剂条例》明确规定不得

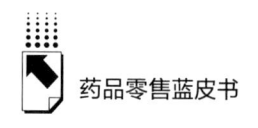

零售的产品，如蛋白同化制剂和肽类激素（胰岛素除外），也禁止通过网络零售。还有像米非司酮类等终止妊娠的药品，本就是国家药监局规定不得零售的药品，因此也禁止通过网络零售。

《药品管理法》和《办法》规定国家实行特殊管理以及用药风险较高的药品不得通过网络零售，具体目录由国务院药品监督管理部门制定。这为药监部门赋予了动态调整的空间。根据监管过程中对药品安全风险的评估结果，药监部门可以动态调整不得通过网络销售的药品目录，从而保障用药的安全和有效性。

（二）《关于规范药品网络销售备案和报告工作的公告》

《办法》对第三方平台管理提出了更高的要求，并作出了一系列规定。为了指导各级药监部门有序开展药品网络交易第三方平台备案和药品网络销售企业报告工作，国家药监局于2022年11月30日发布了《关于规范药品网络销售备案和报告工作的公告》。该公告规范了第三方平台的备案程序，细化了备案流程和提交资料的清单，并对线上购药的备案和工作报告提出了规范化要求。

公告要求第三方平台应当按照《办法》第十八条的规定，向平台所在地省级药监部门备案，并如实填写药品网络交易第三方平台备案表。同时，办理备案、变更备案和取消备案信息需要同步推送至国家药品监管数据共享平台。药品网络销售的企业应当按照《办法》第十一条的规定，向药监部门报告，如实填写并提交加盖公章的药品网络销售企业报告信息表。

药品网络销售备案和报告工作涉及省、市、县三级药品监管部门。北京市、浙江省、河南省等省级药监部门结合本行政区域内的监管实际情况，制定了相应的实施细则，以细化具体内容、加强工作衔接、密切协同合作、从而完善相关要求。

（三）《药品经营质量管理规范附录6：药品零售配送质量管理》

国家药监局于2022年11月30日发布了《药品经营质量管理规范附录

6：药品零售配送质量管理》（以下简称《附录6》），自2023年1月1日起施行。《附录6》制定的依据是《药品经营质量管理规范》以及《办法》，其目的是加强药品经营监督管理，进一步规范药品零售配送行为，保障零售配送环节药品质量安全。

长期以来，零售药品的配送行为并未进行明确的规定，特别是网售药品的配送，处于盲区。国家药监局此次明确，为行业规范发展提出了具体要求。涵盖了药品零售过程（包括通过网络零售）所涉及的药品配送行为的质量管理，涉及药品的拣选、复核、包装、封签、发货、运输等环节，以及将药品送达消费者指定地点并签收的物流活动，包含了适用范围、质量控制措施、配送过程管理、企业主体责任、委托配送要求、第三方平台管理等内容。

《附录6》要求药品零售企业应当建立药品配送质量评审管理制度。根据业务类型、范围和送达时限等配备和选择合适的配送工具、配送设备和包装，对有温湿度、避光等要求的药品，其包装物还应当选取隔温、防潮、避光的包装材料，特别是对冷藏、冷冻药品的配送进行了明确，要严格遵守《药品经营质量管理规范》的有关规定，防止脱离冷链等内容。

《附录6》的实施，使药品零售行业需要投入更多的资源和精力做好配送工作，以确保药品的安全、合法和可追溯性。实施的过程虽然会增加企业的运营成本，但也是确保公众健康和药品安全的必要环节。企业在执行的过程中，可能会面临一定的困难和挑战，需要仔细研究、规划和调整运输配送模式。药品零售企业也要加强与第三方平台、物流企业的协作，在确保合规的同时，有效管控成本和提高运营效率。

（四）《药品网络交易第三方平台检查指南（试行）》

为指导药监部门开展药品网络交易第三方平台的检查工作，督促企业履行法定义务，落实平台主体责任，国家药监局于2023年12月29日发布了《药品网络交易第三方平台检查指南（试行）》（以下简称《指南》）。《指南》旨在为监管部门开展检查工作提供指导，强化对药品线上经营过程的

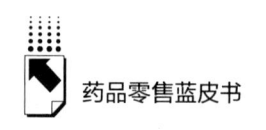

监管，确保监管无盲区，贯彻落实"以网管网"数字化监管要求，引导药品网络交易第三方平台加强自身合规管理，促进网售药品的高质量发展。

《指南》明确了常规检查重点考虑因素3项、有因检查重点考虑因素7项，检查方式以及检查地点等事项。检查方式和检查地点等事项也被详细列出。涉及备案与资质审查、体系建设、经营管理、平台内处方药销售（仅开展B2B业务的平台除外）、平台内信息展示、平台风险管理等6个部分，共有16个检查项目40个检查要点。《指南》对检查内容进行了细化，条款式列明了检查项目，适用于指导药监部门对提供第三方平台服务的企业进行监督检查工作。此外，《指南》还与《药品检查管理办法（试行）》进行了衔接，确保检查程序等内容的协调一致。

第三方平台作为连接消费者与药品经营企业的媒介，扮演着保护消费者权益的重要角色。严格审查、如实向监管部门报告、有效管理处方药，并合法展示相关信息，将有利于规范行业生态，帮助监管部门行使监管职责，从而更好地保护消费者权益和防范风险。

其中，对平台内处方药销售和平台内信息展示规定了更为具体明确的监管内容。根据《办法》的规定，网售处方药需要确保电子处方来源真实可靠，并在处方审核通过前不得进行销售。这体现了国家对网售药品安全性的高度重视，有效保障了患者用药的安全和有效性。

四 网售药品政策法规及监管要求展望

（一）良法促良治

国家药品法治建设正努力开创新局面，从宏观到微观都在加速完善覆盖药品全生命周期的法律法规制度体系。药品网络销售作为提升群众用药可及性的重要手段，在互联网平台的技术支持下，方便了群众购药，培育了新型商业模式，也赋能了药品零售企业。同时，互联网销售承载了巨大流量和交易，风险放大器效应不容忽视。

《办法》及相关配套文件的出台，旨在规范药品网络销售行为，为药品网售监管指明了方向、细化了监管要求，以保障药品的安全和有效性，维护消费者的权益。这些法规更是促进良治的重要工具，鼓励药品网销企业和第三方平台加强自我管理和自我约束，提高行业的管理水平和竞争力。随着药品网售政策法规不断完善，我国可以在总结经验教训的基础上，适时提高网售药品法规的层级。目前，《药品管理法实施条例》正在进行修订，从发布的征求意见稿来看，对药品网络销售管理进行了更加全面的细化，再次强调了第三方平台管理义务，并且加大了对销售禁止类药品和第三方平台提供者的处罚力度。这些措施将有助于促进药品行业的规范发展，维护社会秩序，从而实现良好的治理效果。

（二）相关监管机构应创新网络药品销售监管方式

监督管理人员应深刻认识药品质量监督与用药安全管理的重要性，并认真履行相关监督管理职责。应创新药品网络销售的监管手段，着力建立药品网络销售信用管理体系，不断提高发现和处理药品质量与安全问题的能力。同时，应积极探索科学监督管理模式，不断提升药品监督管理水平。贯彻落实《中共中央　国务院关于加快建设全国统一大市场的意见》和《"十四五"国家药品安全及促进高质量发展规划》的要求，以全面实施《办法》为契机，创新政府部门监管方式。通过建立药品网络销售智慧监管系统，及时监测违法线索，实现事前防控与事中事后监管有效结合。

（三）加强行业自律

药品生产经营企业应增强自身社会责任感，提高药品生产质量，合规生产销售，减少网络售药违法犯罪行为。应严格遵守《附录6》的要求，减少药品流通安全隐患。相关药品物流企业应加快构建标准化流通机制，做好药品出入库、储存、运输等管理工作，确保药品流通环节的安全可靠。同时，行业组织应充分发挥桥梁纽带作用，加强与药品监督管理部门的协同配合，引导药品网络销售者合规经营，加强行业自律。作为政府监管部门，一方面

应引导加强行业诚信自律和约束机制建设,积极开展药品网络经营诚信示范创建活动,共同营造药品网络销售监管新格局;另一方面,应充分调动行业协会的积极性,共同打造药品网络销售产业的健康生态。

(四)提高消费者相关法律意识和参与监管的积极性

各级政府及其有关部门、药品行业组织、新闻媒体等应面向社会大众,加强药品安全知识及消费者权益保护法律法规等的宣传教育。教育引导消费者增强安全用药意识,提高对药品滥用、虚假信息、网络黑店等的辨别能力。在购买到劣质、假冒药品时,能够保存好证据,并及时投诉举报,利用法律法规维护自身权益。政府监管部门还应及时受理和处理消费者的投诉,推进药品智慧监管,为消费者及时了解网络药店的证照资质、信用情况,及时举报投诉等提供方便,降低消费者维权的时间成本和经济成本。

五 结语

药品网络销售是"互联网+医药"发展的重要表现,为人民生活带来了诸多便利,同时也对药品流通和使用过程中的安全监管工作提出了更高要求。为此,我们需要在多个维度上建立完善药品网络销售的法规及监管体系,不断提升各方对药品质量控制的能力和意识,以促进医药行业的稳定和健康发展,真正保障人民群众用药的安全、有效和可及。

参考文献

曾文辉、龚千锋、杨民荣:《基于药品监管视角探究互联网销售药品监管现状和对策》,《药品评价》2022年第14期。

隋振宇、宋华琳、林长庆:《"互联网+"背景下完善我国网络药品经营监管的探索》,《中国药房》2019年第16期。

管理篇

B.8 零售药店在国家基本医疗卫生服务和应急中的作用

中国药科大学国际医药商学院 中国医药商业协会联合课题组[*]

摘 要: 随着我国医药产业的快速发展,零售药店作为医药流通的关键环节,无论是在提供基本医疗卫生服务还是在突发公共卫生事件下,都为守护公众健康发挥着关键作用。然而,零售药店在发挥以上作用的同时也面临着一系列困难和挑战。本文旨在对零售药店在基本医疗卫生服务和应急管理中的作用及其面临的困难和挑战进行梳理分析,并提出相关对策建议,以促进药品零售行业健康发展,确保其在国家医疗卫生体系中的地位和作用得到更明确的界定,为公众提供更加优质的服务。

---

[*] 课题组组长:茅宁莹,中国药科大学国际医药商学院教授、副院长,主要研究方向为医药产业技术创新管理、国家药物政策。课题组组员:李军,中国药科大学国际医药商学院讲师,主要研究方向为医药产业技术创新管理;王明慧,中国药科大学国际医药商学院,主要研究方向为医药产业创新政策;候韦,中国药科大学国际医药商学院,主要研究方向为医药产业创新政策;张競元,中国药科大学国际医药商学院,主要研究方向为医药产业创新政策。

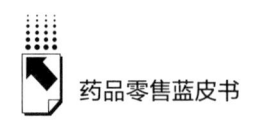

关键词： 零售药店　基本医疗卫生服务　突发公共卫生事件　应急管理

一　我国零售药店发展现状分析

（一）零售药店在药品流通中处于重要位置

近年来，随着我国经济持续增长和人们对健康需求的日益多元化，医药产业蓬勃发展。零售药店作为医药产业流通环节承上启下的关键角色，在医疗卫生领域发挥着日益重要的作用：不仅负责医药产品的采购、仓储和信息化管理；还直接面向终端消费者销售药品并提供药学服务，为患者的用药安全提供重要保障。尽管面临医改深入推进、医药电商的快速发展以及新业态的不断涌现等一系列挑战，零售药店仍发挥着重要作用（见图1）。

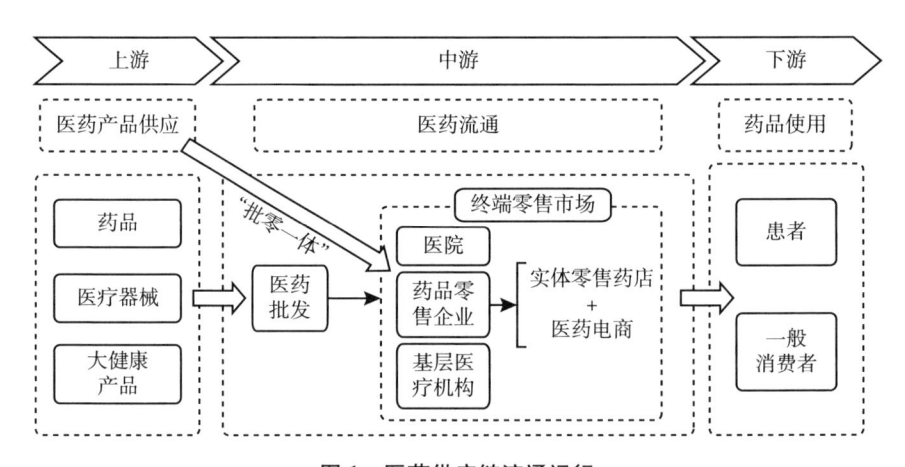

图 1　医药供应链流通运行

（二）药品零售行业发展总体呈现良好态势

药品零售市场规模不断扩大。近年来，零售药店数量不断增加、集中度不断提高，零售药店在业态创新等方面取得了长足发展。截至2022年底，我国药店总数为62.33万家,其中连锁门店数量为36万家,连锁率达57.76%(见图2),2018~2022年呈现逐年增长的态势。广泛分布的零售药店能够有效满足社区居民日常用药需求。零售药店不断提升患者购药的便利性和可及性,并提供高质量的药学服务。

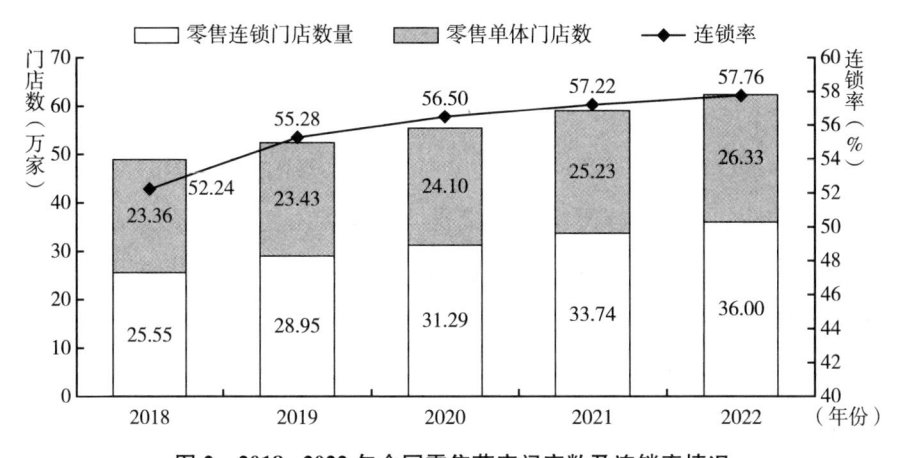

图2 2018~2022年全国零售药店门店数及连锁率情况

资料来源:国家药品监督管理局《药品监督管理统计年度数据(2022年)》。

国家将零售药店纳入"15分钟生活圈"政策规划,全国层面统计店均服务人数为2265人次[1]。此外,据统计,医药零售连锁企业拥有超过72万名执业药师和近百万名其他药学技术人员,提供了近400万人的相关就业岗位,为稳定我国就业作出了重要贡献。

零售药店在满足消费者多元化需求和提高医药产品可及性方面发挥着不可替代的作用。多元化的经营理念和现实需求拓展了零售药店场景下的专业药学服务[2],催生了特药药房、药诊店、中医馆等多种业态,为消费者提供了更多种类的健康产品和服务;同时,零售药店通过线上线下与互联网、物联网的融合,积极开展O2O、B2C业务,提升患者购药的便利性和服务体验,用精细化管理提升经营效率和服务质量。

---

[1] 赵士清:《基于7Ps理论的A药店药品营销策略优化》,北京交通大学硕士学位论文,2020。
[2] 《2023药店行业深度分析 健康需求多元下药店行业升级分化》,中研网,2023年8月16日。

二 零售药店在基本医疗卫生服务中的作用

（一）基本医疗卫生服务的定义和主要任务

1978年，世界卫生组织与联合国儿童基金会发表的《阿拉木图宣言》将初级卫生保健（Primary Health Care，PHC）定义为：基于切实可行的、学术上可靠的，而又为社会所接受的方式与技术之上的主要的卫生保健，需要个人及家庭的参与，以低廉、可接受的医疗费用使卫生服务普及全体人民。它是个人、家庭、群众与国家保健系统接触的第一环，能使卫生保健尽可能接近于人民居住及工作场所[①]。我国《基本医疗卫生与健康促进法》第十五条明确提出基本医疗卫生服务是指维护人体健康所必需、与经济社会发展水平相适应、公民可公平获得的，采用适宜药物、适宜技术、适宜设备提供的疾病预防、诊断、治疗、护理和康复等服务。

综合《阿拉木图宣言》对于初级卫生保健的定义以及我国《基本医疗卫生与健康促进法》对于基本医疗卫生服务的概述，可以将基本医疗卫生服务的主要任务分为健康促进、预防保健、合理治疗和社区康复四个方面，每个方面又可具体分为多项内容（见图3）。

（二）零售药店在基本医疗卫生服务中的作用分析

作为我国卫生服务体系的重要组成部分，零售药店在基本医疗卫生服务中发挥着多重作用，覆盖了健康促进、预防保健、合理治疗和社区康复等多个方面。

1. 零售药店在健康促进方面的作用分析

（1）开展多样化的健康教育活动

随着居民生活水平的提高、健康意识的增强，人们对自身健康状况越发

---

① 董忆晗、李伯阳：《面向未来初级卫生保健新内涵构建》，《中国公共卫生》2022年第11期。

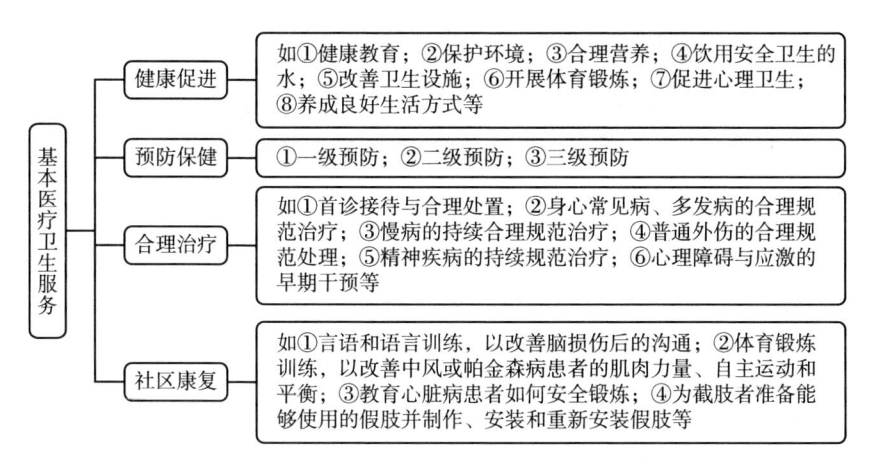

```
                    ┌─ 健康促进 ── 如①健康教育；②保护环境；③合理营养；④饮用安全卫生的
                    │             水；⑤改善卫生设施；⑥开展体育锻炼；⑦促进心理卫生；
                    │             ⑧养成良好生活方式等
         基         │
         本         ├─ 预防保健 ── ①一级预防；②二级预防；③三级预防
         医         │
         疗         │             如①首诊接待与合理处置；②身心常见病、多发病的合理规
         卫         ├─ 合理治疗 ── 范治疗；③慢病的持续合理规范治疗；④普通外伤的合理规
         生         │             范处理；⑤精神疾病的持续规范治疗；⑥心理障碍与应激的
         服         │             早期干预等
         务         │
                    │             如①言语和语言训练，以改善脑损伤后的沟通；②体育锻炼
                    └─ 社区康复 ── 训练，以改善中风或帕金森病患者的肌肉力量、自主运动和
                                  平衡；③教育心脏病患者如何安全锻炼；④为截肢者准备能
                                  够使用的假肢并制作、安装和重新安装假肢等
```

图3　基本医疗卫生服务的主要任务及其具体内容

关注，对健康教育的需求也越来越凸显，所需求的健康教育内容涉及广泛，如合理膳食、养生保健、疾病预防、慢性病后遗症康复、中医药预防保健养生等方面的知识[①]。

在我国，基层医疗机构是开展健康教育活动的主体，然而，基层医疗机构医生数量不足且工作繁忙，能够提供的健康教育服务有限。而零售药店作为基本医疗服务提供的另一个重要主体，在健康教育方面发挥了巨大作用，零售药店能够根据居民的兴趣和需求，开展内容丰富、形式多样且通俗易懂的健康教育活动，提高群众对健康的认识，使居民养成良好的生活习惯，增强居民健康意识和自我保健能力，促进全民健康素质提高。

（2）日常工作中为老年人提供心理健康支持

零售药店的药师与居民接触频次高，往往更能关注到居民的心理健康需求。药店的药师不仅是医药知识的传播者，更是患者情绪的倾听者和支持者。他们倾注耐心和关怀，倾听患者的诉求，提供专业的建议和安慰，为人们提供情绪上的慰藉和支持。

---

① 梁丽芬、于为民、赵静等：《农村老年人对健康教育需求的现状调查及对策分析》，《护理研究》2022年第13期。

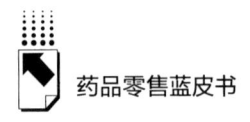

2. 零售药店在预防保健方面的作用分析

(1) 疾病预防宣传

当前我国慢性病和癌症等疾病发病率很高，零售药店可以通过面对面的沟通、健康讲座等方式，向顾客传达疾病预防信息，包括各类疾病的基础知识、预防治疗和药物使用知识，以提高居民的用药安全意识，降低危急重症的发生率和死亡率。

(2) 提供健康监测和检查服务

当前除部分地区政策不允许外，多数药店均提供了血压、血糖、血氧饱和度等健康检测服务，并提供相应的测量器材及其使用指导，方便患者进行自我监测。

3. 零售药店在合理治疗方面的作用分析

(1) 提高购药与服务的便捷高效性，满足患者多层次需求

①零售药店数量众多、分布广泛，满足了居民生活圈内购药需求，且营业时间通常超过12小时，甚至24小时，方便患者在任何时间购药。此外，零售药店还顺应了消费习惯的变化，开展O2O业务，提供上门送药等服务，满足了患者足不出户远程购药的需求，为群众提供了高效便捷的购药服务。②提供丰富的药品品种。相较于基层医疗机构，药店药品种类更加多样化[1]，且能够依据市场需求灵活调节药品品类，满足患者的多元化需求。此外，部分药店还提供代客找药服务，帮助消费者解决购药难题，进一步提高了购药的便利性。

(2) 药学服务

①提供处方审核与调配服务，确保患者准确获取医生开具的药物。②提供药品咨询服务。我国医疗机构门诊量大，医生与患者的沟通时间有限，存在用药指导不足的风险；相比之下，零售药店的药师服务往往能够针对药品进行详细指导，包括用途、用法用量、副作用和注意事项，以确保患者正确使用药物，减少药物相关风险。③提供依从性管理服务。多数药店通过患教

---

[1] 赵士清:《基于7Ps理论的A药店药品营销策略优化》，北京交通大学硕士学位论文，2020。

沟通和追踪提醒等方式，帮助患者正确理解和遵守药物使用规定，提高患者用药依从性。

（3）缓解患者心理压力

零售药店的服务对象主要是患者，他们不仅需要药品等有形产品治疗疾病，也急切需要缓解紧张、焦虑等心理压力。药店的工作人员通过细致入微地问询，了解患者的身心状况，提供专业贴心的服务，促使患者心中建立起信任和依赖感，增强他们战胜疾病的信心，有助于更好地发挥药品疗效。

（4）慢病管理

慢性疾病如高血压、糖尿病等，因其病程长、病因复杂、治疗方案频繁更换以及合并疾病种类多等特点，需要系统性、长期的医疗和自我管理。然而，当前慢病患者对慢病管理了解不足，难以准确判断病情，导致重复用药、擅自停药等情况频发。慢病管理的核心是将健康管理理念应用到慢性疾病的预防和控制中，通过全方位、不间断、主动监测的疾病管理方式，促进健康，延缓病程，预防并发症，提高生活质量，降低医疗费用[1]。我国医疗机构门诊难以有效管理慢性疾病。在此背景下，零售药店作为分布广泛，与患者距离近、接触频次高，服务形式灵活的窗口，参与慢病管理具有独特优势，能够弥补需要长期干预的慢性疾病方面的医疗服务缺口[2]。

4. 零售药店在社区康复方面的作用分析

（1）零售药店提供康复服务和康复辅助产品并进行使用指导和维护

零售药店提供拐杖、轮椅、呼吸机和制氧机等康复辅助产品，并向患者提供设备的正确使用指导和维护建议。此外，零售药店还提供有关康复锻炼和生活方式改变的建议，帮助患者更好地康复和提高生活质量。

（2）开展中医药康复活动

在国家倡导复兴中医药的大背景下，零售药店积极响应国家号召，充分

---

[1] 马亚楠、郭嘉、胡嘉晋等：《国外慢性病管理模式研究进展及启示》，《中国医科大学学报》2021年第12期。

[2] 茅颜祺、谢士钰、田侃：《基于Kano理论的我国社会药房药学服务优化研究》，《中国药房》2023年第2期。

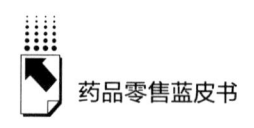

发挥中医药在疾病康复中的重要作用，开展针灸推拿、刮痧、拔罐、熏蒸等服务，以中医非药物疗法促进疾病康复，满足城乡居民日益增长的中医药康复服务需求。

（三）零售药店在促进基本医疗卫生服务发展方面面临的困难和挑战

零售药店在促进基本医疗卫生服务发展方面扮演着至关重要的角色。然而，随着医疗技术的不断发展和人们对健康服务需求的增长，零售药店也面临着诸多困难和挑战。

1. 零售药店在公共卫生体系中的责任和定位不明确

零售药店在公共卫生体系中的责任和定位不明确，在传统观念中仍被视为售卖药品的场所，以至于零售药店开展健康教育活动的潜力没有得到充分发挥。同时，零售药店面临着缺乏合适的用于开展健康教育活动的场地，这使其难以开展更多健康知识传播的活动，限制了药店在社区健康促进过程中发挥更积极的作用。

2. 零售药店执业药师数量不足，药学技术人员专业能力有所欠缺

一是相比于其他国家，我国执业药师的准入门槛和专业素养较低。目前我国允许具有大专及以上学历的药学相关专业、满足一定工作年限的毕业生即可报考执业药师。而美国注册药剂师的报考条件要求则更为严格，首先，申请人必须毕业于药学教育认证委员会（The Accreditation Council for Pharmacy Education，ACPE）认可的药学院；其次，必须获得药学博士学位，并接受州级法学考试，通过后才能在各州执业。这导致我国执业药师的学历层次和专业素养与国际平均水平存在较大差距[1]。

二是相比基层医疗机构，零售药店执业药师的学历层次不高。《药品监督管理统计年度数据（2022年）》显示，在执业药师中，中专和大专学历占主体，本科及以上学历执业药师仅有11.70%（见图4），而《中国卫生健

---

[1] 蒋蓉、陈永法、邵蓉：《提高社会药房药学服务水平，促进合理用药》，《上海医药》2009年第1期。

康统计年鉴（2022）》显示，2021年，社区卫生服务中心卫生技术人员中药师（士）拥有本科及以上学历的占比达到44.90%；乡镇卫生院卫生技术人员中药师（士）拥有本科及以上学历的占比为25.20%。由此可见，零售药店执业药师学历层次普遍偏低，可能尚不能满足人民群众日益增长的对高质量药学服务的需求。

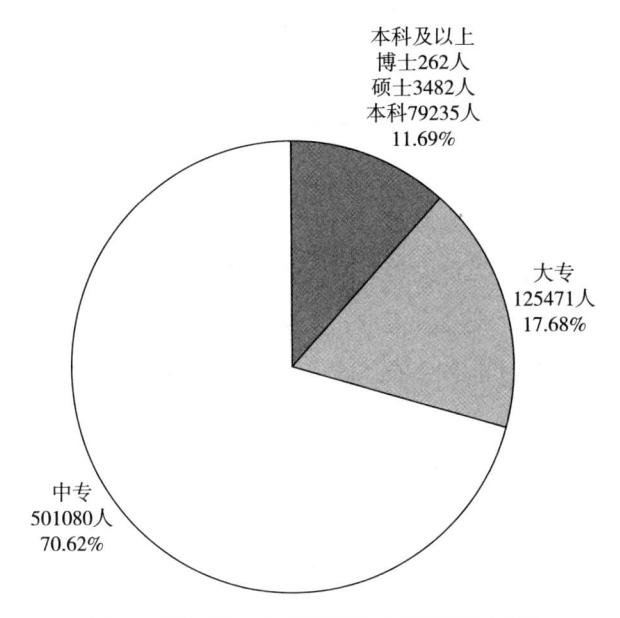

图4 截至2022年底我国执业药师学历情况

资料来源：《药品监督管理统计年度数据（2022年）》《中国卫生健康统计年鉴（2022）》。

3. 药师药事服务价值未充分体现

药事服务是指药师利用专业知识向患者提供合理、安全的用药方案，确保药品的正常供应，并监督用药过程中的关键环节[1]。在零售药店中，常见的药事服务包括：处方医嘱审核、调配、发放和用药指导等。药学专业人员通过这些专业化的服务，提高药物治疗的安全性、有效性和经济性，为患者

---

[1] 张建琴、洪东升、张幸国：《浙江省省级医院门诊药事服务成本研究》，《中国医院药学杂志》2015年第8期。

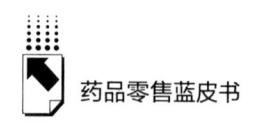

提供更全面的医疗保障。

药事服务费作为药学服务的合理补偿，有利于调动药师的积极性，保障公众用药安全有效。然而，当前社会对于零售药店所提供的药事服务的认同度还不高，有些人将专业的药事服务简单地理解为药品销售的附加服务，忽略了药师所提供的劳动价值以及零售药店药学服务的重要性和价值。这种认知的缺失导致药师劳动价值被低估，同时也限制了零售药店药学服务的进一步发展。

三 零售药店在国家应急管理中的作用

突发公共卫生事件应急管理是政府相关部门、行业专家学者、社会各组织等多主体，面对由重大传染病、重大食物中毒事件、职业中毒事件或群体性不明原因可能引发、正在发生的，威胁着人民群众人身安全及经济损失的卫生事件，针对预防和准备、快速响应、恢复调整三个阶段，采取一系列的措施，发动全社会共同参与的动态管理过程[1]。

（一）我国零售药店在应急管理中的作用

应急管理是国家治理体系和治理能力的重要组成部分，基层应急管理在国家应急管理中位于承上启下的关键节点，对我国应急管理工作至关重要。随着突发公共卫生事件的频发，公众对应急服务的需求日益增加，除了必需的药品和物资，公众还需要心理疏导及支持、医疗保健服务、正确的舆论引导等方面的服务（见图5）。

作为基层应急管理的重要主体，零售药店在突发公共卫生事件发生、发展期间配合政府部门及医疗机构，在监测预警、应急物资供应、健康宣讲、正确引导社会舆论、物价稳定等方面积极响应，承担起为人民群众守护健康的重任，体现出应有的社会价值。

---

[1] 张羽佳：《淮安市突发公共卫生事件应急管理问题及对策研究》，中国矿业大学硕士学位论文，2023。

```
                        我国零售药店在应急管理中的作用
                   ┌─────────────────┴─────────────────┐
            基层卫生应急管理工作              突发公共卫生事件下公众需求
   ┌────┬────┬────┬────┬────┐         ┌────┬────┬────┬────┐
   建   建   强   保   提   正           应   医   信   心
   立   立   化   障   供   确           急   疗   息   理
   健   健   卫   应   医   引           物   保   需   支
   全   全   生   急   疗   导           资   健   求   持
   应   应   事   物   保   社           需   服         需
   急   急   件   资   健   会           求   务         求
   管   管   的   供   服   舆
   理   理   监   应   务   论
   组   制   测
   织   度   和
   体       预
   系       警
```

┌─ ─┐
│   卫生事件持续监测   提供医疗保健服务   │
│   保障应急物资供应   正确引导社会舆论   │
└─ ─┘

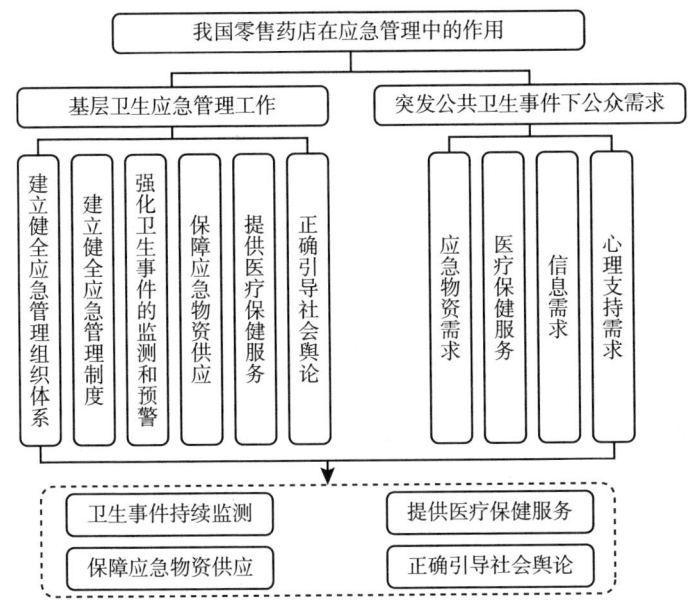

图 5　我国零售药店在应急管理中的作用

1. 卫生事件持续监测

（1）信息的收集与监测

零售药店数量众多、分布广泛，与公众接触频繁，能够通过与顾客互动、对销售数据分析等手段，实现公共卫生事件的早发现、早报告、早隔离、早诊断、早治疗，为应急管理提供相关信息，有助于保障公众的健康。

（2）信息的传递与共享

在突发公共卫生事件发生发展期间，零售药店能够在收集与管理相关信息的基础上，积极上报、传递相关信息，协助应急管理工作的开展。有些零售药店设立了专门的部门做信息抓取和研判工作，一旦发现有可疑病例或疫情相关情况，将立即上报给有关部门。

2. 保障应急物资供应

（1）保障医药物资供应，满足公众物资需求

突发公共卫生事件发生后，公众对防疫药品及防疫用品需求激增，为更好地满足疫情时期群众医药物资需求，零售药店通过线上线下多渠道联动，

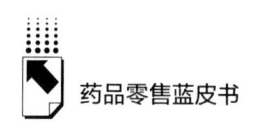

全力以赴保障供应，满足公众用药需求。

（2）快速配送相关医药物资，保障药品供应

在应对突发公共卫生事件时，零售药店充分利用其数量多、布点密集广泛、反应迅速等特点，迅速响应并展开工作。快速配送药品至需求区域，并将物资迅速发放至需求单位、家庭和个人，确保定点准确、反应迅速、渠道通畅。零售药店在此过程中发挥着重要的作用。

（3）拆零销售紧缺药品，缓解供需紧张问题

在突发公共卫生事件发展期，很多地区的布洛芬、对乙酰氨基酚等退烧药一药难求，为竭力保证感染人群用药需求，零售药店在各地药监局政策指导下，对紧缺药品进行拆零销售①，缓解供需紧张问题。

（4）践行社会责任，捐赠相关物资

随着突发公共卫生事件的发展，防疫类药品出现临时短缺，为更好满足公众的用药需求，众多零售药店主动承担社会责任，积极筹集医药物资，捐赠给抗疫第一线，并在指定门店开展免费送药公益活动，保障民众用药需求。

（5）稳定医药物资价格，减少恐慌，稳定民心

在突发公共卫生事件期间，绝大多数零售药店在急需物资购进价格大幅上涨的情况下，保持微利甚至亏本销售，以确保急需物资价格的稳定，有效减轻了公众的恐慌和焦虑情绪，降低了社会不稳定的风险。

3. 提供医疗保健服务

（1）建设应急救援队伍，提高应急救援能力

在突发公共卫生事件发生时，药品零售企业通过建立自己的应急救援队伍，提高应对突发公共卫生事件的能力。这些队伍能迅速开展现场救援工作，为受灾群众提供及时有效的医疗救助，并与其他救援队伍合作，共同应对突发事件。

---

① 《记者观察：药品拆零销售，应成"常态"》，《中国银行保险报》2022年12月28日，http://www.cbimc.cn/content/2022-12/28/content_474656.html。

（2）提供日常用药指导，保障公众用药安全

在突发公共卫生事件发生时，各药品零售企业在防疫保供、开展防疫知识科普的同时，还积极进行安全用药宣传。疫情期间，零售药店通过线上线下各种形式为小病及慢病患者提供日常用药指导服务，引导患者理性购药、正确用药，保障慢病患者用药连续性及用药安全。

（3）满足公众健康需求，缓解医院诊疗压力

在突发公共卫生事件发生时，医疗机构内人流量增加，很多地区出现医护人员不够用、医疗资源紧张的情况，医疗系统经受了前所未有的挑战。零售药店的执业药师为普通患者提供用药指导和咨询服务，这有助于患者得到适当的指导，避免不必要的就诊，从而减少感染风险。

4. 正确引导社会舆论

（1）开展应急知识科普宣教，引导公众做好防护

为了帮助公众加强自我防护，众多零售药店承担起应急知识科普教育与宣传工作，通过张贴海报、发放宣传册、开展讲座等方式在群众中广泛开展应急法规与政策、自救互救、个人防护、居家康复等知识的宣传教育。

（2）为公众提供心理支持，缓解公众的不安情绪

在突发公共卫生事件发生时，群众往往会被传闻影响情绪，造成群体恐慌。零售药店可以借助在群众中的影响力，加强舆论宣传引导，做好群众思想工作。此外，零售药店坚持营业，本身就是一剂稳定民心的良药。

通过对我国零售药店在突发公共卫生事件发生时所发挥的作用研究可知，我国零售药店通过持续监测、提供疫情相关信息，发挥"哨点"监测作用，提供药品和防疫用品，保障公众用药，开展卫生应急和安全用药知识的科普宣教，正确引导舆论，为公众提供心理支持等方面的工作，为应对突发公共卫生事件作出了积极贡献。

（二）零售药店在应急管理中面临的困难和挑战

在突发公共卫生事件发生时，各药品零售企业彰显了强烈的社会责任感，发挥着重要的作用。但当疫情来临时，零售药店也面临着人手不够、物

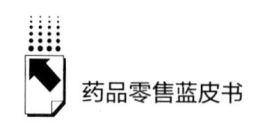

资不足、物流不畅、采购成本增加等诸多挑战。

一是应急管理机制不健全。突发公共卫生事件发生后，很多药品零售企业在应急管理中发现自身应急管理机制不够健全、应急措施不到位等问题。

二是零售药店经营成本增加。零售药店对紧缺药品的拆零销售也会导致其经营成本的增加。

三是物资的供应受到冲击。受疫情影响，一些供应商可能会出现供货不稳定的情况，给采购带来了困难。

四是零售药店员工压力大。目前我国零售药店的应急响应机制和工作人员的应急地位无法得到充分认可，这会影响零售药店的正常运作和服务质量，减弱客户对其的信任。

受疫情影响，相关物资上游生产企业原料、生产成本以及市场等因素的变化，会造成流通企业同一产品不同批次的采购价格波动较大。

四 优化零售药店在基本医疗卫生服务和国家应急管理中作用的建议

（一）零售药店提供基本医疗卫生服务方面的建议

1. 明确零售药店在公共卫生体系中的地位

（1）制定相关法规和政策，明确零售药店在公共卫生服务体系中的角色和责任

如规定零售药店应当提供哪些基本医疗卫生服务，以及它们在疫情防控、慢病管理等方面的具体职责，将其视为医疗卫生服务的重要补充，而不仅仅是药品销售场所。

（2）探索零售药店参与医联体建设，加强医院与零售药店的合作

零售药店作为覆盖范围更广、距离群众更近的健康服务场所，有望承担基层医疗机构中的慢病健康管理职能。建议医联体内引入零售药店，使分级诊疗、医药分开等政策得以切实落实。同时，整合地域医疗资源，建立资源

和信息共享机制，使医院和零售药店能够及时共享患者的基本医疗信息，从而提高医疗服务的连续性，确保患者能够获得全面的医疗服务。一方面，零售药店可向医院转诊患者，确保患者及时获得更专业的医疗服务；另一方面，零售药店药师应定期向医联体内的医疗机构提供患者用药信息及疾病变化情况，充分发挥零售药店在推进医药分开和深化医疗卫生体制改革中的社会价值与重要作用，使医疗机构和零售药店能够更好地互补，为消费者提供更全面的医疗和药事服务[1]。

2. 提升零售药店执业药师和药学技术人员服务能力

（1）提高执业药师资格考试准入门槛

执业药师的素质是药学服务质量的保障，对执业药师的管理首先应从执业药师的准入着手。目前我国执业药师资格考试的报考门槛较低，导致执业药师队伍的学历水平和专业水平相对较低。为确保药学服务质量，应提高执业药师资格考试报考门槛，如将学历要求提升至本科水平等[2]。

（2）完善执业药师和药学技术人员继续教育体系

增加涵盖临床实践技能等内容的培训课程，并设立相应的考核评价机制，以提升其专业水平和服务能力。除国家倡导的药师继续教育外，零售药店也应根据行业发展和社会需求，建立针对性强、实用性强的培训体系，从理论和实践两方面提升零售药店药师的执业能力。

（3）制定标准和规范，促进执业药师和药学技术人员持续专业发展

行业协会在药学领域的作用愈加凸显，其责任不仅在于维护行业整体利益，更需要为从业人员制定标准和规范，倡导执业药师和药学技术人员等保持持续专业发展。因此，行业协会应积极制定相关行业标准和规范，确保执业药师和药学技术人员在工作中遵循一致的操作流程和伦理准则，提升整个行业的专业水平，从而提高患者的医疗安全水平。同时，协会可以组织培

---

[1] 于翠婷：《中日比较视域下我国社会药房药学服务能力研究》，南京中医药大学硕士学位论文，2019。

[2] 李迎、刘国琴、张文志等：《贵州省零售药店执业药师药学服务胜任力的调查研究》，《中国药房》2019年第12期。

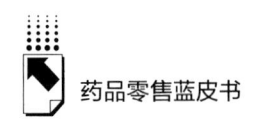

训、研讨会等活动，提供学术资源和专业指导，促进经验和知识的共享，帮助从业人员持续专业发展，推动整个行业不断进步。

3. 设立合理的药事服务费

药事服务费是药学人员从事药事服务技术劳动价值的回报，明确药事服务费的相关规定能够有效体现药学服务价值，促进药学服务水平的进一步提升。

（1）从政策上保证零售企业和医院有同等机会和条件竞争获得药事服务费

当前，各地公立医院改革试点方案纷纷探索将药事服务费纳入基本医疗保障报销范围。政府应在政策层面上将零售药店药事服务费纳入政策扶持和支持范畴，保证零售药店与公立医院在药事服务费项目上享有同等的主体地位和竞争机会。任何一方调剂合格医保处方，都可以在医保基金监督审核下获得相应的药事服务费，使医院和零售药店公平竞争，不断提高整体药事服务质量。

（2）制定科学收费标准，更好地发挥药事服务费的激励作用

国际上，各国对执业药师提供的药学服务项目的定性和具体收费方式存在差异，缺乏统一的服务收费标准。医院药房提供的药学服务项目多采取与医疗服务打包进入病种付费的方式，但也有采取按项目收费或按患者住院床日数收费的情况。在医药分开的国家，零售药店提供的药学服务项目大多允许单独收费。制定单独的药事服务费项目和收费标准，可以更好地发挥药事服务费的激励机制作用。我国可结合国情对不同药事服务进行分类，制定统一的药事服务标准及收费细则，使药事服务费的收取有章可循。

（二）零售药店在应对突发公共卫生事件应急管理方面的建议

1. 将零售药店纳入卫生应急体系，完善应急管理体系

作为药品供应的重要渠道，零售药店在应急管理中发挥着重要作用，政府应当将零售药店纳入应急体系，进一步发挥零售药店在应急管理中的作用。首先，国家可以制定相关法律法规，明确零售药店在应急管理体系中的作用、责任和义务，给予零售药店工作人员各类支持。其次，政府应建立与

零售药店的联络机制，实现突发公共卫生事件信息的逐级推送，强化信息整合与分享[①]；另外，可发挥零售药店对重点人群的监测和摸排作用，利用大数据实现数据预提醒，提高监测预警能力。

2. 政府部门应制定政策缓解零售药店经营压力

（1）遴选国家应急保障药店，在库存上给予资金支持

首先，相关政府部门应制定相应的管理制度，在各省区市遴选出一批零售药店，作为应急保障单位。在突发事件发生时，优先保障遴选药店的药品供应。其次，给社区居民发布相应信息，告知其在应急情况下可以就近去哪些零售药店购药以及药品的价格和品类。最后，政府部门要建立相应的药品回收机制，减少零售药店储备药品的滞销风险。

（2）加强拆零销售培训指导，给予零售药店相应补贴

一方面，各地药品监督管理部门应当加强关于拆零销售管理的培训和指导，确保零售药店拆零销售的规范性。另一方面，可以考虑对零售药店由拆零销售紧缺药品产生的人工和贮藏等成本给予相应的税收减免或补贴。

3. 政府部门要做好物资供应工作，提高供给能力

（1）完善药品应急管理体系，将零售药店纳入应急药品保障体系

纳入应急药品保障体系的零售药店应当具体负责应急药品的采购、储存、调运和轮换，并对其所承储药品的数量、质量和安全负责。同时，在医药物资的采购与调配方面要优先承储药店，政府也要给予承储药店一定的资金支持。

（2）创建应急物资信息平台，促进医药物资信息共享

创建一个应急物资信息平台，实现各医疗机构、各零售药店数据共享互通，整合各级应急物资管理部门的信息资源，明确公众及相关部门对应急医药物资需求的详细信息，包括物资品类及标准、各地物资储备库存量、物资需求量等，以促进应急医疗物资信息资源共享[②]。

---

① 柯丹丹、贾楠、崔埔安等：《后疫情时代我国基层医疗卫生服务发展现状、挑战及建议》，《协和医学杂志》2024年第1期。

② 沈兵、尤健、李晶慧等：《大型城市应急医疗物资保障体系建设的问题与对策》，《中国医院管理》2020年第4期。

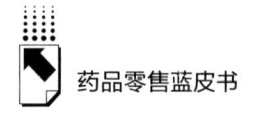

（3）完善应急医药物资物流网络体系建设，加强物流保障

公共应急通常都是突发的、非常规的，需要组织快速响应，此时需要各个政府部门提前协调组织好，加快资格审批，减少响应过程中的阻力，这样才能保障公共应急能力的高效，提高医药物资的运输效率，确保医药物资能够快速到达需要的地方。而且，药品不同于一般商品，药品的流通对于运输方式、仓储条件、物流基础设备等有具体的要求，要科学组织药品运输，加大药品运输支持力度[1]。

4. 政府部门要给予零售药店及其工作人员各类支持

对于零售药店工作人员，政府可以提供心理健康支持和咨询服务，帮助零售药店工作人员排解压力。减少负面舆论对零售药店工作人员的影响，提升公众对零售药店工作的认可度。

总之，政府相关部门应充分听取企业及公众的建议，充分考虑公众的多样化需求，确保医药行业健康、持续、高质量发展。在这个过程中，需平衡好应急管理与公众实际需求之间的关系，同时也要考虑市场经济发展的需要，促进医药行业的可持续发展和社会福祉的提升。

伴随我国零售药店在产品、服务和业态上的不断创新和完善，以及药师角色的转变和职能的扩展，零售药店在基本医疗卫生服务及国家卫生应急管理中发挥着至关重要的作用。未来，随着医药行业的不断发展、社会需求的变化以及零售药店服务范围的不断扩大，零售药店有望在基本医疗卫生服务及卫生应急领域发挥更大的作用。

---

[1] 郑慧莹：《我国新冠疫情突发公共卫生事件应急处置问题探究》，黑龙江大学硕士学位论文，2022。

B.9
2023年零售药店执业药师管理现状与发展

叶 桦*

摘 要： 执业药师是指导公众合理用药、维护大众健康的药学技术人员。零售药店的执业药师运用药学专业知识，向消费者提供合格药品和以药物治疗为目的的相关服务，保证了患者的用药安全。近几年，国家执业药师主管部门和各有关方面非常重视执业药师队伍的制度建设和能力建设，发布了一系列的政策措施，推进了执业药师在零售药店的配备使用，保证了执业药师行使职业职责。本文根据我国执业药师状况，着重回顾近几年国家发布的关于执业药师管理的政策法规，围绕执业药师职业资格考试、执业药师注册与零售药店的人员配置、执业药师继续教育和"寻找最美执业药师"评选活动等情况进行描述和探讨。在此基础上，提出完善零售药店执业药师队伍建设的建议。

关键词： 零售药店 执业药师 药学服务 资格准入 执业药师配备

执业药师是零售药店开展药品质量管理和药学服务的专业力量，是合理用药的重要保障。2023年是我国进入全面建设社会主义现代化国家、向第二个百年奋斗目标进军的重要一年。药品安全事关百姓健康福祉，零售药店是提供药学服务和保障药品供应的社会基层终端，为实现零售药店从"以

---

* 叶桦，复旦大学药学院副教授，长期从事药事管理与法律法规、国家药物政策及相关领域的研究与教学工作。

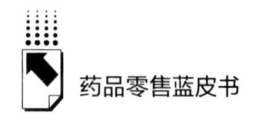

销售药品为中心"向"以服务患者为中心"、从"以保障药品经营质量为中心"向"在保障药品经营质量的基础上,以重点加强药学专业技术服务、参与患者用药全过程为中心"的"两个转变",彰显执业药师为人民群众提供药学服务发挥了重要作用,助力健康中国战略的实施。

一 国家关于执业药师管理的政策法律

(一)执业药师职业资格属于国家准入类职业资格

2021年11月,人力资源和社会保障部公布《国家职业资格目录(2021年版)》,该目录共计72项职业资格。其中,专业技术人员职业资格59项,含准入类33项、水平评价类26项;技能人员职业资格13项。准入类职业资格关系公共利益或涉及国家安全、公共安全、人身健康和生命财产安全,均有法律法规或国务院决定作为依据;水平评价类职业资格具有较强的专业性和社会通用性,技术技能要求较高,行业管理和人才队伍建设确实需要。在《国家职业资格目录(2021年版)》中,执业药师被列为准入类职业资格,这是药学技术人员唯一的准入类国家职业资格。

(二)执业药师职业资格的准入管理规定

2019年3月,国家药品监督管理局、人力资源和社会保障部修订并印发《执业药师职业资格制度规定》和《执业药师职业资格考试实施办法》,对于执业药师职业资格考试、注册、职责、监督管理等进行了新的调整。

修订后的《执业药师职业资格制度规定》主要调整内容包括,提高了执业药师学历准入门槛,将最低学历要求从中专调整为大专,并相应增加相同学历或学位的相关专业参考人员从事药学(中药学)岗位的工作年限(1年)。对全国执业药师注册工作实行信息化管理,建立执业药师诚信记录,对执业活动进行信用管理。针对执业药师在职不在岗、"执业药师注册证书"挂靠行为等监管难题,明确对执业药师及执业单位的惩处措施,对有不良信息记录的执业药师在申报注册时受限。提高执业药师职业资格与药学专业中级职称挂钩有效衔接的可操作性。另外,适当延长考试周期,将考试周期由两年调整为四年。

2022年2月,为进一步推动降低就业创业门槛,人力资源和社会保障部发布《关于降低或取消部分准入类职业资格考试工作年限要求有关事项的通知》,根据《部分准入类职业资格考试工作年限要求调整方案》,对执业药师资格考试报考条件中的工作年限要求作出一定调整。其中,对于取得药学类、中药学类专业大专学历、本科学历或学士学位的人员,在药学或中药学岗位工作年限均相应减少1年。同时,考试工作年限要求调整后,执业药师的职业资格可作为申报高一级职称的条件,并要求各相关部门做好相应工作的调整。

(三)执业药师注册的管理规定

2021年6月,国家药品监督管理局修订并印发《执业药师注册管理办法》,该办法进一步明确了执业药师实行注册制度,从事药品生产、经营、使用和其他需要提供药学服务的单位,应当按规定配备相应的执业药师,提出了执业药师注册管理要求和注册条件,增加了执业药师岗位职责和权利义务等内容,从制度层面加强注册与继续教育的有效衔接,严格惩处执业药师挂证、违规执业等情形。该办法规定,同时满足取得"执业药师职业资格证书"、按时参加继续教育学习、身体健康等条件的,才可申请注册执业药师;规定了执业药师接受继续教育、提供药学服务、获得表彰奖励等权利和遵守法律法规、恪守职业道德、参加突发重大公共事件的药学服务等义务。同时,延长执业药师注册有效期为五年。此外,还优化了执业药师注册申请、受理、形式审查、注册许可、变更和延续等流程的审批管理,例如,精简注册申报材料,强调注册申请人的真实性承诺要求等。

(四)执业药师继续教育的管理规定

2021年12月,国家药品监督管理局等8部门联合印发《"十四五"

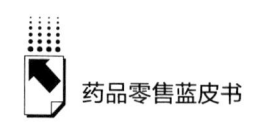

国家药品安全及促进高质量发展规划》，提出"规范执业药师继续教育"。

2021年2月，国家药品监督管理局发布《"堵塞管理漏洞、规范组织实施"执业药师继续教育专项整改方案》，强调要着力解决执业药师继续教育"管教一体"和不当收费的问题，提出公开收费标准、引入竞争机制、打破垄断经营、保证执业药师继续教育施教机构选择的公平公正。

2024年1月，为贯彻落实《专业技术人员继续教育规定》《执业药师职业资格制度规定》等要求，规范执业药师继续教育工作，保障执业药师参加继续教育的合法权益，不断提高执业药师队伍素质，国家药监局、人力资源和社会保障部联合印发了《执业药师继续教育暂行规定》，对执业药师继续教育的总体原则、组织管理、内容方式和机构、学时管理、考核监督等作出了明确要求；为进一步加强执业药师继续教育工作，引导和推动执业药师继续教育机构规范运作、优化服务、提高质量，推动保障执业药师参加继续教育的合法权益，督促提高执业药师专业技术能力，促进建设规模适当、结构合理、素质优良的执业药师队伍，服务健康中国建设、保护和促进公众健康提供了人才保证和智力支持。

（五）药品零售企业执业药师药学服务的要求

2024年3月，国家药品监督管理局执业药师资格认证中心发出《关于印发〈药品零售企业执业药师药学服务指南〉的函》，全文共32条。指南中药学服务的定义是指药品零售企业的执业药师应用药学专业知识、技能和工具，向公众提供直接的、负责任的与用药相关的服务，以期提高药物治疗的安全性、有效性、经济性和适宜性的行为。药学服务包括处方调剂、用药指导、药品不良反应监测、健康宣教等。

目前，全国90%以上的执业药师从业于零售药店。人民群众对医药健康服务的需求不断增加，安全用药的深入开展，门诊统筹、特药、慢病等医保服务的范围不断扩大，这些对执业药师药学服务的要求越来越高。为此，药品零售企业执业药师应当开展药学服务，不断提升服务能力和水平，保障公众安全合理用药。

（六）深度贫困地区执业药师职业资格考试成绩单独划线的规定

2019年8月，为持续贯彻落实国家精准扶贫工作，人力资源和社会保障部针对四川、云南、西藏、甘肃、新疆、青海等深度贫困地区，发布《关于在"三区三州"等单独划定护士等职业资格考试合格标准有关事项的通知（试行）》，在"三区三州"等深度贫困地区，实行执业药师职业资格考试的合格标准、证书效力等方面差异化管理。提出对相应地区执业药师资格考试采取单独划线等优惠制度，要求考试成绩未达到全国合格标准且到单独划线地区工作的人员，若其全部科目达到该地区合格标准，则可申领执业药师的职业资格证书或成绩合格证明，在"三区三州"等深度贫困地区获得的资格证书或成绩合格证明3年内仅在单独划线地区范围内有效，试行期3年。

2022年6月，为深入贯彻党中央、国务院关于实现巩固拓展脱贫攻坚成果同乡村振兴有效衔接的决策部署，在取得积极成效的基础上，人力资源和社会保障部办公厅发布《关于单独划定部分专业技术人员职业资格考试合格标准有关事项的通知》，对包括执业药师资格考试在内的单独划线实施地区做了进一步明确，于2023年1月1日起实施。在覆盖试点地区的基础上，将国家乡村振兴重点帮扶县和四省涉藏州县纳入单独划线范围。调整后的单独划线范围包括国家乡村振兴重点帮扶县、西藏自治区、四省涉藏州县、新疆维吾尔自治区南疆四地州、甘肃临夏州、四川凉山州、四川乐山市峨边县和马边县及金口河区。同时，优化单独划线合格标准确定方式。为进一步提高单独划线工作的科学化、规范化水平，解决试点过程中单独划线流程复杂、周期较长等问题，新的单独划线政策将依托考务系统升级、考试数据分析等技术手段，由人力资源和社会保障部会同有关部门进行考试数据分析后直接确定单独划线的合格标准，优化工作流程，缩短单独划线周期。

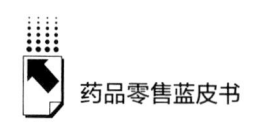

二 执业药师职业资格考试的情况

（一）2021~2023年全国执业药师职业资格考试结果统计

2021~2023年，除2021年外，报名参加国家执业药师职业资格考试的人数都在60万以上，自2021年起，中专毕业生不能参加考试，当年的报名人数有所下降；每年的合格率在20%以内，截至2023年底，我国取得执业药师职业资格的人数累计有155万以上（三区三州单独计算的合格情况未计入全国的合格率）（见表1）。

表1　2021~2023年执业药师报名人员参加职业资格考试的情况

单位：人，%

年份	报名人数	参考人数	参考率	合格人数	合格率	历年累计取得执业药师职业资格人数
2021	592000	450973	76.18	80840	17.93	137万+
2022	651305	495419	76.07	97400	19.66	147万+
2023	712919	569681	79.91	83238	14.61	155万+

资料来源：国家执业药师资格认证中心网站。

（二）2022年各省份执业药师职业资格考试结果统计

因疫情影响，2022年度执业药师职业资格考试分别于2022年11月和2023年3月（补考）举行，两次的考试报名人数总计为651305人。

2022年11月5~6日，除河北、山西、内蒙古、河南、湖南、西藏、陕西、甘肃、青海、宁夏、新疆等11省区和新疆生产建设兵团全面停考；辽宁、黑龙江、福建、山东、四川、湖北、江西等7个省份的部分地市停考以外，全国其他地区举行执业药师职业资格考试。2023年3月25~26日举行执业药师职业资格考试补考，参加考试人员仅限上述因疫情影响暂停2022

年执业药师考试地区的报考人员。

2022年度执业药师职业资格考试的结果是2022年11月和2023年3月（补考）两次的合并统计，湖北省较高，中药类的考试成绩普遍好于药学类（见表2）。

表2 2022年各地区药学类和中药学类执业药师参考与及格情况

单位：人，%

地区	药学类					中药学类				
	报名人数	参考人数	参考率	及格人数	及格率	报名人数	参考人数	参考率	及格人数	及格率
全 国	270450	198579	73.43	37340	18.80	380855	296840	77.94	60060	20.23
北 京	6319	4150	65.67	746	17.98	7377	5229	70.88	938	17.94
天 津	2154	1608	74.65	328	20.40	3396	2668	78.56	506	18.97
河 北	9779	7636	78.09	1523	19.94	12327	9924	80.51	1895	19.10
山 西	5094	3905	76.66	805	20.61	11449	8771	76.61	1664	18.97
内蒙古	7787	5638	72.40	920	16.32	14449	11203	77.53	1612	14.39
辽 宁	4973	3535	71.08	655	18.53	12602	9640	76.50	1812	18.80
吉 林	5741	4454	77.58	845	18.97	8081	6524	80.73	1428	21.89
黑龙江	5262	3670	69.75	751	20.46	9838	7250	73.69	1467	20.23
上 海	4360	3023	69.33	558	18.46	3193	2392	74.91	478	19.98
江 苏	15777	11379	72.12	2224	19.54	21604	16332	75.60	3504	21.45
浙 江	9762	7300	74.78	1397	19.14	17871	13353	74.72	2662	19.94
安 徽	13807	10184	73.76	2255	22.14	13631	10630	77.98	2541	23.90
福 建	6101	4526	74.18	817	18.05	9361	7486	79.97	1510	20.17
江 西	5481	4127	75.30	873	21.15	10184	8231	80.82	2055	24.97
山 东	14262	10514	73.72	2080	19.78	24100	18898	78.41	3806	20.14
河 南	7339	5745	78.28	1295	22.54	12111	9665	79.80	2115	21.88
湖 北	7466	4772	63.92	1165	24.41	13952	9555	68.48	2621	27.43
湖 南	8384	6337	75.58	1458	23.01	10416	8396	80.61	1958	23.32
广 东	29687	23757	80.02	4698	19.78	37800	31259	82.70	6763	21.64
广 西	10417	8257	79.26	1289	15.61	14456	12244	84.70	2336	19.08
海 南	3077	2430	78.97	362	14.90	1984	1616	81.45	266	16.46
重 庆	5273	3658	69.37	785	21.46	9902	7582	76.57	1812	23.90
四 川	14850	10993	74.03	2105	19.15	27097	22058	81.40	5133	23.27
贵 州	12209	7033	57.61	1191	16.93	10143	6881	67.84	1215	17.66
云 南	25085	19132	76.27	2894	15.13	22953	18791	81.87	3133	16.67
西 藏	428	292	68.22	55	18.84	290	218	75.17	42	19.27

续表

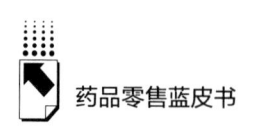

地区	药学类					中药学类				
	报名人数	参考人数	参考率	及格人数	及格率	报名人数	参考人数	参考率	及格人数	及格率
陕西	9294	6471	69.63	1282	19.81	10306	7626	74.00	1499	19.66
甘肃	7831	5602	71.54	958	17.10	11123	8208	73.79	1231	15.00
青海	1805	1186	65.71	141	11.89	1845	1369	74.20	201	14.68
宁夏	2528	1983	78.44	302	15.23	5836	4749	81.37	777	16.36
新疆	7419	4833	65.14	515	10.66	10403	7496	72.06	994	13.26
新疆生产建设兵团	699	449	64.23	68	15.14	775	596	76.90	86	14.43

资料来源：本表数据来源于《药品监督管理统计年度报告（2023年）》。

注：由于2022年度国家执业药师职业资格考试的报名时间通常在2022年的8月（各地区时间有所不同），10月举行考试，12月底公布考试成绩。成绩公布后，按照国家执业药师职业资格考试的报名证明材料实行告知承诺制，对应试人员填报的信息考前、考后均进行核验和核查，取得执业药师职业资格证书人数动态变更。因此，实际的考试及格人数数据需要在2023年上半年完成统计，因此，编入《药品监督管理统计年度报告（2023年）》的是2022年的考试数据。

三 执业药师在零售药店的注册情况

截至2023年12月底，全国累计在注册有效期内的执业药师有789313人，环比增加6630人。每万人口执业药师为5.6人。注册在零售药店的执业药师714067人，占注册总数的90.5%。注册在药品批发企业、药品生产企业、医疗机构和其他领域的执业药师分别为46015人、5441人、23586人、204人。

从全国注册在零售药店的执业药师数量来看，执业药师的数量已经超过零售药店的数量。根据《药品监督管理统计年度报告（2023年）》数据，各地区注册在零售药店的人数总体呈增加趋势，截至2023年底，全国还有14个地区的执业药师数量小于零售药店的数量，当然，情况各不相同，内蒙古、江西和重庆，差距已经很小，但也有的地区，差距仍然较大，主要集中在西部地区（见表3）。

表3 2020~2023年各地区零售药店数和执业药师数

单位：家，人

地区	2020年 零售药店	2020年 执业药师	2021年 零售药店	2021年 执业药师	2022年 零售药店	2022年 执业药师	2023年 零售药店	2023年 执业药师
全　国	560190	541264	596244	584354	629949	645021	673685	714067
北　京	5142	6159	5028	6061	5047	6676	5321	7332
天　津	4715	5914	4931	6123	4996	7038	5547	7523
河　北	28498	26764	31245	28125	32841	30995	36070	34034
山　西	13840	15051	14765	16037	14935	17603	17700	19643
内蒙古	15052	12452	16586	15138	17504	16425	18896	18396
辽　宁	24362	25205	25601	26758	26468	28974	27988	31311
吉　林	14868	13654	15344	14808	15878	16075	17423	17657
黑龙江	21571	14434	22632	15592	22898	18591	23832	19573
上　海	4128	6433	4395	6862	4407	7239	4512	7629
江　苏	30600	32203	31627	35119	34014	38676	36565	42889
浙　江	21490	26772	22018	23551	23184	29914	25460	30417
安　徽	20394	22575	20260	23854	22661	26210	24279	28755
福　建	11075	13924	11910	14728	12341	16090	13067	17519
江　西	12796	11824	13572	12986	13879	12515	14714	14038
山　东	41773	41653	45897	45054	47985	49188	49577	54911
河　南	32758	33642	30674	36084	32733	40332	34265	45768
湖　北	15831	19662	22046	22498	22365	24664	23821	27301
湖　南	22082	24946	23312	25915	25947	28246	28447	31921
广　东	54127	65770	56316	67603	62778	70256	68555	75150
广　西	20047	20653	23275	23472	24018	25524	25547	27795
海　南	5004	2517	5302	2510	5544	3051	5823	3853
重　庆	17189	13897	17845	15885	18594	17234	19942	19157
四　川	46787	32557	48789	37365	50370	41498	52403	47385
贵　州	15478	6146	17461	8017	18009	9877	20369	12233
云　南	21274	11597	22309	14877	23240	17733	23237	20422
西　藏	599	455	757	527	845	583	1092	692
陕　西	14486	16674	16490	17883	17795	20069	19278	22492
甘　肃	7345	8470	7802	9471	9186	10332	8911	11669
青　海	1996	1254	1974	1473	2103	1710	2251	1989

续表

地区	2020年 零售药店	2020年 执业药师	2021年 零售药店	2021年 执业药师	2022年 零售药店	2022年 执业药师	2023年 零售药店	2023年 执业药师
宁夏	4561	2553	5121	3331	5573	3712	5802	4470
新疆	8761	4733	9221	5608	9910	6723	10984	8622
新疆生产建设兵团	1561	721	1739	1039	1901	1268	2007	1521

注：零售药店的数量由三部分数据构成。在《药品监督管理统计年度报告》的药品经营企业许可情况栏目中，分别有"零售连锁"项和"零售"项。"零售连锁"项下又包括"企业"（总部）数量和"门店"数量两部分，其中，"门店"可以理解为药品零售连锁企业的门店；"企业"（总部）则根据《药品经营质量管理规范》第一百七十九条，药品零售连锁总部的管理应当符合本规范药品批发企业相关规定，考虑到零售连锁企业（或总部）本身虽然可能没有营业场所，但也应当按规定配备执业药师，因此，也将其纳入统计范围中。"零售"项下的数量直接作为单体药店的数量。因此，本研究的零售药店数量是"企业"（总部）数量、"门店"数量，以及"零售"（单体药店）数量三者之和。由于数据出自监管部门的许可记录，无法排除临时歇业，或者应注销而未注销的零售药店数量。

四 执业药师参加继续教育情况

2022年度执业药师继续教育的公需科目和专业科目均由各省份自行组织实施，执业药师需关注本省份药师协会或有关机构发布的继续教育通知，并按要求参加各省份组织的执业药师继续教育学习，公需科目通常以线上网授课形式进行，执业药师可以利用各省份规定的学习平台或手机客户端免费学习，考核合格授予学分。各省份专业授课形式多样，经统计，30个省份专业课授课方式大致分为以下几种：网授、面授或两种方式结合。

23个省份采取线上网授形式，由地方执业药师继续教育实施部门提供学习平台，进行线上学习与考核。7个省份采取网授+面授形式，凡参加面授的学员必须在面授点完成学习，方能取得学分；凡参加网授的学员必须在网上完成学习、考试，方能取得学分。

受疫情影响，部分省份2022年调整了面授方式，如河南省药师协会原定举办的 2022 年执业药师继续教育面授培训暂停举办。目前大部分省份以网授为主。执业药师继续教育的学习周期见表 4。

表 4　部分省份执业药师继续教育的学习周期

学习周期时长	省份
9 个月以上	陕西、甘肃、内蒙古、四川、辽宁
6~9 个月	贵州、江苏、黑龙江、江西、山东、新疆、湖北、吉林、山西、宁夏
3~6 个月	北京、上海、湖南、天津、重庆、浙江、云南
3 个月内	广西

各省份学习时间的起止较为相近，均为 7 月至次年 3 月开始继续教育的学习，学习结束时间因实习周期时间长短不同而差异较大。2021 年因疫情原因，个别省份线下面授教育培训班相较往年开课较晚。

五　"寻找身边最美药师"活动的情况

为了彰显零售药店执业药师的重要作用、塑造执业药师的良好职业形象，国家药品监督管理局执业药师资格认证中心与中国健康传媒集团决定共同推出评选优秀执业药师的相关活动。

2018 年 9 月，在国家药品监督管理局指导下，各省份优秀执业药师推荐和报送活动被纳入国家药品监督管理局 2018 年全国安全用药月活动方案中，正式命名为"寻找身边最美药师"活动。通过活动把更多具备良好职业道德、执业行为规范、专业能力强、实践经验丰富、勇于担当负责的优秀药师推选出来，并以他们为榜样，引导和带动广大执业药师立足本职工作，爱岗敬业，不断学习，积极进取，提高药学服务能力和水平，更好地发挥药学服务的作用。同时，通过广泛宣传"最美药师"，提升社会公众对零售药店执业药师的认可度和关注度，增强执业药师职业荣誉感、使命感和责任感，促进执业药师队伍健康发展。

"寻找身边最美药师"活动每年举办一次。首次活动的名称是 2018~

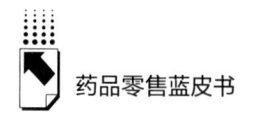

2019年"寻找身边最美药师"活动,从第二年起冠名为"届",第二届是2019~2020年度的"寻找身边最美药师"活动,迄今共举办了五届。五届一共评选出身边最美药师130名,其中来自零售药店的执业药师有97名,上海和江苏最多,各有8名;其余33名来自药品生产企业、药品批发企业和医疗机构。

为了发挥优秀执业药师的示范引领作用,保障公众用药安全,助力健康中国建设,上海、海南、云南、江西等部分省份已建立工作机制分别开展了当地的"寻找身边最美药师"或"优秀药师评选"等系列活动,营造了当先进、学先进、做先进的良好氛围。

六 部分地区执业药师短缺情况

目前,执业药师的数量仍然远远无法满足零售药店的需求,零售药店的执业药师配备始终处于不均衡、不充分状态。由于我国地域辽阔、城乡差异较大等因素,东部一些经济较发达的省份,执业药师的数量已显著超过同期零售药店的数量,而西部地区的执业药师数量与零售药店数量即使按照1∶1的规模配备,也存在较大差距,特别是县及县以下农村及边远地区更是缺乏执业药师。即使发达地区的城市也会存在配备不到位的问题,大量的零售药店也只有一个执业药师,无法实现全时段、全环节地提供药学服务。同时,对于门店营业面积较大、经营额较高的,以及同时经营化学药、中成药和中药饮片的零售药店,需要有更高的配备要求。

为解决部分地区执业药师不够用、配备难的实际问题,《国家药品监督管理局关于规范药品零售企业配备使用执业药师的通知》规定,在执业药师存在明显缺口的地区,可制定实施差异化配备使用执业药师的政策,但是,不能超过2025年的过渡期。各省份随之发布了相关过渡期的配套政策,如《关于规范药品零售企业配备使用执业药师的通知》《关于加强药品零售企业差异化配备执业药师的通知》《关于进一步加强药品零售企业执业药师配备使用和监管工作的通知》等。

七 执业药师队伍高质量发展展望

（一）执业药师管理的法律法规将不断健全完善

目前，世界上发达国家都通过立法规范药师管理，但我国药师管理仅局限在规范性文件的基础上，尚无更高位阶的法律依据。我国药师在人员总量、服务能力、职业地位以及法治化管理等方面均与发达国家存在一定差距。

十四届全国人大常委会已将制定药师法列入立法规划。国家卫生健康委正在会同国家药监局、国家中医药局等部门对草案征求意见稿进行修改和完善。全国人大教科文卫委员会也已就药师立法开展了多次调研，提取和吸纳相关代表议案提出的意见和建议，抓紧修改完善药师法草案，尽早将草案提请全国人大常委会会议审议。

构建国家统一药师管理体系，对药师进行科学有效管理，强化并规范药师的培训考核与继续教育，明确药师实施药学服务的标准等内容，具有重大的意义。药师立法，能够不断提升执业药师服务能力与水平，保障患者用药安全，为人民群众提供更加优质高效的健康服务。

（二）执业药师职业资格考试内容正在凸显药学服务

自2015年起，国家执业药师职业资格考试在考试科目不变的前提下，对考试内容进行了大幅度调整。改革的核心是在原有基础上，提升执业药师为患者提供优质药学服务的知识水平和技能，凸显执业药师的临床价值。在药学类执业药师考试中增加了《药物治疗学》和《临床药理学》的内容。在中药学类执业药师考试中增加了常用单味中药的药性和成药中药的基本配伍意义，功能主治的证候，以及辨证论治，使之更加契合药学服务的相关知识和技能，进一步提高了执业药师职业资格考试的科学性和实用性。

实践证明，执业药师职业资格考试改革是成功的，不但能够作为知识结

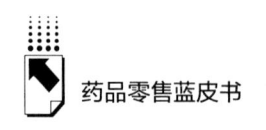

构和技能结构的导向,引起广大执业药师参考人员和高等医药类院校的关注和重视,还充分体现了执业药师开展药学服务的特点,此举必将对未来执业药师队伍建设产生深远影响。

(三)注册在零售药店的执业药师人数将持续增加

自从《国家药品安全"十二五"规划》要求"加大执业药师配备使用力度,2012年起,新开办的零售药店必须配备执业药师"以来,《药品经营质量管理规范》对药品经营企业配备执业药师提出了刚性要求,广大药学技术人员报考执业药师的积极性明显提升。执业药师报考人数从2012年的19万逐年增长,一举跃升到2015年的112万,随后几年,执业药师报考人数稳定在70万~80万,注册在零售药店的执业药师人数迅速增加。2014年,我国的零售药店有433529家,当时注册在零售药店的执业药师只有129895人,平均每家药店只有约0.3人,2023年,零售药店达到673685家,注册在零售药店的执业药师714067人。2014~2023年,零售药店增长了55.4%。而零售药店的执业药师增长了449.7%。执业药师队伍迅速扩大,到2022年,全国范围内零售药店执业药师数量超过零售药店数量,平均每家零售药店的执业药师超过1人。

当然,零售药店与执业药师1:1配备仅是一个基本的抽象概念,1名零售药店的执业药师也不可能全年无休,始终在岗执业。因此,实现执业药师全覆盖在岗执业尚存在不小的距离,需要各地的药品监督管理部门和药品零售企业,特别是药品零售连锁企业的高度重视。确保零售药店配备执业药师。

(四)执业药师开展药学服务的知识水平和技能将逐步提高

当前,执业药师的药学服务的知识水平和能力有待进一步提升,执业药师继续教育的质量尚有待提高。在执业药师中,中专学历和药学相关专业背景的人员比例较高,由于未接受系统的药学教育,专业基础不扎实,知识面不全,药学服务的能力有待提高。因此,执业药师应当树立终身学习的理念，养成自主学习的习惯，逐步丰富个人的专业知识结构、提高实践工作能力，以"保护和促进公众健康"为使命，以"确保老百姓安全、合理、有效使用药物"为目标，确实掌握药学服务的知识和技能。

（五）广大社会公众对执业药师的信任度将稳步提升

零售药店执业药师向公众提供药学服务应当结合地理位置、实际经营特点、周边居民需求等因素，根据自身服务特色，以数智化、规范化、标准化、特色化、专业化运营，利用药店是离顾客最近、与顾客交互频次最高的医药服务综合体这个特点，通过开展慢病患者药历档案、代客寻药、安全用药指导、代煎中药、中药打粉、24小时售药等药学服务项目，打造舒适便捷的人性化、智慧化、专业化药学服务环境，为顾客提供全程健康照顾方案。执业药师只有真正做到以公众的健康需求为导向，让药学服务全面融入一刻钟便民服务生活圈，将便捷、规范、优质的药学服务送到更多消费者身边，提升消费者购药用药的体验感，使消费者在"家门口"就能享受到全生命周期的"一站式"健康管理服务，这样才能被广大群众接受和认可。

从某种意义上说，建立一支群众满意的执业药师队伍需要各个主管部门的努力，更应当向公众进行宣传，用自己的实际行动获得广大公众的口碑。"寻找身边最美药师"活动的举办也是希望能够引起全社会的关注。

（六）多措并举，满足不同地区对于药学技术人员的需求

对于目前已满足执业药师与零售药店1∶1配备条件的省份，需要进一步加强执业药师的在岗执业管理，做好引导执业药师在乡镇执业的工作，使乡村人群也可以享受到药学服务。对于尚不满足执业药师与零售药店1∶1配备条件的省份，尤其是目前执业药师与零售药店差距较大的几个省份，建议可参照《中华人民共和国医师法》建立执业助理医师资格制度的做法，建立执业助理药师资格制度，以弥补执业药师数量的不足。中专毕业的药剂士与中药士满足一定的药学岗位工作实践，可以经过执业助理药师资格考试，注册为执业助理药师，在零售药店的执业药师指导下执业，或者在乡、

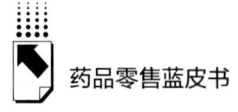

镇,以及艰苦边远地区县城的零售药店独立执业。

为了减少欠发达区域零售药店执业药师流失,要充分利用执业药师职业资格考试的"三区三州"等深度贫困地区和乡村振兴重点帮扶地区单独划线政策,保证特定地区有执业药师在零售药店执业。

参考文献

李朝辉:《新时代推进实施执业药师制度的思考》,《中国药物警戒》2021年第3期。

周玥、李朝辉、谢国亮等:《零售药店执业药师队伍发展调研情况的报告》,《中国食品药品监管》2021年第4期。

唐至佳、叶桦:《部分发达国家(执业)药师继续教育管理现状分析》,《中国药事》2020年第12期。

郝加田:《基层执业药师的执业现状与发展问题思考》,《中国食品药品监管》2021年第7期。

B.10
中国功效护肤品行业发展形势及展望

李镇宇*

摘　要： 中国功效护肤品市场持续增长，但竞争激烈，消费者对功效性、安全性、天然性需求增加。技术创新、个性化定制成为行业新趋势。本文通过采用市场调研、数据分析、消费者访谈等多种方法，综合分析市场现状，旨在探究中国功效护肤品市场的现状，分析未来发展趋势，为行业发展提供建议。中国功效护肤品市场具有巨大发展潜力，企业应关注消费者需求，加大研发力度，推动行业健康发展。同时，加强行业自律，保障产品安全有效。

关键词： 功效护肤品　消费者需求　皮肤健康

随着消费者对皮肤健康的日益重视，以及护肤科技的飞速进步，功效护肤品已成为市场上的重要热点产品。这些产品不仅满足了人们对美的追求，更体现了人们对肌肤健康的深度关怀。本文旨在探讨中国功效护肤品的现状，并展望其未来发展趋势。

一　功效护肤品介绍及分类

功效护肤品作为护肤品市场的一个重要组成部分，涵盖了多个方面。从抗衰老到美白淡斑，从保湿补水到控油抗痘，每一种类型的功效护肤品都有其独特的作用和适用人群。随着科技的不断进步和消费者需求的日益多样

---

* 李镇宇，百洋医药集团医美事业部总经理，主要研究方向为行业趋势分析、创新技术应用、市场战略规划和客户需求洞察等。

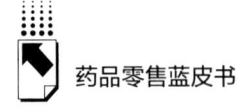

化，功效护肤品市场将继续发展壮大，为消费者提供更多更好的选择。

功效护肤品是指具有特定功效、能够改善皮肤问题或满足特殊需求的护肤品。这类产品通过添加特定的活性成分或使用特殊的配方技术，以在皮肤表面或内部产生显著效果为目标。这些效果包括但不限于减少皱纹、淡化色斑、均匀肤色等。与传统护肤品相比，功效护肤品更注重解决具体的皮肤问题，满足消费者对于改善肌肤状况的需求。根据功能不同，功效护肤品可以分为以下几类：抗衰老、美白淡斑、保湿补水、控油抗痘、舒缓修复等。此外，还有专门针对特定肌肤问题或需求的护肤品，如防晒护肤品、祛斑护肤品等。这些产品都是根据消费者的具体需求而设计的，旨在提供更加个性化、更有针对性的护肤解决方案。

二　中国功效护肤品市场现状

近年来，中国功效护肤品市场规模持续扩大，增长率远超传统护肤品。随着消费者对皮肤问题的关注度提升，以及网络购物的普及，功效护肤品的市场需求不断增加。

（一）市场规模及增长趋势

1. 市场规模

近年来，中国功效护肤品市场规模显著增长。据统计，2020年中国功效护肤品品牌占比29.8%，相较于2015年的14.8%增长了15个百分点。这一增长主要得益于消费者对功效护肤品需求的增加、品牌对市场的深入开拓以及科技创新的推动。[1]

2. 增长趋势

从当前的市场情况来看，中国功效护肤品市场的增长趋势仍将持续。未来几年，预计市场规模将以每年29.4%以上的速度增长，到2023年有望达

---

[1] Euromonitor，艾瑞咨询研究院。

到589.7亿元人民币以上。[①] 这一增长主要得益于以下几个方面的推动。

一是消费者需求升级。随着消费者对肌肤健康和美的追求不断提升，他们对功效护肤品的需求将更加旺盛。同时，随着护肤知识的普及和消费者护肤意识的增强，他们对产品的安全性和有效性要求也将更高。

二是科技创新推动。科技创新是推动功效护肤品市场持续发展的关键。科技的不断进步将助力研发出更多具有创新性和针对性的产品，满足消费者的不同需求。

三是电商平台的崛起。电商平台的快速发展为功效护肤品市场提供了更广阔的销售渠道。通过线上销售，功效护肤品可以更加便捷地触达消费者，有助于提高曝光度和购买转化率。

四是品牌竞争的加剧。随着市场竞争的加剧，企业将更加注重产品创新和服务升级。通过推出更多具有竞争力的产品、提供更加优质的服务，企业将争取更多的市场份额。

（二）消费者群体分析

功效护肤品的消费者主要集中在25~45岁年龄段，这部分人对皮肤问题较为敏感，对护肤品的功效有较高要求。同时，随着男性护肤意识的增强，男性消费者也逐渐成为功效护肤品市场的重要力量。

1. 消费者画像

中国功效护肤品市场的消费者群体具有多样化的特点。根据不同维度，可以将消费者划分为不同的群体。

一是按年龄段。年轻消费者群体是市场的主要力量，他们注重个性化护肤，追求快速有效的护肤效果。同时，随着中年消费者对肌肤保养的重视，他们也逐渐成为市场的重要组成部分。

二是按性别。女性消费者是功效护肤品市场的主要消费群体，占据市场的主导地位。然而，随着男性护肤意识的增强，男性消费者市场也逐渐崛

[①] 公开资料，Euromonitor，专家访谈，由艾瑞核算。

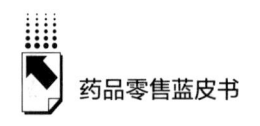

起,成为市场的新增长点。

三是按肤质类型。不同肤质类型的消费者对功效护肤品的需求也不同。例如,油性肌肤消费者更注重控油和清洁,而干性肌肤消费者则更注重保湿和滋润。

2.消费动机与行为分析

随着护肤意识的增强,消费者对于功效护肤品的需求日益旺盛。他们购买功效护肤品的动机多种多样,但目的都是实现肌肤的完美状态。了解这些动机以及影响购买决策的因素,对于品牌来说至关重要。

一是改善肌肤问题。许多消费者购买功效护肤品的主要动机是解决肌肤问题,如痘痘、色斑、皱纹等。他们希望通过使用特定的产品,能够看到肌肤问题的明显改善。因此,品牌在进行产品研发时,需要明确针对某一肌肤问题,并提供充分的证据来证明产品的功效。

二是保持肌肤健康。除了改善肌肤问题外,许多消费者还希望通过使用功效护肤品来保持肌肤的健康状态。他们希望产品能够为肌肤提供足够的营养和水分,使肌肤保持水润、光滑,有弹性。因此,品牌需要注重产品的日常护理效果,确保产品能够为肌肤提供持久的保护。

三是追求肌肤美感。随着审美观念的变化,越来越多的消费者开始追求肌肤的美感。他们希望通过使用功效护肤品,使肌肤更加细腻、光滑,有光泽。因此,品牌需要关注消费者的审美需求,推出能够提升肌肤美感的产品。

在购买过程中,消费者会关注产品的多个方面。首先,他们非常关心产品的成分,希望了解产品中含有哪些对肌肤有益的成分,以及这些成分如何发挥作用。其次,他们会关注产品的功效,希望产品能够带来明显的效果。此外,产品的安全性也是消费者非常关心的,他们希望产品不会对肌肤造成任何刺激或副作用。

为了获取这些信息,消费者会通过各种渠道来搜索和了解产品。他们可能会查看产品的官方网站、社交媒体平台、电商平台等,以获取产品的详细信息、用户评价和推荐。同时,他们还会关注品牌的口碑和服务质量,这些因素都会影响他们的购买决策。

消费者购买功效护肤品的动机多样，而购买决策则受到多种因素的影响。因此品牌需要深入了解消费者的需求和期望，提供符合他们需求的产品和服务，这样才能在竞争激烈的市场中脱颖而出。同时，品牌还需要注重与消费者的沟通和互动，与消费者建立长期的信任和忠诚关系。

3.消费者趋势分析

未来几年，中国功效护肤品市场的消费者趋势将呈现以下几个特点。

一是个性化需求增加。随着消费者对个性化护肤的追求，他们将更加注重产品的定制化和个性化。品牌需要借助大数据和人工智能等技术手段，为消费者提供量身定制的护肤方案。

二是绿色环保意识增强。环保意识的增强使消费者更加关注产品的环保属性。品牌需要注重使用天然、无污染的原料，减少对环境的影响，并积极推广可持续发展理念。

三是线上线下融合购物体验。随着电商平台的不断发展和线下实体店的转型升级，消费者将更加注重线上线下融合的购物体验。品牌需要打造线上线下一体化的销售模式，提供更加便捷、个性化的购物体验。

（三）市场竞争格局

目前，中国功效护肤品市场竞争激烈，国内外品牌众多。国际品牌凭借强大的研发实力和品牌影响力，占据了市场主导地位；而国内品牌则通过差异化策略和创新营销，逐渐崭露头角。

1.市场竞争现状

中国功效护肤品市场竞争激烈，国内外品牌众多，形成了多元化的市场格局。国际品牌凭借其在全球范围内的品牌影响力和先进的研发技术，在中国市场占据了重要地位。这些品牌通过不断创新，推出针对不同肌肤问题和需求的产品，满足了消费者的个性化需求。

与此同时，国内品牌也凭借对本土市场的深入了解、快速市场反应的能力和灵活的销售策略，逐渐在市场上崭露头角。国内品牌更了解中国消费者

的肌肤特点和需求，因此在产品研发和定位上更加贴近市场。此外，国内品牌还通过创新营销策略，如社交媒体营销、直播带货等，提高品牌知名度和影响力。

在品牌间的竞争中，产品创新是关键。国内外品牌纷纷加大研发投入力度，推出具有独特功效和差异化定位的产品。例如，针对敏感肌肤、痘痘肌肤等不同肌肤问题，企业推出了相应的护肤品系列。同时，品质保障也是品牌竞争的重要因素。国内外品牌都注重产品质量和安全性，通过严格的品质控制和临床测试，确保产品的有效性和安全性。

此外，营销策略也是品牌竞争的重要手段。国内外品牌通过线上线下的各种渠道，如社交媒体、电商平台、专柜等，开展品牌推广和营销活动。通过与网红、明星等合作，提升品牌知名度和美誉度。同时，品牌还通过用户评价、口碑营销等方式，与消费者建立更紧密的联系，提高消费者忠诚度和满意度。

总体而言，中国功效护肤品市场竞争激烈，品牌众多。国际品牌和国内品牌各有优势，通过产品创新和营销策略等手段，争夺市场份额。随着市场的不断发展和消费者需求的不断变化，品牌需要不断创新和适应市场变化，这样才能在竞争中立于不败之地。同时，监管部门也需要加大对功效护肤品市场的监管力度，保障消费者的权益和安全。

2.市场领导者与跟随者

国际品牌中市场领导者尤其多，这些品牌凭借多年的积累和沉淀，形成了强大的品牌影响力和深厚的研发实力。它们的产品线丰富，覆盖各种肌肤类型和需求，且不断推出创新产品和技术，以满足市场的多样化需求。这些国际品牌在产品质量、安全性、效果等方面都享有较高的声誉，因此赢得了大量消费者的信任。

与此同时，国内品牌也逐渐崭露头角，成为市场的重要参与者。这些品牌注重本土市场的精耕细作，深入了解中国消费者的肌肤特点和需求，因此在产品研发和定位上更加贴近市场。它们通过不断创新，推出具有独特功效和差异化定位的产品，赢得了消费者的喜爱和认可。此外，国内品牌还注重服务质量的提升，为消费者提供更加贴心和专业的护肤建议与服务。

除了市场领导者外，市场上还存在大量的跟随者品牌。这些品牌通常通过模仿市场领导者的产品和技术，或者通过差异化策略来争取市场份额。虽然它们在品牌影响力和研发实力上可能不如市场领导者，但它们通过灵活的市场策略和创新的产品设计，也在市场上占据了一定的地位。然而，对于跟随者品牌来说，要想在竞争激烈的市场中立足，就需要不断创新和提升产品品质，以赢得消费者的信任和喜爱。

中国功效护肤品市场中的领导者和跟随者品牌各具特色，形成了多元化的市场竞争格局。

3. 市场竞争趋势分析

未来几年，中国功效护肤品市场的竞争趋势将呈现以下几个特点。

一是品牌多元化与差异化。随着市场的不断发展，越来越多的品牌将涌入功效护肤品市场，包括国际大牌、国内新兴品牌以及跨界品牌。为了在众多品牌中脱颖而出，品牌将更加注重产品的差异化和个性化，以满足消费者多样化的需求。

二是技术创新与研发。技术创新将是品牌竞争的核心。品牌将加大在产品研发和创新上的投入力度，利用先进的科技手段，如基因测序、人工智能等，开发更加精准、高效的功效护肤品。同时，品牌还将注重产品的安全性和环保性，以满足消费者对产品的更高要求。

三是线上线下融合。随着互联网和电子商务的快速发展，线上线下融合将成为趋势。品牌将更加注重线上渠道的布局和建设，通过电商平台、社交媒体等线上平台，扩大品牌影响力，提高销售效率。同时，线下实体店铺也将得到更多的关注，品牌将通过线下体验店、专柜等形式，为消费者提供更加直观、专业的产品体验和服务。

四是跨界合作与IP联名。为了提高市场份额和吸引更多消费者，品牌将积极寻求跨界合作和IP联名，通过与时尚、美妆、影视等领域的知名品牌或IP合作，推出联名产品或限量版产品，提升品牌的时尚度和影响力。

五是用户运营与社群营销。用户运营将成为品牌竞争的关键。品牌将更

加注重与消费者的互动和沟通,通过社群营销等手段,建立与消费者的紧密联系;通过深入了解消费者的需求和喜好,提供个性化的产品和服务,提高消费者忠诚度和满意度。

六是市场细分与专业化。随着消费者对肌肤护理的需求越来越精细化,市场细分和专业化将成为趋势。品牌将针对不同肌肤类型、年龄层次、性别等推出更加专业化的产品系列,满足消费者的个性化需求。

三 未来发展方向

功效护肤兴起的本质是消费者日趋成熟、消费行为回归产品功能本身的一种体现。美妆人群对功效护肤的诉求是长期趋势。未来,具备个性化定制、绿色环保、科技创新的产品更有竞争力。

(一)个性化定制

随着大数据和人工智能技术的不断突破,它们正逐渐渗透到各个行业领域,其中包括功效护肤品市场。这两大技术的结合,为护肤品行业带来了前所未有的个性化定制机会,使产品更加符合消费者的个性化需求。

1. 肤质数据的深度分析

在过去,消费者往往只能根据自己的肤质类型(如干性、油性、混合性等)选择护肤品。但现在,通过大数据技术,品牌可以收集并分析消费者的肤质数据,包括皮肤的水分含量、油脂分泌、敏感度、色斑等多维度信息。这使品牌能够更准确地了解消费者的肌肤状况,从而为其推荐更加适合的护肤品。

2. 生活习惯与护肤习惯的关联分析

除了肤质数据,大数据技术还可以分析消费者的生活习惯,如饮食、运动、作息等,以及他们的护肤习惯,如洁面、保湿、防晒等。通过深度挖掘这些数据,品牌可以发现生活习惯与肌肤状态之间的关联,进而为消费者提供更加个性化的护肤建议。

3. 人工智能驱动的个性化护肤方案

在收集并分析大量数据后,人工智能算法可以进一步为消费者生成个性化的护肤方案。这些方案可能包括推荐使用的产品、使用频率、使用顺序等,甚至包括为消费者提供定制化的护肤计划,以满足其独特的肌肤需求。

4. 市场的新趋势与挑战

随着个性化定制成为市场的新趋势,功效护肤品品牌需要不断提升自己的数据收集和分析能力,同时加强与大数据和人工智能公司的合作,以提供更加精准的个性化服务。此外,品牌还需要确保消费者的数据安全与隐私保护,避免数据泄露和滥用。

综上所述,大数据和人工智能技术的发展为功效护肤品市场带来了个性化定制的新机遇。通过深度分析消费者的肤质数据和生活习惯,品牌可以为消费者提供更加精准、个性化的护肤方案。然而,为了抓住这一机遇,品牌需要不断提升自己的技术能力,并确保消费者的数据安全与隐私保护。

(二)绿色环保

1. 绿色环保引领功效护肤品行业的新发展

随着全球环保意识的逐渐提升,消费者对于绿色、环保的产品需求也日益增加。护肤品行业作为与人们日常生活息息相关的领域,其绿色环保的发展趋势日益明显。

2. 天然原料的兴起

随着消费者对于产品成分的关注日益增加,越来越多的品牌开始采用天然、无污染的原料来生产功效护肤品。这些原料不仅更加温和、安全,而且对于环境的负担也较小。例如,植物提取物、海洋生物、有机植物油等天然成分在护肤品中的应用越来越广泛。

3. 减少环境影响

除了使用天然原料外,品牌还在努力减少产品对环境的影响,例如,通过优化包装材料,使用可回收、可降解的包装,减少塑料垃圾的产生。此

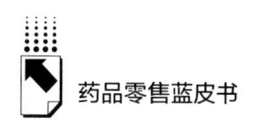

外，品牌还在探索更加环保的生产方式，如采用清洁能源、减少废水排放等。

4. 满足消费者追求

随着消费者对绿色、健康生活的追求日益增加，他们更倾向于选择那些符合自己价值观的产品。因此，使用天然、无污染的原料，减少对环境的影响，不仅有助于品牌树立绿色、环保的形象，还能吸引更多消费者的关注。

5. 行业的新挑战与机遇

绿色环保成为护肤品行业的重要发展方向，对于品牌来说既是挑战也是机遇。一方面，品牌需要不断提升自己的研发能力，寻找更多天然、无污染的原料，并探索更加环保的生产方式。另一方面，品牌也需要加强与消费者的沟通，让他们了解产品的环保特点，从而树立品牌的绿色形象。

（三）科技创新

科技创新是推动功效护肤品发展的关键。未来，护肤品行业将更加注重研发新技术、新产品，以满足消费者对更高功效和更好体验的需求。

1. 科技创新

科技创新是功效护肤品行业的核心驱动力。随着科技的飞速进步，功效护肤品行业正迎来前所未有的发展机遇。科技创新不仅推动了产品功效的显著提升，还为消费者带来了更加优质的使用体验。

2. 研发新技术

为了满足消费者对更高功效的需求，护肤品行业正加大在新技术研发上的投入力度。例如，基因测序技术的引入使护肤品能够更精准地针对个人肤质进行定制；纳米技术的运用则能够帮助活性成分更深入地渗透到肌肤底层，从而提高产品的功效。

3. 推出新产品

科技创新不仅带来了技术的突破，还推动了新产品的不断涌现。如今，市场上已经出现了许多具有创新性的功效护肤品，如智能型护肤品、基因护肤品等。这些新产品不仅满足了消费者对高效、便捷的需求，还为他们带来了全新的护肤体验。

4. 满足消费者需求

随着消费者对护肤品的要求越来越高，他们不仅关注产品的功效，还注重产品的使用体验。科技创新正是为了满足这一需求而不断发展。通过研发新技术、推出新产品，品牌不仅能够提升产品的功效，还能够优化产品的质地、气味等，从而为消费者带来更加愉悦的使用体验。

5. 行业的未来展望

展望未来，科技创新将继续推动功效护肤品行业的发展。随着更多新技术的不断涌现和市场的日益成熟，消费者有望看到更加高效、安全、个性化的功效护肤品问世。同时，品牌也需要不断加大研发投入力度，提升自身的技术实力，以应对日益激烈的市场竞争。

综上所述，科技创新是推动功效护肤品发展的关键。通过研发新技术、推出新产品，品牌不仅能够满足消费者对更高功效和更好体验的需求，还能够为整个行业带来持续的创新和发展动力。

四 结语

中国功效护肤品市场近年来呈现迅猛的发展态势，这主要得益于国内消费者对于肌肤保养的日益重视以及科技的不断进步。然而，市场的快速扩张也带来了诸多挑战，包括竞争激烈、监管加强、消费者需求多样化等。为了应对这些挑战，企业需要在多个方面作出努力。

个性化定制将是功效护肤品市场的重要发展趋势。随着消费者对于护肤需求的个性化、精细化发展，传统的"一刀切"产品已经无法满足市场需求。因此，企业需要通过技术手段，如大数据分析、人工智能等，深入了解消费者的肌肤状况、使用习惯和需求，从而推出更加个性化的定制产品。这不仅能够提升消费者的满意度和忠诚度，还能为企业创造更多的商业价值。

绿色环保也是功效护肤品市场不可忽视的发展趋势。随着全球环境问题的日益严重，消费者对于产品的环保属性越来越关注。企业需要通过选择环

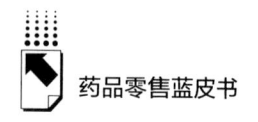

保材料、减少污染排放、推广可持续生产方式等，来满足消费者的环保需求。这不仅有助于提升企业的社会形象，还能降低生产成本、提高产品质量。

科技创新是功效护肤品市场持续发展的核心驱动力。企业需要不断投入研发资金，引入新技术、新原料，提升产品的功效性和安全性。例如，利用基因编辑技术、纳米技术等前沿科技，开发出更加高效、精准的护肤品。同时，企业还需要关注新兴领域，如生物科技、医学美容等，以拓展产品线和服务范围。

面对市场的变化和消费者需求的变化，企业还需要加强技术研发和品牌建设。技术研发是企业不断创新的基础，只有掌握核心技术，才能在市场中立于不败之地。品牌建设则是企业提升竞争力的重要手段，通过塑造独特的品牌形象和价值观，吸引更多消费者的关注和认可。

综上所述，中国功效护肤品市场虽然面临诸多挑战，但也有着广阔的发展前景。企业需要紧跟市场趋势，加强技术研发和品牌建设，不断提升自身的竞争力和适应能力。同时，还需要关注消费者的需求和反馈，不断优化产品和服务，以满足市场的不断变化。只有这样，才能在激烈的市场竞争中脱颖而出，成为功效护肤品市场的领导者。

标准篇

B.11
建立健全院外药学服务标准体系

中国医药商业协会[*]

摘 要: 2018年,中国医药商业协会启动特殊疾病药品药学服务规范编制工作。先后制定发布了《零售药店经营特殊疾病药品服务规范》及结直肠癌、肺癌、"三高"、咳喘等一系列单病种药学服务规范,对行业规范化、专业化发展起到了一定的推动和指导作用。本文通过对院外药学服务规范的编制、宣贯培训等进行回顾,分析评判该系列服务规范对行业发挥的作用和影响,并探索未来服务规范如何与市场变化、行业发展做好衔接,契合行业企业发展需求,以促进行业高质量发展。

关键词: 零售药店 药学服务标准 院外药学服务标准体系

---

[*] 执笔人:石晟怡、胡志瑛、杨菊,中国医药商业协会。

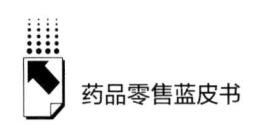

零售药店是实现院外药学服务的主要场所，药品零售行业是国家医药事业和健康产业的重要组成部分，直接服务于患者，是关系人民健康和生命安全的重要行业。规范零售药店药学服务行为，提升专业服务能力，建立院外药学服务标准尤为重要。

一 院外药学服务标准体系建设

（一）制定标准的必要性

《"健康中国2030"规划纲要》提出实现全人群、全生命周期的慢性病健康管理。同时，随着国内创新药研发及审批加速、医保谈判药品增加，特药药房（又称DTP药房）、门诊慢性病药店等得到快速发展，对药店的药学服务提出了更高要求，部分药品零售企业建立特殊病、慢病药学服务管理团队，开展相关专业培训，培养慢病专员，探索开展院外药学服务。但行业内缺乏统一规范，迫切需要在药品零售领域中建立院外药学服务标准。

（二）构建药学服务标准体系

行业管理既要为行业创造良好的发展环境，更重要的是构建完整的、符合行业实际的、满足行业发展所需的标准体系。为进一步发挥行业共治作用，引领药品零售行业专业化、规范化发展，作为全国性行业组织，中国医药商业协会（以下简称"协会"）从2018年开始，组织医疗机构和药品零售行业专家着手建立零售药店院外药学服务标准体系（见图1）。

二 院外药学服务标准介绍

（一）标准的主要内容

1.《零售药店经营特殊疾病药品服务规范》

《零售药店经营特殊疾病药品服务规范》（以下简称"特药药房标准"）对

建立健全院外药学服务标准体系

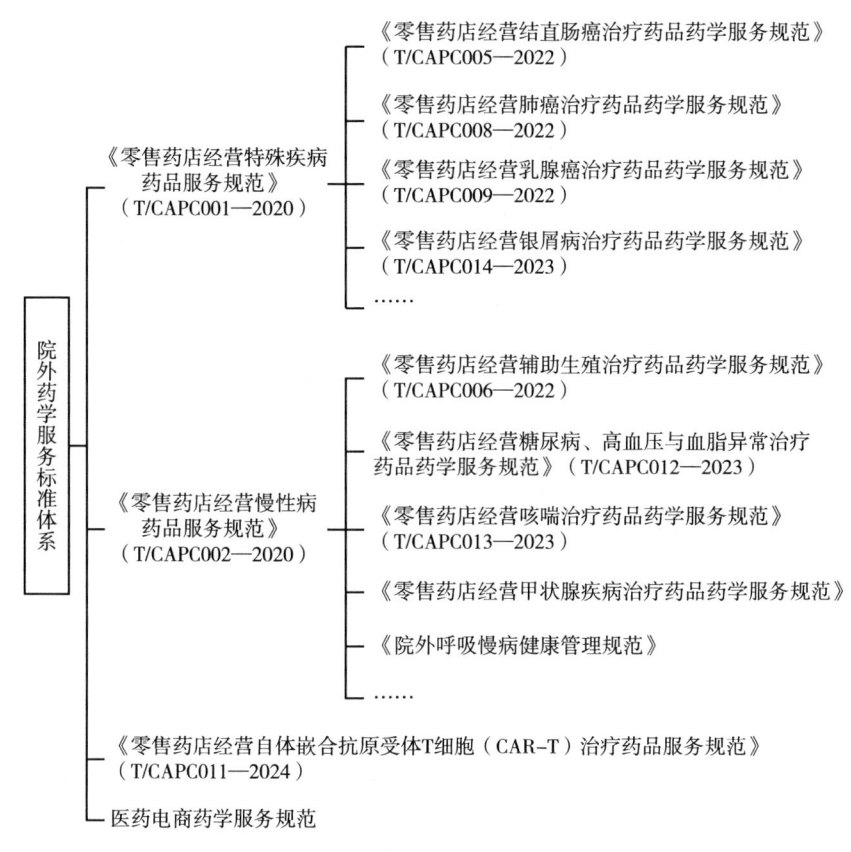

图 1 零售药店院外药学服务标准体系

```
院外药学服务标准体系
├─《零售药店经营特殊疾病药品服务规范》（T/CAPC001—2020）
│   ├─《零售药店经营结直肠癌治疗药品药学服务规范》（T/CAPC005—2022）
│   ├─《零售药店经营肺癌治疗药品药学服务规范》（T/CAPC008—2022）
│   ├─《零售药店经营乳腺癌治疗药品药学服务规范》（T/CAPC009—2022）
│   ├─《零售药店经营银屑病治疗药品药学服务规范》（T/CAPC014—2023）
│   └─……
├─《零售药店经营慢性病药品服务规范》（T/CAPC002—2020）
│   ├─《零售药店经营辅助生殖治疗药品药学服务规范》（T/CAPC006—2022）
│   ├─《零售药店经营糖尿病、高血压与血脂异常治疗药品药学服务规范》（T/CAPC012—2023）
│   ├─《零售药店经营咳喘治疗药品药学服务规范》（T/CAPC013—2023）
│   ├─《零售药店经营甲状腺疾病治疗药品药学服务规范》
│   ├─《院外呼吸慢病健康管理规范》
│   └─……
├─《零售药店经营自体嵌合抗原受体T细胞（CAR-T）治疗药品服务规范》（T/CAPC011—2024）
└─医药电商药学服务规范
```

特药药房人员与培训、信息系统管理、冷链药品管理、药学服务管理、药物警戒管理以及制度建设等方面均进行了规范（见表1）。

表 1 特药药房标准主要内容

序号	规范项目		达标检查标准
1	人员与培训	人员	药学技术人员不少于6名，其中执业药师不少于2名
2		培训	药学技术人员应当掌握特殊疾病药品知识以及相对应的疾病知识和服务技能；企业应制订培训计划并建立培训档案
3		能力	药学技术人员应当具有应用药学工具（软件）、解决患者用药相关问题的能力

161

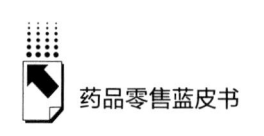

续表

序号	规范项目		达标检查标准
4	信息系统管理	药学服务系统	包括药品信息管理功能和患者信息管理功能,通过系统提升药学服务质量
5		电子处方管理系统	系统至少具有以下功能:登录管理,调剂(处方录入、审核、调配)过程记录,处方保存和查询,权限控制管理等
6	冷链药品管理	追溯管理	冷链管理全过程有记录、可追溯
7		设施设备	具有与经营冷链药品规模相适应的储存、配送设施设备,能实现陈列环境温度和储存环境温湿度实时有效监测和调控
8		管理能力	冷链药品收货、验收、储存、养护、销售、售后等管理规范
9	药学服务管理	处方调剂	执业药师审核特药处方,并对特药处方调配的全过程进行专业指导
10		咨询与指导	对患者进行用药咨询与指导时,应对患者生活习惯(饮食、烟酒、运动)、疾病情况(现病史、既往史)、用药情况(既往用药经历、过敏史、目前正在使用的所有药物)等进行询问,应对首次购药、用药复杂或记忆有困难的患者提供用药指导单
11		药物治疗管理	鼓励执业药师和药师结合临床治疗方案,为特殊疾病患者提供药物治疗管理服务。为特殊疾病患者建立药历,持续跟踪患者的用药情况,发现、解决和预防患者药物治疗相关问题
12		患者教育	开展特殊疾病药品使用和健康管理的科普教育
13	药物警戒管理	药物警戒	开展药物警戒工作,建立用药监测制度,对药物使用的安全性和有效性进行监测、分析、评估
14		药品不良反应报告	有专人负责药品不良反应、用药错误和药物损害事件监测报告工作
15		制度建设	包括不限于人员配备与岗位职责、人员培训管理、特殊疾病药品经营环境管理与设施设备配置、冷链药品相关管理与标准操作程序(SOP)、处方调剂与SOP、药学服务与SOP、特殊药品配送服务与SOP、药物警戒管理、援助药品领用与管理、突发事件处理与应急预案等制度

2. 单病种药学服务标准

零售药店经营结直肠癌、肺癌、乳腺癌、甲状腺疾病等单病种药学服务标准结合了疾病特点，将重点内容放在了人员和药学服务方面，更注重人员能力提升并细化药学服务项目，侧重用药咨询指导、用药评估与干预、随访等药学服务内容（见表2）。

表2 单病种药学服务标准主要内容

序号	规范项目		重点要求
1	用药咨询	咨询流程、记录	咨询记录包括咨询者姓名、咨询时间、咨询问题分类、回复内容、回复依据、药师签名。配套附件：用药咨询记录表、用药指导单
2	处方审核	处方审核要点	合法性、规范性和适宜性审核
3		超说明书用药处方审核	与患者沟通确认，查询依据，建立超说明书用药记录
4	收集信息、建立档案	患者基本信息、疾病信息、治疗信息	患者基本信息包括身体基础指标，如身高、体重、体重指数、体表面积、血压、心率等；疾病信息包括疾病诊断、分子分型、TNM分期、体力活动和疼痛标准评分、实验室指标等；治疗信息包括药物、手术、放化疗等。配套附件：患者信息收集表
5	用药评估与干预	适宜性、有效性、安全性、依从性	针对问题制订干预计划。配套附件：药物治疗方案评估与干预记录表
6	随访	随访计划、随访形式、随访内容	随访内容包括用药安全性、依从性、复查提醒、生活方式指导、支付帮助等。配套附件：患者随访记录表
7	用药教育	形式、内容	包括面谈、讲座、利用互联网手段等方式
8	服务质控与评价改进	药学服务质量控制	定期开展风险评估与干预，加强药学服务风险点防控
9		药学服务工作评价	服务患者人次、建档人数、随访人次、处方审核数量、药物不良反应记录及报告数量、ADR干预好转率等

3.《零售药店经营自体嵌合抗原受体T细胞（CAR-T）治疗药品服务规范》

因其自身的特殊性，标准中除了人员和药学服务之外，还明确了经营服务环境与设施、细胞治疗药品供应链及经营服务、细胞治疗药品药学服务以及特殊情况处置等内容。其中，细胞治疗药品供应链及经营服务内容明确了建立标准操作程序、购药协议签署、采购验收、储存配送及药品交付的要

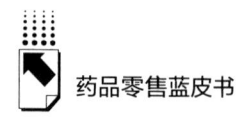

求；细胞治疗药品药学服务从咨询服务、处方审核、用药教育、随访及药物警戒等方面进行规范；特殊情况处置提供了突发问题、延期交付、更换冷链运输装置等方案。

（二）标准配套知识手册内容

为指导药品零售企业全面、准确地实施各项单病种药学服务标准，配套的知识手册围绕疾病概述、常用药物治疗、治疗方案、处方审核、药学服务重点等内容进行编写，并对单病种疾病的治疗特点及治疗药物作了详尽介绍，例如，咳喘知识手册介绍了非药物治疗的重要性和药物治疗的特殊性，并根据咳喘相关呼吸系统疾病类型制定药物治疗方案。单病种知识手册中的药学服务模块，不仅详述了患者管理和药物治疗管理，也对患者居家自我管理以及随访管理等内容作了规定，还提供了经典的药学服务案例和知识问答等供参考学习（见表3）。

表3 单病种知识手册主要内容

序号	规范项目		重点要求
1	疾病篇	疾病概述	病因、病理分型、诊断方法、治疗及预防
2	治疗药物篇	各类别常用代表药物介绍	品名、类别、作用机制、适应证、用法用量、药动学、不良反应、特别警示及注意事项、相互作用、贮藏等
3	处方审核篇	各类别常用代表药物处方审核要点介绍	患者基本情况、临床诊断、适应证、禁忌证、相互作用、预处理等，重点审核患者基因检测结果、器官功能及实验室指标、是否为特殊人群等
4	随访管理篇	随诊随访路径项目	根据患者全生命周期、全方位健康管理理念和实践建议，介绍了患者随诊随访、健康管理内容
5	知识问答篇	常见问题知识解答	围绕常见药物分类、用法用量、靶点检测、相互作用用等
6	药学服务案例篇		医疗机构临床药学服务典型案例及零售药店药学服务典型案例介绍

三 院外系列药学服务标准贯标情况

（一）标准达标认证的配套文件制定

为了在行业内更好地宣贯和推广标准，协会根据标准规定制定了《达标检查管理办法》、"达标检查表"；围绕药店申报和年审分别制定了"申报及检查审定流程"、"达标药店年度自查流程"、《达标药店动态管理制度》；围绕标准达标评定组建检查员队伍并制定了《现场检查员管理规定》《达标检查指导手册》《达标检查项目费用管理办法》等系列配套文件，初步形成了较完整的院外系列药学服务标准贯标文件体系（见图2）。

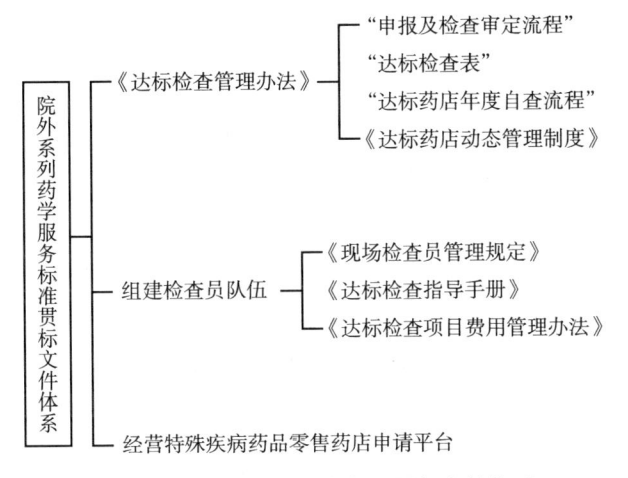

图 2 院外系列药学服务标准贯标文件体系

（二）贯标情况

从2019年3月起，协会在全国零售药店开展"特药药房标准"申报和达标认证工作。截至2023年底，共有334家药店通过"特药药房标准"达标检查。通过结直肠癌、肺癌、乳腺癌、辅助生殖等单病种标准的药店

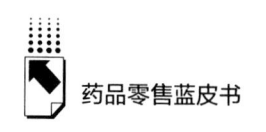

分别为30家、14家、16家和16家，覆盖了全国27个省（区、市）（见表4~表7）。

表4　《零售药店经营结直肠癌治疗药品药学服务规范》认证通过门店

序号	省(区、市)	门店名称
1	天津	天津德信行大药房有限公司第一店
2	山西	国药控股山西有限公司职工新村国药大药房
3	湖南	华润湖南瑞格医药有限公司益生药号
4	广东	广东德信行大药房连锁有限公司旗舰店
5	黑龙江	哈药集团医药有限公司新药特药商店
6	江苏	国药控股扬州大药房连锁有限公司第一新特药房
7	湖南	湖南达嘉维康医药产业股份有限公司五一路分店
8	广东	湛江大参林连锁药店有限公司人民分店
9	北京	北京信海科园大药房有限公司
10	广东	大参林医药集团股份有限公司第四千四百一十六分店
11	河南	许昌大参林新特药有限公司
12	湖南	老百姓大药房连锁股份有限公司湘潭韶山路分店
13	广东	国药控股广州有限公司大药房
14	河南	国药控股河南股份有限公司大学路店
15	河南	国药控股河南股份有限公司郑州大药房
16	北京	北京德信行医保全新大药房有限公司安定门店
17	北京	北京圆心妙手大药房有限公司
18	江苏	南京鼓楼大药店有限公司
19	山东	青岛德信行惠友大药房有限公司
20	江西	江西黄庆仁栈华氏大药房有限公司赣州市新特药店
21	江苏	华润苏州礼安医药连锁总店有限公司医药大厦
22	辽宁	国药控股大连有限公司新特药大药房
23	山东	淄博国药关爱大药房有限公司
24	湖北	武汉科海园大药房连锁有限公司星海路店
25	江西	江西黄庆仁栈华氏大药房有限公司南昌市樟树国药局药店
26	广西	柳州桂中大药房连锁有限责任公司北站路药店
27	山东	烟台国药大药房有限公司
28	山西	国药集团山西有限公司零售一部
29	湖南	国药控股湖南维安大药房连锁有限公司河西店
30	福建	国药控股厦门振海药房有限公司

表5 《零售药店经营肺癌治疗药品药学服务规范》认证通过门店

序号	省(区、市)	门店名称
1	广东	大参林医药集团股份有限公司第四千四百一十六分店
2	黑龙江	哈尔滨人民同泰医药连锁有限公司医药商场分店
3	湖南	益丰大药房连锁股份有限公司常德芷园分店
4	广西	柳州桂中大药房连锁有限责任公司南宁教育路药店
5	安徽	合肥市苏祥大药房有限公司
6	山东	青岛三联大药房有限公司
7	湖南	老百姓大药房连锁股份有限公司长沙湘雅店
8	河北	国药河北乐仁堂医药连锁有限公司总店
9	江苏	江苏益丰大药房连锁有限公司南京汉中路店
10	陕西	西安怡康医药连锁有限责任公司东二店
11	山东	漱玉平民大药房连锁股份有限公司西门新特药店
12	山东	青岛百洋健康药房连锁有限公司第二药店
13	上海	上海益丰大药房连锁有限公司控江路店
14	湖北	国药控股(湖北)汉口大药房有限公司黄石路店

表6 《零售药店经营乳腺癌治疗药品药学服务规范》认证通过门店

序号	省(区、市)	门店名称
1	广东	大参林医药集团股份有限公司第四千四百一十六分店
2	河北	河北神威冶金大药房连锁有限公司第五分店
3	河北	石家庄新兴药房连锁有限公司北国店
4	黑龙江	哈尔滨人民同泰医药连锁有限公司医药商场分店
5	广东	茂名大参林连锁药店有限公司金色家园分店
6	广西	柳州桂中大药房连锁有限责任公司南宁教育路药店
7	安徽	合肥市苏祥大药房有限公司
8	山东	青岛三联大药房有限公司
9	湖南	老百姓大药房连锁股份有限公司长沙湘雅店
10	江苏	华润苏州礼安医药连锁总店有限公司医药大厦
11	江苏	江苏益丰大药房连锁有限公司南京汉中路店
12	陕西	西安怡康医药连锁有限责任公司雁塔西路二店
13	山东	漱玉平民大药房连锁股份有限公司西门新特药店
14	黑龙江	牡丹江大参林天利医药连锁有限公司广场分店
15	山东	青岛百洋健康药房连锁有限公司第二药店
16	湖北	国药控股(湖北)汉口大药房有限公司黄石路店

表7 《零售药店经营辅助生殖治疗药品药学服务规范》认证通过门店

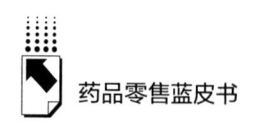

序号	省（区、市）	门店名称
1	广东	广东德信行大药房连锁有限公司中山二路分店
2	广东	广东德信行大药房连锁有限公司石牌东分店
3	黑龙江	哈药集团医药有限公司新药特药商店
4	福建	国药控股福州专业药房有限公司鼓楼区古田路分店
5	江苏	南京鼓楼大药店有限公司第二分公司
6	江苏	南京鹤益龄大药房有限公司
7	山西	国药控股山西有限公司文源巷国药大药房
8	河南	国药控股河南股份有限公司大学路店
9	河南	国药控股河南股份有限公司郑州大药房
10	江苏	南京鼓楼大药店有限公司
11	湖南	湖南达嘉维康医药产业股份有限公司银双路分店
12	云南	云南省医药有限公司新特药麻园零售店
13	河北	石家庄新兴药房连锁有限公司北国店
14	河北	石家庄新兴药房连锁有限公司衡水恒康第一药房
15	广东	广州医药大药房有限公司天河分店
16	广东	广州医药大药房有限公司信和街分店

（三）宣贯培训

协会围绕标准定期开展培训。自2018年到2023年底，协会陆续在北京、济南、沈阳、武汉、长沙、西安等城市共举办了7场标准培训会，同期还组织了检查员培训会。同时协会还不定期组织标准解读会、药物治疗管理（MTM）培训、特药线上疾病和药学知识培训等。

四 标准实施后的社会效益

标准体系为院外开展药学服务提供了规范化指导，具有良好的社会效益。具体内容如下。

一是提升了药学服务能力，规范了药学服务行为。标准的实施提升了零售药店"以患者为中心"的专业服务水平。药学技术人员通过对标准及知识手册的学习，更好地为患者及家属进行用药指导，提高了患者接受治疗的依从性，从而实现了提高患者生活质量、延长生存时间的目的。

二是保障用药安全。最新全国临床安全用药监测网年度报告显示，居家是患者严重用药错误发生的主要场景。其中过量服药、自行停药、漏服药是引发患者用药错误的主要原因。在标准的指导下，药师可开展合理用药指导、提供患者培训服务，降低了不合理用药及药害事件风险，筑牢了安全用药健康防线。

三是提升企业核心竞争力。随着我国医改政策的深入推进，零售药店已逐步成为保障患者用药可及性和提供药学服务的重要渠道。由于药品零售市场竞争加剧，优良的药学服务成为药店生存发展的核心竞争力。

四是发挥零售药店在基本医疗体系中的作用。药品零售是医疗卫生事业的组成部分，是"三医"协同不可或缺的重要环节，更是实施"健康中国"战略的重要阵地。标准的实施较好地催生了市场风险发现和管理机制，在医改进程中，对于零售药店承接医疗机构处方外流和提供患者居家药学服务，奠定较好的管理和实操基础。

五 院外药学服务标准体系建设的思考与展望

截至2023年，协会已制定发布了10余个适用于零售药店经营的院外药学服务标准。回顾编制标准走过的六年历程，每一个标准都凝聚着药品零售领域、医疗机构的医学与临床药学、高等药学院校的专家的辛勤付出和不懈努力，其间也得到了相关政府部门的支持和指导。

展望未来，随着我国医药领域全面高质量发展，药品零售市场的整合必将加速，规模化、规范化、专业化、差异化的药品零售特征日益显现。开展标准化建设，一是有利于改革行业现状，强化与完善行业基础建设，解决好目前存在的问题，促进行业持续健康发展和药品安全供应保障体系目标实现；二是药品零售企业要进一步提高对标准化建设的认识，规范零售药店经营行为，提升从业人员素质和服务能力，保障用药安全；三是行业协会把标

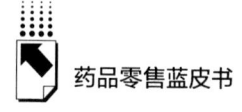

准宣贯工作作为提升行业发展水平、强化行业自律并实施行业管理的重要契机，利用多种形式开展宣传贯彻活动，促进标准在零售药店的落地。同时，协会要契合行业发展现状和要求，结合患者院外需求，开展调查研究，定期更新和修订标准内容，不断完善药学服务标准体系建设。

B.12
零售药店经营特殊疾病药品服务标准解读

翟 青*

摘 要： 本文通过对零售药店治疗特殊疾病药品药学服务标准的制定背景以及零售药店单病种药学服务要求进行介绍，分析单病种未达标药店的药学服务能力欠缺原因，提出相关药学服务能力提升的建议。为药店的高质量发展提出培训先行，在共性中体现药学服务的个性化，超说明书用药评估以及技术赋能，构建新生态的建议，以促进特药药房为患者提供有价值的健康服务。

关键词： 特殊疾病 单病种 特药药房 药学服务 零售药店

一 背景

药师是整个药学服务体系的主要实施者，是参与临床药物治疗、实现安全有效经济用药目标不可替代的专业队伍。药店药师面对的人群更为广泛、复杂，且随着医保"双通道"等政策落地实施，更多创新药品进入药店，特药药房（也称 DTP 药房）亟须从单一药品销售模式转到患者管理模式，提供专业化的药学服务。药店药师工作不应只局限于处方审核和合理用药指导等常规执业活动，还应提供患者健康档案管理、全周期用药监护、个

---

* 翟青，主任药师，复旦大学药学院博士生导师，中国抗癌协会肿瘤药学专委会副主任委员，中国医药商业协会药学服务特聘专家，主要研究方向为肿瘤临床药学实践及肿瘤临床药物。

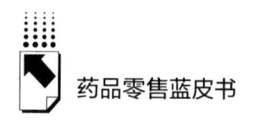

体化用药指导、患者随访、药品不良反应监测、药物疗效评估、调整用药方案建议、患者宣教等连续的健康管理服务，通过专业化、多元化的药学服务提高患者黏性，保证公众用药安全。

为助力药品零售企业标准化、专业化服务能力的提升，更好地保障患者用药安全，中国医药商业协会（以下简称"协会"）组织行业专家陆续编制了特药药房标准和结直肠癌、肺癌、乳腺癌等肿瘤单病种药学服务标准，以及细胞治疗药物的标准化服务规范。面对特药行业蓬勃发展的机遇，协会采取多方行动推动行业标准的切实落地，本文就肿瘤单病种药学服务标准及特药药房服务标准在其药学服务应用中的薄弱环节逐一解读，希望对推动特药药房高质量发展有所帮助。

二 立足行业发展——协会对 DTP 药房单病种药学服务提出更高要求

协会自 2019 年推出《零售药店经营特殊疾病药品服务规范》（以下称"特药标准"）这一行业标准，通过业内宣贯和进行特药药房的达标认证，有力地推动了特药药房规范化管理、信息化建设以及患者服务能力的提升，得到了业内的好评与政府机构的肯定。随后协会在特药标准的基础上又相继推出了《零售药店经营结直肠癌治疗药品药学服务规范》《零售药店经营肺癌治疗药品药学服务规范》《零售药店经营乳腺癌治疗药品药学服务规范》等单病种的药学服务规范，以及《零售药店经营自体嵌合抗原受体 T 细胞（CAR-T）治疗药品服务规范》。单病种的药学服务规范在要求特药药房满足特药标准相关要求的基础上，针对不同瘤种的疾病特点及药学服务内容的不同，从人员要求、用药咨询、处方审核、信息收集、用药评估、居家随访、用药教育和服务质控等方面分别提出了更加具体的要求。由于细胞基因治疗药物的特殊性，在 CAR-T 规范中，药品供应与药学服务的要求更高，要求开辟 CAR-T 独立的存储专区、信息系统及专用配送设备，建立包含签署购药协议、费用支付材料审核、采购、验收、存储、配送和交付过程的标准操作流程（SOP）等。各肿瘤单病种药学服务规范的制定均本着立足当下、规范行为、适当前瞻、引领行业进步的目的，同时对特药药房药学服务相关内容进行了清晰定义，对药师能力提出了更高的要求（见表1）。

表1 零售药店单病种药学服务要求

条目	肿瘤治疗药品药学服务要求	CAR-T治疗药品药学服务要求
人员要求	符合特药标准人员配备要求（执业药师≥2名，具有药学或者药学相关专业大学专科及以上学历）	执业药师：不低于2人且具有药学或者药学相关专业大学专科及以上学历 配送人员：不低于2人，专职配送
	接受相关培训与考核的药学技术人员掌握肿瘤药学服务相关的知识和能力 定期参与培训、交流学习	执业药师应当具有细胞治疗药品订购、收货验收、存储保管、处方审核、咨询与随访等经营及药学服务的能力，以上工作须由经过培训并认证的执业药师完成
用药咨询	详细记录咨询内容 提供用药指导单 建立常见问题的标准解答手册或数据库	购药前咨询、用药前咨询、用药后咨询 购药流程、药品生产进度、交付过程等
处方审核	由执业药师负责，保证全过程可追溯 审核处方的合法性、规范性和适宜性，记录超说明书用药 判断患者是否存在药物禁忌、相互作用和剂量、用法等不适宜情况 审核过程中发现问题应进行记录	确认处方是否来自持有人认证公示的医疗机构
收集信息建立档案	包括患者基本信息、疾病信息和治疗信息 建档后记录药学服务内容并进行更新维护	—
用药评估与干预	用药过程中的安全性、有效性和依从性等问题 记录问题并结合患者身体状况、疾病情况、药物使用情况提出个体化干预计划	CAR-T药品的特殊不良反应
随访	需获得患者或家属的知情同意 应全面、详细、持续收集患者疾病和用药信息，评估存在的药物相关问题，提出相关建议	不少于15年的长期随访观察

续表

条目	肿瘤治疗药品药学服务要求	CAR-T治疗药品药学服务要求
用药教育	针对性、个体化、多样化的教育模式 提供肿瘤疾病、临床用药、检查检测等知识的讲解	CAR-T的治疗原理和治疗流程
服务质控评价改进	定期进行质量控制和评价 根据改进措施进行及时调整和干预	—

三 申报单病种药学服务标准未达标药店的欠缺原因分析

随着特药药房单病种药学服务标准的出台，协会于2022年启动了单病种药学服务达标认证工作。为分析特药药房药学服务目前存在的问题，笔者汇总分析了13份申报单病种药学服务标准认证未达标药店（包括6家肺癌单病种申报药店和7家乳腺癌单病种申报药店）现场检查的扣分情况，可以看到，在人员要求、用药咨询、处方审核、收集信息建立档案、用药评估与干预、随访、用药教育、服务质控与评价改进这几大模块都有扣分条目，失分频次比较多的项目依次是：人员能力（13家）、随访重点（11家）、处方审核（10家）、用药干预（10家）、质量控制（10家）、用药咨询（9家）等。

所有扣分项目中，人员能力项目扣分次数最多，主要体现在人员继续教育不完善、人员对肿瘤药物治疗学的知识了解不足以及循证和信息检索能力欠缺；随访项目扣分主要体现在随访记录不全以及无心理支持的内容；处方审核项目扣分主要体现在超说明书处理无记录以及审方过程不可追溯；用药干预项目扣分体现在干预内容不全面以及无干预；质量控制项目扣分体现在大多数药店未开展此项工作；用药咨询项目扣分主要是无手册或未开展此项工作；用药教育项目主要扣分在活动记录不完善。扣分原因分类统计见表2。

零售药店经营特殊疾病药品服务标准解读

表2 申报单病种认证未达标药店扣分原因分类统计

单位：家

检查项目		达标检查标准	扣分原因分类	扣分家次
人员要求	人员能力	药学技术人员每年应接受该病种专科知识的继续教育,继续教育内容包括但不限于：该病种疾病、治疗药物与营养康复等的新知识、新技术、新理论；国内外权威机构新发布的诊疗规范、指南与共识等	培训内容不完善,缺少诊疗规范等信息	9
			培训记录不全或无	7
		药学技术人员应当了解该病种药物治疗学的相关知识	对相关药物知识不熟悉,回答不完整	12
		药学技术人员应当具有应用药学工具(软件)解决该病种治疗相关问题的能力	不会使用药学工具,或操作不熟悉	7
			缺少求证意识	2
		药学技术人员应具有基本的循证文献检索、医药数据库查询与(软件)应用的能力	未对文献进行归纳整理	7
			未进行分享	5
用药咨询	咨询流程	建立该病种用药咨询服务流程,包括接待咨询者、倾听对方需求、了解患者相关情况、查找文献资料、解答疑问、记录咨询服务内容等	咨询流程不全面	6
			无咨询流程	1
	咨询记录	用药咨询的问题及答复内容应予以详细记录。记录内容应包括咨询者姓名、咨询日期、咨询问题、患者情况、答复内容、问题分类、参考依据、咨询者反馈、咨询药师等	咨询记录项目不完整	7
			无咨询记录	1
	咨询手册	应定期分析、汇总用药咨询情况,建立常见咨询问题标准解答手册,提高用药咨询服务标准化水平	无手册	7
			对手册不熟悉	2
	用药指导单	用药指导单内容应通俗易懂、突出重点。包括患者姓名、性别、药品名称、药品规格、用法用量、用药注意事项、药师咨询电话、药房名称地址、服务日期等。也可根据患者需求进行个性化定制	用药指导单信息不全面	4
			指导单格式化,不能体现个性化定制	2
			无此内容	1
处方审核	审核要点	执业药师应对处方进行合法性、规范性和适宜性审核,审核时还应问询患者过敏史、基因检测情况、器官功能及实验室指标、是否为特殊人群等,判断患者是否存在药物禁忌、药物相互作用及特殊人群不适宜情况,是否存在剂量、使用方法等不适宜情况	审核要点不全面	7

175

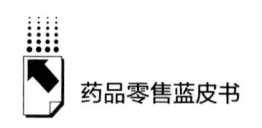

续表

检查项目		达标检查标准	扣分原因分类	扣分家次
处方审核	审核要点	对有明确作用靶点的药物,须遵循靶点检测后方可使用的原则	药师无法正确回答相关靶点	2
			回答不全面	3
		审核超说明书用药处方时,执业药师应参照临床规范、指南、共识等,获得证据支持后方可通过审核。同时应与患者或家属充分沟通,并在超说明书用药记录上签字确认知情。记录、知情同意书存档备查	无超说明书处置记录	8
			超说明书处置记录不全	3
			药师未能对循证证据进行举例说明	7
	审核注意事项	处方审核全过程应可追溯。处方审核过程中发现的问题应及时采取措施进行处置,并做好记录。记录内容至少包括日期、患者姓名、问题描述、干预措施、其他需说明的问题、审核人等	无不合理处方记录	5
			不合理处方相关记录项目不齐全	4
			药师对用药交代内容回答不全面	7
收集信息建立档案	收集信息建立药历	收集患者基本信息、疾病信息、治疗信息等相关信息,为患者建立药历或健康档案并保存	未收集相关信息	5
			信息不全面	2
		对于非首次购药患者,根据患者所处治疗阶段对药历或健康档案中的相关信息进行更新和维护,补充新的内容	无相关内容	6
	信息安全	保护患者信息数据安全,对数据收集、存储、使用、加工、传输、提供等环节有安全管理的措施,保证患者隐私不泄露	无信息安全管理制度	4
			制度和实际操作不一致	1
用药评估与干预	用药评估	重点评估患者用药适宜性、安全性及依从性	缺少用药评估内容	10
			无依从性记录	4
	用药干预	应对评估出的药物治疗相关问题制订有针对性的干预计划并实施。用药干预内容包括药物治疗建议、疾病指标监测与复诊提醒等内容	无干预计划	7
			干预内容不全面	3
随访	计划制订	应根据患者药物治疗方案及病情变化制订个性化随访计划	无随访计划	3
			随访计划个性化不足	2

续表

检查项目		达标检查标准	扣分原因分类	扣分频次
随访	随访重点	随访重点包括用药干预、复查提醒、心理支持、生活方式指导、康复指导、药品储存、提供支付帮助等	依从性跟踪及药品不良反应监测工作开展不全面	4
			未进行依从性跟踪及药品不良反应监测	3
			随访记录无心理支持内容	11
			随访记录无生活方式干预内容	6
			随访记录无康复指导内容	7
			未进行药品储存指导	2
			未开展支付帮助工作	4
用药教育	科普宣教	配备供患者阅览的科普书刊、健康宣教资料等	无相关资料	3
			提供的资料不具科普性与实用性	1
		每年应不定期开展该病种疾病预防与治疗、药物使用和健康管理等用药教育,有相关记录或资料	无用药教育活动相关记录	3
			活动记录不完善	9
服务质控与评价改进	质量控制	对药学服务质量进行控制和评价,控制和评价依据国家相关法律法规、相关的国家与行业标准及本企业相关制度和流程等	未制定质控制度与流程	7
			制度与实际不符	1
		加强风险点防控,每年开展风险评估干预。对发生的质量事故事件,及时处理,分析不合格原因,制定纠正措施	未进行风险防控工作	10
	评价改进	每年应对药学服务工作开展情况进行评价,制定改进措施并持续督导改进	无考核评价记录	4
			考核评价记录不完善	4
			未进行服务指标统计评价	5
			服务指标统计不全面	3
		根据药学服务能力与药学服务工作评估结果,制定激励机制,促进药学技术人员提高药学服务水平	未制定激励制度或方案	4

四 治疗特殊疾病药品药学服务能力提升的建议

从以上未通过肿瘤单病种达标认证药店的扣分点中可以明显看出,部分特药药房药学服务的实操能力与规范标准要求之间的差距,药店对药师的培训缺乏系统性和针对性,相关药师在提供药学服务过程中流于形式,未能突出患者个体性药物治疗相关问题。除药师个体在提供专业药学服务能力有欠缺外,究其原因,在于药店未能建立自上而下的药学服务制度体系、标准流程和质控要求。因此,笔者希望在以下方面为药店的高质量发展提出建议。

(一)培训先行

现阶段,零售药店药师药学服务尚停留在基础阶段,整体专业素质与患者日益增长的合理用药需求不匹配。85.8%的执业药师表示"非常愿意"提高自身的药学服务能力,但现有的工作实践及继续教育对其帮助十分有限[1]。目前的继续教育内容与实际应用有偏差,针对性差,缺乏实践技能培养,培训模式陈旧单一,多以理论授课为主,缺乏全面系统的药学服务评价体系。

针对执业药师的培训,行业协会单病种药学服务规范文件中已给出继续教育的建议和要求,包括每年开展针对特定病种的疾病与治疗药物的新知识、新技术、新理论,国内外诊疗规范、指南、共识等内容的培训。鼓励执业药师定期到二级及以上医疗机构接受抗肿瘤药物监护实操培训、交流学习。根据现场检查的结果,在人员培训的实操层面,可参考以下建议。①制定培训师管理办法,落实培训工作责任制,对自己分包区域的药师制订培训计划并组织实施。可选拔岗位实践丰富和业务能力过硬的业务骨干担任培训

---

[1] 冯振、白玛拉姆、叶桦等:《我国社会药房执业药师药学服务能力研究》,《药物流行病学杂志》2021年第5期。

师，一是容易调动学员兴趣，引起共鸣；二是激励优秀药师，提高执业认同感，提高晋升待遇。②抓住实践这一根本，突出实战性。培训应注重理论和实际相结合，多采取情景模拟、案例教学、主题研讨、分组讨论等方式增加培训的互动性和趣味性。假设患者取药情景模式，围绕特药处方审核、用药咨询、冷链配送、跟踪回访等重点环节，将培训课堂"搬到"药店现场，采取互动沟通教学模式，进一步提升药师的药学服务水平。③"因材施教，有的放矢"，提高培训质量。应建立以需求为导向的培训机制，可将门店管理、质量管理、药学服务、医保服务等岗位分类分组，把培训对象的共性要求和个性特点结合起来，合理设置课程，考虑套餐与"菜单"式自主选学相结合的方式。如药学服务岗，应注重药物治疗管理、医学信息检索、处方审核能力等培训；医保服务岗，应注重特药药品福利管理、医保报销政策等课程。

（二）在共性中体现药学服务的个体化

近年来，零售药店的执业药师不能局限于药品零售环节工作、开展处方审核和用药指导等常规药学服务，更需要针对患者进行专业化、个体化、全程化的药物治疗管理。药物治疗管理是确保药学服务质量的重要流程，内容包括但不限于用药的必要性、用药的有效性、用药的安全性以及患者的依从性。在初次评估时，药师应该全面了解患者的病史、当前用药情况、过敏史、生活习惯及实验室检查等基础情况，记录患者的基本信息、过敏史、家族史、既往药物治疗史、不良反应风险等，以便于制定出最适合患者的药物治疗监护方案。此外，还应该根据每位患者的情况个体化评估其可能面临的用药风险，需要考虑药物的副作用和患者的年龄、肝肾功能状态、其他并发症及其他正在使用的药物等因素，通过综合评估这些因素，更准确地判断患者使用特定药物的可能反应和潜在的药物相互作用风险，并据此作出合理的治疗决策。

在药物治疗过程中，持续跟踪随访、动态评估及进行个体化用药管理，及时掌握患者全面详细的用药情况，也是药学服务不可或缺的一部分。药师

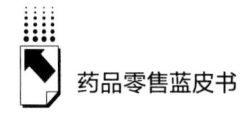

可以通过电话、面对面或在线的方式对患者进行定期随访。在随访中，药师应该重点关注药物治疗的效果、患者的依从性以及可能出现的药物不良反应，了解患者的用药情况、症状变化以及药物不良反应情况，根据患者的具体情况和治疗效果，调整药物剂量或更换药物。药师在治疗过程中的随访频率也可以根据治疗方案的稳定性、药物的安全性以及患者状况的变化来灵活制定。对于初始药物治疗或调整治疗方案的患者，建议建立较频繁的随访周期，以监测药物的疗效和安全性；而对于长期稳定使用同一药物的患者，持续治疗周期中的随访频率可以相对减少。根据随访记录患者在用药过程中遇到的问题，及时调整个体化用药方案，药师可以提高患者对药物治疗的依从性，及时给予患者用药指导和疗效评估反馈，从而提高患者的生活质量和临床治疗效果。

药历作为动态、连续、客观、全程掌握用药情况的记录，书写药历是零售药房执业药师的一项基本技能，为患者进行药物治疗管理提供了重要依据。但是目前很多药历的书写仍然存在模式化和缺乏质量控制的问题，基于"SOAP"的药历格式是提高药历质量的参考模式之一。药师使用SOAP药历书写方法系统、简洁、专业地记录患者的主观信息、客观评估结果、治疗手段、解释说明以及整个治疗计划，开展针对性用药随访及个体化评估，便于解决患者特定的药物治疗问题。当然在药学服务的过程中也需要通过定期的内部审查、外部评估以及患者满意度调查，及时发现问题并进行质量改进，量化考核药师的专业知识水平和药学服务实践技能。在提高药学服务标准化水平的同时，确保每位患者都能够获得高质量的药学服务。

在工作记录的规范化方面，可参考单病种药学服务规范附录的工作表格，用于开展患者的用药评估及随访，识别患者用药相关问题，并给予有针对性用药建议。可在系统平台中设置单病种的标准服务路径，记录患者的首次用药及随访的目的清单、参考标准格式，以规范药师的评估内容，并确保药学服务无缺项。

（三）超说明书用药的评估

《中华人民共和国医师法》第二十九条明确规定：在尚无有效或更好治

疗手段等特殊情况下，医师取得患者明确知情同意后，可以采用药品说明书中未明确但有循证医学证据的药品用法用以实施治疗。DTP药房应建立管理制度，组织DTP药师对医师处方、用药医嘱的适宜性进行审核。

肺癌、乳腺癌药学服务规范中明确列出，特殊情况下特殊疾病药品使用采纳的循证医学证据可以包括：其他国家或地区药品说明书中已注明的用法；国际权威学协会或组织发布的诊疗规范、临床诊疗指南；国家级学/协会发布的诊疗规范、临床诊疗指南和临床路径等。

药师在进行药品适应症审核时，对非说明书列明的适应症均应开展超说明书用药评估，药店可根据经营药品范围，参考相关指南文件，组织制定适用于本企业的超说明书用药目录，并定期更新，以供药师工作参考。同时应重视单病种药品超说明书用药的培训、制定制度及开展质控工作，树立药师的风险意识，做好患者知情的闭环管理工作。

（四）技术赋能，构建新生态

单病种药学服务标准对于药学服务团队及信息系统的智能化未做过多要求，但在具有一定规模的药品零售企业中，追求创新、高效、专业化、标准化的步伐越来越快，更多自有医学部的组建，VIP患者关爱团队的特色服务，以及人工智能的系统支持，都彰显着DTP药房高质量发展的强大内驱力。

在自有平台难以提供高质量专业药学服务时，打造专业生态圈也极有必要，借助二、三级医疗机构资深临床药师坐诊，将院内药物服务进行院外延伸，同时对零售药店药师开展实战培训，实现"1+1>2"的效果。

另外，第三方药学服务平台正在涌现，如上海容瀚网络信息科技有限公司的"易问医"平台，为DTP药房提供患者药学服务入口，通过平台连接三甲医院资深肿瘤临床药师，为使用新型抗肿瘤药物的患者开展用药风险筛查，提供不良反应分级处理建议，为患者开展个体化用药随访，与DTP药房的药师形成网格化管理网络，实现分级管理目的，助力DTP药房专业高效运转。

五 结语

我国抗肿瘤药物的跨越式研发上市推动了专业化DTP药房的发展。据中国医药商业协会数据，截至2023年已通过DTP药房标准认证的药店有334家，通过单病种药学服务标准的药店有59家。随着国家医保"双通道"政策的落地，这些专业药店在使用特殊疾病药品过程中发挥着越来越重要的连接患者、药企、医保部门、医疗机构等多部门的枢纽作用。对于我国处于起步阶段的DTP药房及药店药师，专业的药学服务标准的推出和执行意义尤其重大。DTP药房的高质量发展应着重补短板、建内涵，紧跟新药进入临床的步伐，不断提升专业的服务能力。在行业标准的引导下，随着医疗体制改革的深入，期待电子处方、患者信息闭环、科学监管等方面的不断改进，逐步破解DTP药房发展瓶颈，更好地满足新时期患者对安全合理用药和追求价值医疗的需求。

参考文献

朱文静、许龙、温瑞睿等：《新形势下DTP药房对执业药师专业药学服务需求探讨》，《中国药事》2023年第5期。

沈曼娜、阮娴静、张艳等：《广东省零售连锁药店与执业药师药学服务能力调研》，《中国药房》2023年第23期。

王喆元、罗鑫、叶真等：《我国DTP药房肿瘤药学服务能力现状调研》，《中国药房》2020年第9期。

李朝辉、周玥、张婷婷：《药品零售企业执业药师药学服务规范制订的思考》，《中国药业》2023年第24期。

冯振、白玛拉姆、叶桦等：《我国社会药房执业药师药学服务能力研究》，《药物流行病学杂志》2021年第5期。

袁珊、陈楠、卢翠翠等：《"双通道"背景下定点零售药店药事管理及药学服务现状质性研究》，《中国药业》2023年第4期。

张天悦、刘颖、王咏：《零售药店药学服务现状及对策研究》，《商业文化》2022年第 18 期。

姜志敏：《DTP 药房专业团队培养之路》，《中国药店》2022 年第 8 期。

杨剑英：《向 DTP 药房学习"专业化"》，《中国药店》2021 年第 1 期。

鲍嘉莉：《药师随访，DTP 药房的软实力》，《中国药店》2021 年第 2 期。

石再欢、王芳婷、郭芷君等：《基于 DTP 药房回访数据探讨利司扑兰相关药学服务价值》，《中国药房》2023 年第 19 期。

邱俊：《国内外药历主要模式介绍》，《中国药物应用与监测》2011 年第 2 期。

《推动药学服务高质量发展促进健康中国建设》，《健康中国观察》2023 年第 7 期。

黄硕涵、郭子寒、王萌萌等：《达拉非尼联合曲美替尼治疗用药管理路径的建立及效果评价》，《中国临床药学杂志》2023 年第 2 期。

黄硕涵、尹月、黄萍等：《BRAF 抑制剂联合 MEK 抑制剂相关发热综合征的医-药-患共管模式专家共识》，《中国药学杂志》2023 年第 16 期。

B.13
零售药店经营慢性病药品服务标准解读[*]

纪立伟[**]

摘 要： 数十家医药企业和医药专家共同制定了多项零售药店经营治疗慢性非传染性疾病药品药学服务规范的团体标准。上述系列团体标准指引了药店药学技术人员提供高质量药学服务的方向，符合当前市场环境下消费者的药学服务需求和零售药店的发展需求。期待药学技术人员在慢性病药学服务中，通过长期实践，逐步提升自身的专业形象，稳步提升药店的核心竞争力。

关键词： 慢性非传染性疾病 零售药店 药学服务 团体标准

2023 年，由中国医药商业协会牵头，联合数十家医药企业和医药专家共同制定了多项零售药店经营治疗慢性非传染性疾病（以下简称为"慢性病"）药品药学服务规范的团体标准。为更好地理解上述服务规范的编制背景，理解"以患者为中心"服务的理念，实现全民大健康目标，推进上述规范在药品零售企业的落地执行，现对上述慢性病药学服务规范进行解读。

一 慢性病药学服务规范制定的背景

（一）我国慢性病的流行趋势不容乐观

慢性病包括心脑血管疾病、癌症、呼吸系统疾病或内分泌系统疾病等，

---

[*] 本文中的数据均为笔者根据调研样本整理。
[**] 纪立伟，北京医院药学部主任药师，硕士生导师，主要研究方向为临床药学及药物警戒。

具有起病隐匿、病程长、控制率低、并发症发病率高等显著特点。随着社会经济高速发展,我国慢性病发病率及死亡率提高。慢性病已成为居民的主要死亡原因和疾病负担。心脑血管疾病、癌症、慢性呼吸系统疾病、糖尿病等慢性病导致的负担占总疾病负担的70%以上,成为制约健康预期寿命提高的重要因素。其中心血管疾病(Cardiovascular Disease,CVD)是全球范围内威胁人类生命健康的最主要的慢性病。以动脉粥样硬化性心血管疾病(Atherosclerotic Cardiovascular Disease,ASCVD)为主的CVD(如缺血性心脏病和缺血性脑卒中等)是我国城乡居民第一位死亡原因,占死因构成的40%以上[1]。近年来,我国ASCVD的疾病负担仍继续增加[2]。对心血管疾病的危险因素——血脂的临床研究资料显示,近年来,我国成人血脂异常患病率一直维持在较高水平[3]。而居民对血脂异常的知晓率、治疗率和控制率均处于较低水平。人群血清胆固醇水平的升高预计可导致2010~2030年我国心血管事件增加约920万例[4]。遏制人群血清胆固醇平均水平的继续升高是我国ASCVD预防的重要目标。国务院办公厅印发的《中国防治慢性病中长期规划(2017—2025年)》强调,到2025年,糖尿病患者管理人数将达到4000万人,糖尿病患者规范管理率需达到70%[5]。从上述常见慢性病的流行病数据中可以看出,我国慢性病的防控工作形势异常严峻。

与此同时,我国慢性病管理面临的另一个现实问题是我国人口老龄化。

---

[1] 国家心血管病中心:《中国心血管健康与疾病报告2021》,科学出版社,2022。

[2] Zhao D., Liu J., Wang M., et al., "Epidemiology of cardiovascular disease in China: current features and implications," *Nat Rev Cardiol*, 2019, 16 (4): 203-212.

[3] Song P. K., Man Q. Q., Li H., et al., "Trends in lipids level and dyslipidemia among Chinese adults, 2002-2015," *Biomed Environ Sci*, 2019, 32 (8): 559-570;国家卫生健康委员会疾病预防控制局:《中国居民营养与慢性病状况报告2020》,人民卫生出版社,2020;Opoku S., Gan Y., Fu W. N., et al., "Prevalence and risk factors for dyslipidemia among adults in rural and urban China: findings from the China National Stroke Screening and prevention project (CNSSPP)," *BMC Public Health*, 2019, 19 (1): 1500.

[4] Moran A., Gu D., Zhao D., et al., "Future cardiovascular disease in china: markov model and risk factor scenario projections from the coronary heart disease policy model-china," *CircCardiovasc Qual Outcomes*, 2010, 3 (3): 243-252.

[5] 国务院办公厅:《中国防治慢性病中长期规划(2017—2025年)》,2017年2月14日,https://www.forestry.gov.cn/c/www/gwywj/56699.jhtml。

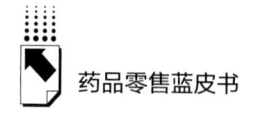

众所周知，我国已经进入老龄化社会。2022年8月民政部发布的《2021年民政事业发展统计公报》显示，截至2021年底，全国60周岁及以上老年人口有2.67亿人，占总人口的18.9%，其中65周岁及以上老年人口2.01亿人，占总人口的14.2%[①]。老年人常患有多种慢性病，多药联用的现象十分常见。如何实现对老年人住院及居家全过程的管理，单靠医疗机构的贡献是远远不够的。

（二）防治慢性病策略的进展

既往临床研究证据提示，在严重的心血管疾病发生之前，通过控制吸烟、高血压、血脂异常和糖尿病等危险因素可以有效延缓或避免医学事件的发生。这些以预防心血管疾病导致的临床事件发生为目的，在尚无严重并发症的人群中开展的以生活方式干预和危险因素防控为核心的防控措施被称为心血管疾病的一级预防。例如，20世纪美国年龄标化冠心病死亡率自1968年呈现下降拐点，1980～2000年下降40%以上，其中控制危险因素的贡献占44%，贡献率最大的为总胆固醇（total cholesterol，TC）水平的降低，权重占24%[②]。近些年我国慢性病防治策略上也是借鉴了类似的综合管理方法。

2016年10月，中共中央、国务院颁布实施《"健康中国2030"规划纲要》，提出了慢性病的综合防控战略。2019年，为了落实好《"健康中国2030"规划纲要》，健康中国行动推进委员会在卫生健康委网站上发布了《健康中国行动（2019—2030年）》，其中设立了15个专项行动，包括心脑血管疾病、癌症、慢性呼吸系统疾病、糖尿病等慢性病的防治行动。2023年11月，国家卫生健康委联合10余个部门印发了心脑血管疾病和癌症防治行动的实施方案，目的是贯彻落实健康中国战略的决策部署，锚定《健康

---

① 中华人民共和国民政部：《2021年民政事业发展统计公报》，2022年8月26日，https：//www.mca.gov.cn/n156/n189/index.html。
② Ford E. S., Ajani U. A., Croft J. B., et al., "Explaining the decrease in U. S. deaths from coronary disease, 1980-2000," *N Engl J Med*, 2007, 356 (23): 2388-2398.

中国行动（2019—2030年）》任务目标，进一步细化工作任务，明确工作路径，切实保障防治行动落地生效，到2030年达到目标要求。这两个方案都进一步明确了2030年的目标任务，即到2030年30岁以上居民高血压知晓率不低于65%，高血压患者规范管理率不低于70%，心脑血管疾病死亡率下降到190.7/10万以下，总体癌症5年生存率达到46.6%以上。针对这些目标，实施方案中明确列出了具体的工作任务。这两个方案有几个特点。第一，强调政府主导、部门协作，进一步强化政府、部门、社会、个人四方责任。第二，注重关口前移，坚持预防为主，聚焦健康全过程，实现"以人民健康为中心"的目标。第三，突出医防融合，创新防治结合的工作模式。第四，强化科技引领和技术支撑。2023年11月14日，国家卫生健康委公布健康中国行动——心脑血管疾病防治行动和癌症防治行动两个行动的实施方案（2023—2030年）。2023年11月15日，国家卫生健康委召开新闻发布会，介绍两个实施方案。发布会上，国家卫生健康委宣布，经过多年努力，我国居民重大慢性病过早死亡率从2015年的18.5%下降到2022年的15.2%，降幅达17.8%。

由不同来源的资料可知，随着经济社会的发展，特别是人口老龄化、居民生产生活方式的变化，我国慢性病（高血压、糖尿病、冠心病、脑血管疾病）的患病情况非常严峻，防治工作任务艰巨，在医疗机构工作的专业技术人员相对短缺，社会治疗慢性病的经济负担日益沉重。

面对我国慢性病综合管理宏大工程，作为药品供应及保障工作重要环节的药品零售行业应该采取什么样的应对措施呢？这是一个值得深思的现实问题。

二 零售药店药学服务现状

商务部在《2022年药品流通行业运行统计分析报告》中指出，2022年药品流通行业积极贯彻落实商务部《关于"十四五"时期促进药品流通行业高质量发展的指导意见》，进一步优化网络布局，创新经营模式，加快数

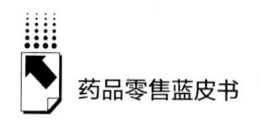

字化转型，提高供应链韧性，医药流通效率和综合服务能力显著提升。全国七大类医药商品销售总额为27516亿元（销售总额为含税值），扣除不可比因素同比增长6.0%，增速同比放缓2.5个百分点。其中，药品零售市场销售额为5990亿元，扣除不可比因素同比增长0.7%，增速同比加快3.3个百分点。

近年来，药品流通行业不断提升专业化服务水平，积极拓展医疗器械、第三方医药物流等业务，推动多业态协同联动，强化业务一体化管理。药品批发企业积极开展医院院内物流管理、智慧后勤、创新支付、云仓后台服务支持等供应链服务，开设了新特药输注中心，建设"医+药"健康服务平台，为医疗机构提供了多场景、多模式的专业化服务，为患者提供治疗和用药便利。

根据国家药品监督管理局数据，截至2022年底，全国共有"药品经营许可证"持证企业64.39万家。其中，批发企业1.39万家，零售连锁企业6650家，下辖门店36万家，零售单体药店26.33万家。药品零售企业围绕患者和消费者健康需求，持续提升专业服务能力，提供多元健康服务。

从上述统计分析报告中，我们不难看出药品流通行业的发展趋势和特点。

首先，药品流通行业的规模不断扩大，为慢性病治疗提供了更为丰富的药品选择。根据商务部《2022年药品流通行业运行统计分析报告》，药品零售市场的销售额显著增长，这表明零售药店在治疗慢性病药品供应方面发挥着越来越重要的作用。药店数量的增加、药品种类的丰富以及药学人员专业服务能力的提升，为慢性病患者提供了更多购药选择及便利，这对于保障慢性病患者治疗的连续性、提高用药的规范性及依从性发挥了至关重要的作用。

其次，医药电商的销售额增长表明了医药物流和电商的快速发展，为慢性病患者提供了便捷的购药渠道。医药物流的提质增效也为药品的快速配送和供应链的稳定性提供了保障。慢性病患者可以享受到更加顺畅的线上购药服务，这将有助于提高药品的可及性和患者的依从性。

再次，药品流通行业的效益增长，反映了行业整体运营效率的提升。药品流通相关企业的主营业务收入和利润总额的增长，意味着药店等药品销售机构具备更好的经济基础，能够投入更多资源来提升慢性病服务的质量和效率。

最后，药品批发和零售企业数量的增加及行业集中度的提升，预示着未来药品批发和零售企业竞争加剧，需要相关企业提供更加规范化和标准化的服务来吸引消费者。这对未来零售企业开展统一标准和高质量的药学服务提出了要求。这也意味着患者更有可能接受到统一标准和高质量的药学服务，从而获得更好的服务体验及治疗效果。

零售药店在慢性病管理中扮演着重要角色，是患者获取药品和药学服务的主要场所之一。中国医药商业协会组织了对4000余家零售药店开展药学服务的工作现状及学习需求的调查。通过分析调研数据，我们了解了零售药店在提供慢性病药学服务方面的现状及问题。这些实际存在的问题也反映了制定和执行零售药店经营慢性病药品服务规范的迫切性及必要性。当调查上述零售药店日常可为患者提供哪些服务时，调查结果如表1所示，大多数药店已开展了用药咨询、健康指标检测（血压、体重、血糖）、用药提醒或用药教育。64.68%的药店开展了饮食、运动、心理等健康生活方式指导。55.84%的药店开展了药物治疗管理工作。55.22%的药店对使用某种药品的患者进行了随访。

表1 零售药店日常提供服务的种类

单位：家，%

调查选项	药店数量	占比
A 用药咨询	4780	96.64
B 指标检测（血压、体重）	4694	94.90
C 指标检测（血糖）	4248	85.89
D 用药教育	3855	77.94

续表

调查选项	药店数量	占比
E 用药提醒	4417	89.30
F 药物治疗管理	2762	55.84
G 使用某种药品的患者随访	2731	55.22
H 线上复诊服务	1524	30.81
I 饮食、运动、心理等健康生活方式指导	3199	64.68
J 其他请补充	187	3.78
有效填写数量	4946	

当本次调研询问零售药店工作人员开展患者药物治疗管理的情况如何时，调查结果如表2所示。

表2 药店开展药物治疗管理的情况

单位：人次，%

选项	填写人次	占比
A 从来没有/很少管理患者	981	19.83
B 每月管理1~2位患者	2212	44.72
C 每2周管理1~2位患者	597	12.07
D 每周管理1~2位患者	675	13.65
E 每周管理3~5位患者	297	6.00
F 每周管理不低于6位患者	184	3.72
有效填写人次	4946	

从上述调研结果中可以看出，目前，零售药店开展药物治疗管理的工作处于起步阶段。究竟是哪些因素影响零售药店开展药学服务呢？从上述对零售企业的调研结果中，我们也看到了影响零售药店工作人员开展药物治疗管理的因素，详见表3。

表3 影响药店工作人员开展药物治疗管理的因素

单位：人次，%

选项	填写人次	比例
A 药学人员相关知识储备不足	3745	75.72
B 药学人员没有接受过相关培训	2882	58.27
C 药学人员没有充足的时间	2894	58.51
D 药学人员缺乏动力	2163	43.73
E 没有相关激励措施	2035	41.14
F 消费者没有需求	1568	31.7
G 消费者不信任药学人员	2274	45.98
H 门店缺少适宜的环境	1329	26.87
I 现行政策法规的支持力度不足	1172	23.7
G 现行付费方法不支付相关费用	812	16.42
K 请补充其他影响因素	190	3.84
有效填写人次	4946	

结合既往研究及本次问卷调查的结果，研究者认为目前影响零售药店开展药学服务的主要原因如下。

（1）部分零售企业开展药学服务的意识淡薄

目前我国大部分零售药店的经营普遍存在经营模式陈旧、营销方式落后、竞争手段缺乏的情况，经营理念还停留在"以药品销售为中心"上，经营目标依旧是实现销售利润。市场竞争的着眼点仍聚焦于价格，还不能适应"以患者为中心"的工作理念。价格战、赠品促销方法仍是主流。而价格战对药店经营而言是一把"双刃剑"，虽然在短期内可以赢取一定的市场，但大幅度降价带来行业利润水平的回落，将与药店经营成本的走高形成更为突出的矛盾。零售药店传统的经营理念也直接影响药店从业人员开展药学服务的主动性和积极性。部分零售药店工作人员自身药学服务意识淡薄。他们一般不主动为消费者提供用药指导，甚至面对老年人、孕产妇等特殊人群和购买处方药的消费者时也只能被动接受问询。其实，零售药店可以开展

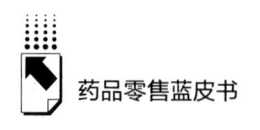

的药学服务形式是多种多样的，如用药咨询、上门服务、药品不良反应监测、健康教育等，同时可以利用多种形式定期或不定期跟踪回访顾客，向顾客征集合理化意见和建议，加强与消费者的情感沟通，在让消费者感到精神满足的同时，也提高药店的经济效益和社会效益。

（2）提供慢性病药学服务的人员严重缺乏、知识储备和培训不足

本次调查报告显示，有多种因素影响了药店的药学人员开展药物治疗管理工作，其中的主要因素是药学人员相关知识储备不足和缺乏相关培训。这表明药店工作人员需要更多的专业培训和继续教育机会。执业药师是药店提供药学服务的主体，执业药师数量严重不足，执业药师制度无法落实，药学服务工作也就不能很好地开展。国家药品监督管理局执业药师认证中心官方数据显示，截至2024年3月底，注册在药品零售企业的执业药师有732821人，1家药店至少配备1名执业药师的目标看似已经实现。但是药店只配备1名执业药师是不够的，并不能保证药店在营业期间一定有执业药师在岗。若无执业药师，药学服务工作就不能得到广泛、切实地开展。再者，执业药师药物治疗知识储备不足、培训不足及能力总体偏低的情况，也使零售药店药学服务工作在实施中打了折扣。当然，零售药店的其他销售人员也是药学服务的提供者，但是他们大多仅仅受过初级的专业技能培训，缺乏药物治疗及药学服务的相关知识与技能、经验和培训，只能为顾客提供基本的服务，满足顾客专业服务需求的能力严重不足。

（3）提供药学服务的时间和资源有限

药店工作人员可能因为工作量大、时间紧张，难以为患者提供充分的药学服务。此外，部分药店尚缺乏有效的药品信息查询系统、硬件设施和其他资源来支持慢性病患者的长期管理。

（4）激励措施和政策法规支持不足

目前我国现有的药品法律法规都没有对零售药店开展服务提出明确的要求，也没有针对保障药师权利和义务的法律保证。中国医药商业协会关于零售药店药学服务的行业规范刚刚发布，宣传培训尚处于起始阶段。以上的现实情况导致零售药店开展药学服务尚处于自主状态，具有较大的随意性。缺乏足够的经济激励措施和

政策法规支持可能导致药店在慢性病药品服务方面人员配备及设施投入不足。这将极大地影响药学人员的服务主动性、服务质量和持续性。

（5）消费者需求和信任度差异

消费者的健康意识、教育水平和对药学服务的需求存在差异。部分消费者长期在二、三级医疗机构就诊开药，习惯了接受医疗机构医务人员提供的专业服务，可能对药店的药学服务缺乏信任。这需要药店药师通过提高服务质量和加强沟通来慢慢解决。

如上所述，零售企业开展慢性病药学服务对于提升药店的药学服务水平、保障患者用药安全、促进慢性病管理规范化具有重要意义，呼吁各药品零售企业关注并解决药学技术人员培训、时间与资源调配、政策激励等方面的问题，以确保慢性病药学服务规范的有效实施和持续改进。

三　解决我国零售行业慢性病药学服务现存问题的建议

（一）制定及执行行业规范，引领零售药店开展多领域的规范化药学服务

2023年，中国医药商业协会联合多家医药企业和医学药学专家共同制定了一系列零售药店开展慢性病药学服务规范，如《零售药店经营糖尿病、高血压与血脂异常治疗药品药学服务规范》《零售药店经营咳喘治疗药品药学服务规范》及零售药店经营乳腺癌、结直肠癌、肺癌治疗药品药学服务规范等。这些团体标准的编制及颁布正是契合了行业发展的要求，对指导零售药店开展慢性病药学服务是非常及时和必要的。

（二）开展多层次、多领域的专业培训

目前，零售药店工作人员整体的学历水平较低，药店的药学专业技术人员亟须接受多领域的专业培训。针对各家零售药店药品销售及药学服务的需

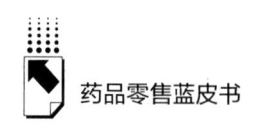

求，设计贴近真实工作需求的培训课程。还可以根据零售药店药师的需要，打造网络授课、现场教学等不同形式的培训项目。

（三）探索开展多种形式的药学服务工作

消费者对于药店专业服务的需求是现实存在的。药店药学技术人员可以在日常的具体工作中，寻找为患者提供药学服务的机会，积累经验，希望通过深入学习和理解慢性病药学服务规范，促进零售药店药学服务工作的顺利开展。建议零售药店在为患者提供药学服务时，参照以下步骤和要求。

第一，在开展患者药学服务之前，应进行以下准备工作。

①配置人员并进行培训：确保药店有足够的、经过专业培训的药学技术人员，包括执业药师和药师，他们应具备慢性病及其治疗药物的专业知识和技能。定期对这些人员进行培训，内容包括用药咨询与指导、药物治疗管理和慢性病管理相关技能等。

②设置适宜药学服务的环境：设立专门的药学服务咨询区，配备必要的参考书籍、专业工具软件、患者教育区域，以及供患者等候和休息的区域，配备如血压计、血糖仪等辅助设备，以及开展患者用药指导所需的辅助教具，确保各功能区域的设备设施齐全与有效使用。

③配置药学信息系统：建立药学服务信息系统，包括药品信息管理和患者信息管理功能，确保服务过程和服务内容可记录、可查阅、可检索、可追溯。

④建设配套的制度体系：建立健全慢性病药品服务相关规章制度，包括人员配置、培训、经营环境、信息系统管理、处方药品调剂管理、药历管理等方面的规章制度，并定期修订与更新。

第二，在开展药学服务管理时，需要结合药店工作的实际情况，开展形式多样的药学服务，不应局限于其中某个方面。

①在处方审核和调配时，遵循法律法规和医疗保险规定，确保用药安全。向患者提供用药指导单，包括药品名称、使用方法、注意事项等。

②进行用药咨询和指导，了解患者的生活习惯、疾病和用药情况，提供

个性化的用药建议。开展药物治疗管理服务，对慢性病患者用药进行全程管理，评估用药效果，提高患者用药依从性和自我管理能力。

③建立患者药品使用记录（如药历），记录患者的基本信息、疾病史、用药史等，定期随访，保护患者隐私。有能力的药店还可以开展药物治疗管理工作。

④开展药物警戒管理：开展药品不良反应和用药错误的监测与报告工作，收集药物警戒相关信息，防范用药安全问题。

⑤健康教育与科普宣传：通过各种形式的活动，如讲座、发放宣传册、播放视频等，向患者和公众传递科学用药知识，提高他们的自我用药管理能力。

在尝试开展药学服务工作一段时间后，应遵循持续改进的管理模式，定期对药学服务的开展情况和服务质量进行总结与分析，根据患者及本部门的反馈持续改进服务流程和内容。希望通过持续的药学服务，产生以下积极作用，进一步推动药店工作的良性、可持续发展。

一是提升药学服务质量。药店药学技术人员通过对慢性病管理的基本知识和技能的掌握与运用，从而有能力为慢性病患者提供更高质量、具有个性化的用药咨询、药物治疗管理等药学服务。

二是保障患者用药安全。慢性病患者往往需要长期用药，合理的用药指导对于提高治疗效果、减少药物不良反应和降低医疗成本至关重要。药店药学技术人员在提供药品服务过程中应遵循科学的用药原则，保障患者的用药安全。

三是增加患者信任和满意度。规范的服务流程和专业的药学服务能够增强患者对药店的信任，提升患者的满意度和忠诚度，有助于建立药店的良好口碑。

四是促进健康教育和患者自我管理。药店药学技术人员可以利用各种场景开展健康教育活动，帮助患者了解疾病知识、掌握自我管理技能，从而提高患者的健康素养和生活质量。

相信在中国医药商业协会牵头组织下，通过开展多层次、多领域的培训

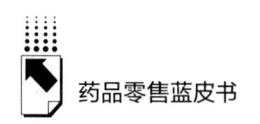

活动，药学技术人员将逐渐成为药学服务的有生力量，逐渐承担起为慢性病患者提供多种形式的药学服务工作。同时，药店药学技术人员也能通过提供高质量的药学服务，增强患者的信任和满意度，逐步提升自身的专业形象和药店的市场竞争力。期望在治疗慢性病药物药学服务规范的宣传引导下，零售药店的药学技术人员参与到更多的慢性病患者药物治疗的长期管理中，提高更多慢性病患者的生活质量，改善临床结局。

参考文献

中共中央、国务院：《"健康中国2030"规划纲要》，http://www.gov.cn/gongbao/content/2016/content_5133024.htm。

健康中国行动推进委员会：《健康中国行动（2019—2030年）》，2019年7月9日。

李恒、顾天成：《关口前移，共建共享——聚焦心脑血管疾病、癌症防治行动实施方案（2023—2030年）》，https://www.gov.cn/zhengce/202311/content_6915488.htm。

商务部：《2022年药品流通行业运行统计分析报告》，2023年11月13日。

案例篇

B.14 探讨院外慢性呼吸系统疾病规范化健康管理

杨 汀[*]

摘 要： 在"健康中国"行动计划指导下，本文深入探讨了一项创新的院外慢性呼吸系统疾病规范化健康管理项目（以下简称"'肺畅呼吸'项目"）。该项目由中华预防医学会呼吸病预防与控制专业委员会提供技术指导，中国医药商业协会组织开展，致力于建立一套完善的院外慢性呼吸系统疾病诊疗和管理标准，明确了医师、药店药师和慢性疾病专员的关键照护节点，并通过共管体系的搭建，提升药店的专业照护水平，为慢性呼吸系统疾病患者提供一站式的规范、便捷、优质的药物治疗指导和健康管理。该项目推动了药品零售企业的创新发展，为药品零售企业提供新的发展思路和照护模式，有助于提升其商业价值和市场竞争力，追求健康管理的新纪元。

---

[*] 杨汀，医学博士，主任医师，教授，博士生导师，国家呼吸医学中心中日友好医院呼吸与危重症医学科副主任，专攻研究方向为慢性阻塞性肺疾病、环境健康、呼吸康复及慢病管理等。

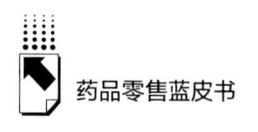

关键词： 慢性呼吸系统疾病　院外健康管理　零售药店

一　问题的提出

慢性呼吸系统疾病，包括公众最关注的慢性阻塞性肺病（慢阻肺病）、慢性咳嗽和支气管哮喘（哮喘）等。咳嗽、咳痰、气短是该类疾病的主要症状，这类疾病病程持续时间久、易反复，需长期照护，属于治疗费用较高的常见慢性疾病。同时，慢性呼吸系统疾病存在知晓率低、用药可及性不足、规范化管理不全面等问题，导致防治工作受到限制，是当前公共卫生领域面临的严峻挑战。

慢性呼吸系统疾病发病率在全球范围内呈上升趋势，患者数量不断增加，不仅影响患者的生活质量、诱发焦虑或抑郁等心理不适，也给社会和家庭造成了沉重的卫生经济负担。据统计，我国慢性呼吸系统疾病患者约有3亿人，占总人口的20%以上，慢阻肺病已成为我国"四大慢病"之一，并位列第三大死因。然而，因医疗资源有限，当下难以满足所有患者的需求。

国家对慢性呼吸系统疾病高度重视，健康中国行动计划明确提出了相应的工作计划和目标，旨在加强慢性呼吸系统疾病的综合防治。但是，由于此类患者群体庞大，除了医院积极治疗外，院外的健康管理亟须加强。医院在慢性呼吸系统疾病管理中，面对系统管理、人员不足、繁重工作难以关注患者院外的病情变化。患者出院后缺乏规范、持续的治疗指导和院外健康管理，容易导致病情恶化或复发，进一步增加了医疗费用和医疗资源负担。因此，为了应对这些挑战，需要社会各界的共同努力，形成协同作用。特别是"促、防、诊、控、治、康"等多个环节，迫切需要动员社会资源，强化对慢性呼吸系统疾病的防治，构建形成全行业、全社会协同参与的全程管理工作。

二　院外健康管理的解决方案

我国慢阻肺病和哮喘患者出院后的健康管理尤为关键。患者出院后的症状和体征监测、急性加重识别，以及自我管理对改善长期预后至关重要。基于医疗机构和零售药店的共管模式，为慢阻肺病和哮喘的管理与防治提供了一种有效的途径，对于消除管理上的差异、进行同质化管理、提升疾病防治效果具有重要意义。此举最终能够实现从传统"关注个体健康"向同时"关注群体健康"的转变，从关注"诊疗"向全面关注"促防诊控治康"的全程转变，从"关注微观健康投入效益"向"关注中观、宏观健康投入效益"转变，从"以治病为中心"向"以人民健康照护为中心"的转变，有力地动员社会资源，构建形成全行业、全社会协同参与的"促防诊控治康"六位一体的照护及管理工作新格局。

中国医药商业协会在2023年11月发布了《零售药店经营咳喘治疗药品药学服务规范》及配套知识手册，得到了业界的广泛认可。2024年，为了进一步推动零售药店在慢性呼吸系统疾病管理方面的专业化和规范化，中国医药商业协会联合中华预防医学会呼吸病预防与控制专业委员会，共同起草了《院外呼吸慢病健康管理规范》。该标准的制定，旨在通过专业化指导，提升零售药店照护能力，为哮喘和慢阻肺病患者提供更为精准的治疗指导和健康管理，从而提高患者的生活质量，减少疾病负担，促进社会和谐发展。

三 规范化健康管理项目的具体内容

"肺畅呼吸"项目基于零售药店制订的首个药师参与慢性呼吸系统疾病管理的行动计划，旨在通过建立标准化管理体系，进行专业培训，提升零售药店药师的专业能力，并通过医院与药店的紧密合作，改善患者健康状况。该项目的几个关键组成部分如下。

1. 体系化建设

项目强调高层次、广维度、全人群的体系化建设，由中国医药商业协会和中华预防医学会呼吸病预防与控制专业委员会共同牵头，成立了由临床医学、药学和零售药店慢性疾病管理等专家共同组成的院外呼吸慢病专家委

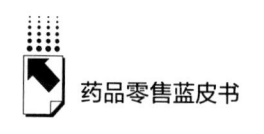

员会。

2. 标准化管理

"肺畅呼吸"项目颁布了全国首个《院外呼吸系统慢性疾病健康管理规范》，涵盖筛查、建档、评估、用药管理、非药物治疗、患者随访等多个方面，明确了医师、零售药店药师和慢性疾病专员的关键照护节点，提高了患者诊疗效率及满意度。标准化管理体系包含以下4个闭环管理环节。

（1）闭环管理第一环——筛查与评估

确立了从慢性呼吸系统疾病筛查、评估到信息管理的流程，包括问卷筛查、常规检查、综合评估工具（慢阻肺病 CAT 问卷/哮喘 ACT 量表/哮喘日记）的使用，以及慢性呼吸系统疾病电子管理平台的建立，确保患者数据的完整和可溯源。

（2）闭环管理第二环——患者教育

药师负责疾病宣教，提高患者对疾病的认知、治疗的依从性及应对常见问题的能力；定期检查，反复强化患者正确使用吸入装置；科学规范的戒烟指导；协助指导家庭氧疗与呼吸机治疗的实施等。通过多种教育形式，如标准化科普资料、健康讲座、网络平台宣教等，制订个性化教育计划。

（3）闭环管理第三环——随访管理

强调随访管理的重要性，药师作为医院随访助手，通过电话、到店、回院复诊等形式，在规范慢性疾病管理之后要求患者做好日记（以哮喘患者为例），记录每日呼吸峰流速变异率，每次随访跟进自我管理记录，从而提高患者依从性。

（4）闭环管理第四环——自我管理指导

针对出院患者进行多方面的教育指导，如让患者掌握疾病发生原因及诱发因素、呼吸康复锻炼的方法等，以加强患者自我管理。另外，在医院和零售药店的共管模式之间进行转诊互动。

3. 协作网络

医院和零售药店之间的合理分工和高效配合催生了一个完整的"防、

治、管"闭环,医生定期对零售药店药师和慢性疾病专员进行专业化教学和技术培训,而零售药店药师则负责患者的日常随访和健康教育。

4. 药师能力提升

针对零售药店呼吸系统专科能力不足和培训体系欠缺的问题,"肺畅呼吸"项目依托专家委员会,与慢性疾病管理专家共同开发了适合药师学习的手册和培训材料,提升了零售药店的慢性呼吸系统疾病照护能力。

5. 质控管理体系

项目建立了示范药店的认证和质控管理体系,确保零售药店在硬件设施、人员素质、经营规模、质量管理、社会责任等方面达到标准。通过质控专家委员会和质控平台,实现了信息共享,并定期评估示范药店的建设水平,确保关键指标持续改进。

总体来看,"肺畅呼吸"项目通过其全面的管理体系和专业培训,为慢性呼吸系统疾病患者提供了更优质的照护,同时也为药师的专业发展提供了支持。

四 管理规范的实施策略

战略行动采取三步走的策略,分阶段达成项目落地的目标。

第一阶段:临床、药学和零售药店领域专家指导建议引领院外慢性呼吸系统疾病管理新模式和理念,以国际经验为基础,召集全国40余位专家结合慢性呼吸系统疾病的临床实践和院外药店管理特点,共同撰写《院外呼吸系统慢性疾病健康管理规范》标准,并计划于2024年发布,为提高我国院外慢性呼吸系统疾病管理水平提供了参考。

第二阶段:建立100家零售药店慢性呼吸系统疾病管理示范单位[①]。预计到2024年底,项目的整体发展模式基本确定,示范药店的建设标准和管

---

① 参与单位:大参林、海王星辰、老百姓、一心堂、国大金象、西安怡康、漱玉平民、重庆万和、国控汉口、河北神威等头部连锁企业下属重点门店均在列。

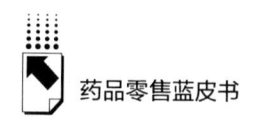

理模式基本完善。通过医院带教培训、患者共管，预计建立100家示范药店，并以各级别标杆医院作为试点，辐射全国，探索项目模式的可行性。

第三阶段：建立全国质控数据平台。为患者建立了电子健康档案、进行问卷风险评估，医院对结对药店开展培训和患者教育活动，针对不同患病程度的患者采取了规范化的诊疗和随访。

五　国外慢性疾病管理药学照护实践对我国的借鉴意义

1. 协同机制的完善

建立医疗机构和零售药店间的协同机制，更好地利用基层医疗卫生机构广泛分布的优势和资源。协会可提高慢性呼吸系统疾病管理药学照护的效率和质量，提高该领域的照护水平和效能。

2. 照护内容的规范化

借鉴国外经验，为特定慢性病种建立标准化的药学照护流程。这包括患者信息的收集、药物和健康状况的评估、健康护理计划的制订和实施，以及治疗的跟进、监控和评估。此外，对零售药店分级管理，提供差异化照护，并制定相应的评估标准。

3. 培训体系的建立

我国药师队伍的专业化水平参差不齐，需建立科学、专业、规范的药师培训体系。这将有助于提升药师在慢性呼吸系统疾病管理药学照护方面的理论和技能水平，特别是在医保"双通道"政策推动下，提高药师的处方审查能力和照护质量。

4. 评价体系的构建

建立慢性呼吸系统疾病管理的药学照护评价体系，以确保药师能高质量完成工作并持续自我提升。评价体系应涵盖药师处方审核、患者信息档案建立、用药监测、患者用药合理性分析、身体指标改善、教育次数、随访情况以及患者和医生的满意度等多个方面。

六　零售药店药师在慢性呼吸系统疾病管理中的关键作用

零售药店作为患者与医疗保健系统接触的第一线，扮演着至关重要的角色。零售药店的药师不仅是进行慢性呼吸系统疾病筛查的理想人选，还能更早识别并将高风险患者转介给医院。研究表明，零售药店药师在筛查哮喘控制不佳和未被诊断的慢阻肺病患者方面发挥了有效作用，并为患者提供了必要的疾病管理干预措施。

零售药店药师的工作不限于配发处方药，他们还能提供与药物有关的患者教育，并直接参与药物管理。葡萄牙的INspira随机对照试验显示，由零售药店药师主导的吸入装置技术、用药依从性和治疗目标的教育干预，显著提高了哮喘或慢阻肺病患者正确使用吸入装置的比例。零售药店药师易于接触，能够与患者建立良好的关系，提供个性化的治疗方法，教育患者正确使用吸入器和药物，鼓励坚持用药，并进行跟踪管理。在日本，药师与呼吸科医生合作管理诊所，推荐吸入装置的选择，并为慢阻肺病患者提供医学咨询，这种合作与患者肺功能（FEV1）的显著提高有关。药师主导的药物管理干预研究的荟萃分析也显示，患者的药物依从性和吸入技术方面都有明显的改善。药师在发现和管理零售药店内的慢性呼吸系统疾病患者方面发挥积极作用。研究表明，由药师提供的哮喘管理计划可以改善哮喘控制效果。

零售药店是慢性疾病管理的重要载体。它们提供长期的用药治疗、依从性督导和生活方式指导，弥补了基础医疗照护或出院后患者随访的缺口。零售药店通过移动应用实现患者和线上药师的沟通与交流，使相关数据可共享，推动慢性疾病管理向数据化的新平台发展，带来更多的获益。

七　结束语

零售药店是重要的慢性呼吸系统疾病管理力量。当前，药品零售企业在慢性呼吸系统疾病领域照护能力有待提高，无法满足患者的多元化需求。慢

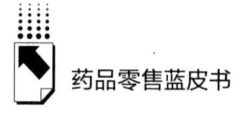

性呼吸系统疾病的公众知晓率和门店的照护能力远远不及心血管疾病和糖尿病。慢性呼吸系统疾病涉及药品种类多（口服、吸入、雾化），且疾病评估、专业诊断、用药建议等各个维度相对更复杂、更专业，患者用药不足量、不足程，过度使用短期缓解类药物，或气道抗炎类药物使用不足等，都可能导致患者症状频繁发作，加重疾病。因此，零售药店如能提供更全面、个性化的慢性呼吸系统疾病照护，满足患者现实需求，将极大地补充院外健康管理的短板。

慢性呼吸系统疾病领域的技术创新和应用推广需进一步加强，以提高治疗效果和管理效率，助力健康中国建设。

B.15
深耕基层市场　多渠道惠农助农
——老百姓大药房拓展农村药品零售市场纪实

刘道鑫*

摘　要： 老百姓大药房积极响应党和政府的号召，主动承担企业的社会责任，全面布局基层网点，完善药品供应网络体系，药学服务延伸至村镇，为农村消费者提供与城市消费者无差别的健康服务。近年来，公司通过组建专业帮扶运营团队、加大返乡人员创业扶持力度，充分利用零售连锁加盟的优势，助力创业者回乡圆梦，把药事服务、慢性疾病患者健康管理与居民健康教育结合起来，在增加乡村就业岗位的同时，开拓农村的健康市场，为全面推进乡村振兴贡献力量。

关键词： 乡镇地区　基层网点　药品供应　药品零售连锁企业

　　药品零售行业是关乎国民健康的重要行业。由于地域性差异等，我国的药学专业人才分布不均，造成各地县域内的零售药店开办不足，基层零售药店稀缺，数量远远低于全国的平均数。因此，广大乡村地区的药品供应体系存在一定的薄弱环节，影响当地的消费者日常购买药品。

　　老百姓大药房积极响应党和政府的号召，主动承担企业的社会责任，面向县域乡镇开办零售药店，为农村消费者提供与城市消费者无差别的健康服务。近年来，公司通过组建专业帮扶运营团队、加大返乡人员创业扶持力度，充分利用零售连锁加盟的优势，助力创业者回乡圆梦，把药事服务、慢

---

* 刘道鑫，老百姓大药房连锁股份有限公司党委书记。

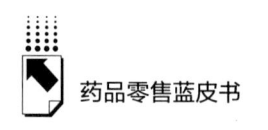

性疾病患者健康管理与居民健康教育结合起来，全心全意开拓农村的健康市场，为全面推进乡村振兴贡献力量。

一 老百姓大药房的发展现状

（一）规模化发展的成果

自2001年创立以来，老百姓大药房现已成功开发了湖南、江苏、安徽、甘肃、陕西、广西、内蒙古、天津、湖北、浙江、山西、河南、山东、上海、宁夏、贵州、广东、江西等18个省级市场150余个地级以上城市市场，覆盖全国县级行政区（不含市辖区）382个，辐射人口1.96亿人。公司拥有门店14000余家（含加盟门店4000余家），全面布局基层网点，其中县域内门店占比超过四成，完善药品供应网络体系，促进地区医药资源共享和药学服务延伸至村镇。通过在医药零售领域20余年的稳健发展，老百姓大药房已成为中国医药零售行业的龙头连锁之一。

2023年，老百姓大药房营业收入突破224亿元，总资产约212亿元，纳税超过9亿元。公司经营实现良好增长，综合实力和品牌口碑全面提升。4万余名员工为亿万家庭提供亲情温暖的专业服务，持续推动着健康可及。

（二）秉承"一切为了老百姓"的理念

20余年来，老百姓大药房始终坚守"一切为了老百姓"的初心，保障基础药品供应，让老百姓买得到药，把爱心融入健康服务中。作为行业内第一个开通24小时夜间售药门店的企业，公司进一步推进延时门店、24小时店的覆盖，切实解决顾客深夜急需用药的困难；提供清创处理、便民雨伞等免费服务，满足市民急需。在全国门店组织急救培训，让员工掌握急救技能技巧，能够在意外事发现场第一时间挽救生命、降低伤害程度。为帮助重点人群及时检测身体状况，减少重症发展，减轻医疗资源压力，2023年1月4日起，老百姓大药房在全国万家门店统一配置血氧仪，为广大市民免费提供血氧饱和度检测服务。同时，全国商圈中心店还提供免费吸氧、免费充氧贴心服务，帮助人民群众更好地筑牢健康安全的屏障。

（三）国家乡村振兴战略的实施

为响应国家乡村振兴战略，老百姓大药房因地制宜制定"差异化"经营策略，重点聚焦于15个基层市场，联合更广大的当地资源，运用门店的管理优势，大力发展"新农村"战略赋能，聚焦健康新农村，针对一、二、三、四线城市和县域乡镇的不同市场特征，老百姓大药房采取"自建+并购+加盟+联盟"模式，以精细化且高效的自建能力、行业领先的高标准加盟店模式、独具特色的并购模式整合优势、"县域龙头的全托管专家"的联盟模式联合发力，推动公司以内生发展和外延扩展"双轮驱动"快速拓展，聚焦优势省份，助力农村医药产业振兴。

目前，公司通过加盟技术帮扶、费用减免支持等措施，助力农村医药产业振兴，为社会解决乡镇县域就业岗位4000余个，有效助力广大创业者回乡圆梦，帮助更多外出务工人员、退伍军人返乡创业，在家门口开药店，参与到健康事业中来，最终实现"一人创业、造福一方"的经济带动效应。

二 拓展基层市场的实际案例

（一）药品供应和药学服务广覆盖

公司重点聚焦16个省份即"9+7"拓展战略，其中9个省份以自建、并购、加盟、联盟为策略，各类门店共同密集布点；7个省份以已有门店加强线上销售，轻资产模式加盟、联盟密集布点为策略。

以加盟模式为例，虽然基层市场的管理半径较长，但是加盟商的自主经营积极性很高，已经成为公司快速提升基层市场占有率的有力抓手。

例如，甘肃省陇南市文县碧口镇，常住人口1.6万人，但群山环绕，交通不便，药品零售市场多为零散的单体药店，在服务专业性、经营规范化、

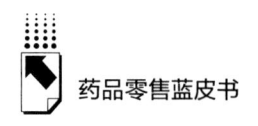

渠道议价等方面都较为欠缺。2023年4月，经过老百姓大药房3个多月的筹建，文县惠仁堂顺泰药房（加盟门店）正式开业，该药房具有药价低、服务专业、品种齐全等优势，老百姓大药房的入驻为当地居民带去了极大用药便利。

再如，扎鲁特旗中医医院位于扎鲁特旗鲁北镇，是扎鲁特旗唯一的中医医院，位于扎鲁特旗中医医院门口的老百姓大药房通辽泽强五八九店筹备开业，为患者提供了更多的药事服务补充，也提高了患者购药的便利性。

（二）倾情助力村民返乡创业

2022年，公司大力拓展加盟业务，通过组建专业帮扶运营团队、加大返乡创业扶持力度等加盟优势，助力创业者回乡圆梦，把药事服务、慢病健康管理与居民健康结合起来，在增加乡村就业的同时开拓农村健康新蓝海，为乡村振兴贡献新力量。

例如，当地农民任丹夫妇一直在外营生，为了照顾家人，决定回乡创业。但对于完全没有创业经验的人来说，老百姓健康药房的加盟形式给他们提供了方向。老百姓健康药房加盟业务，秉承"总部管理专家"和"药店经营管家"的角色定位，实施包括商品100%配送的"七统一"赋能管理，保障加盟店运营质量，坚持高标准、高效率、高产出为加盟门店赋能，让加盟门店持续提升盈利能力。加盟老百姓大药房四年以来，任丹夫妻一共开了3家门店，从漂泊不定到如今的事业家庭双丰收。老百姓健康药房有很多像任丹夫妇这样的加盟商。

（三）积极投身乡村公益活动

在企业快速发展的同时，老百姓大药房积极投身公益事业，坚持将发展成果与社会共享，以微渺阐述伟大，用公益之心投身蓬勃新时代，与员工及社会各界携手共筑公益事业，同心协力渡难关，血脉相连抗疫情，用爱心传递真情。

在保障供应、服务百姓的同时，老百姓大药房积极参与公益捐赠，多次携手合作伙伴向陕西、上海、湖南等省市及地区的红十字会、疫情控制中心捐赠防疫物资。在乡村公益方面，老百姓大药房资助贫困学生，支持教育事业，定期举办送药送健康下乡活动，关爱留守老人。

在致力于经济振兴的同时，老百姓大药房设立"最美湖南乡村振兴"项目，湖南新化县枫林街道大水坪村是省级乡村振兴重点帮扶村。在了解到大水坪村村民缺少文化活动场所、村主干道被洪水冲毁等实际困难后，公司党委前往大水坪村进行考察及调研，后通过中华思源工程扶贫基金会潇湘公益基金，专项捐款100万元用于建设新化县老百姓文化广场、修复水毁主干道，创建"秀美屋场"。在改善居民生活条件、搭建大水坪村贸易流通基础设施的同时，打造文明乡风、良好家风、淳朴民风的文化盛宴。

（四）电商赋能"三农"，真情助力乡村振兴

急农民之急，解农民之忧，是公司一直以来保有的朴素情怀与社会担当。2023年是老百姓大药房全面推进乡村振兴的第三年，也是加快建设农业强国的起步之年。老百姓大药房积极布局打通上下游产业链，开发特色农产品，利用老百姓大药房自研的新零售线上平台为其提供便捷的线上销售渠道，助力"三农"产业发展。其中，引进独具特色的青海玉树鲜冬虫夏草、长白山鲜人参、四川耙耙柑、江永香柚、麻阳冰糖橙等40余个品种，助农金额突破160万元，充分带动当地农产品品牌和产业发展。

三 保证基层零售药店可持续发展的几点措施

（一）保障药品及时供应

作为中国药品品类最齐全的连锁药房之一，老百姓大药房依托全国化、全球化采购，通过供应链数字化工具进行线上线下"因地制宜"的精细化商品管理，实现行业领先的商品满足率以及存货周转天数，充分满足顾客个性化、多样化的需求。老百姓大药房与中国100强和世界100强工业企业均

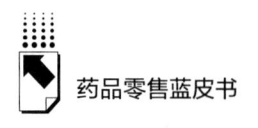

达成战略合作，强强联合从源头保障正品好药的供应；针对市面上不常见但急需的药品，提供稀缺药代购服务，尽力解决患者找药难的痛点。

（二）提供专业化的用药指导

执业药师是保障公众安全用药、促进公众健康生活的重要守护者，老百姓大药房持续引进、培养专业的药师队伍，与此同时，公司持续升级"智能荐药"数字化应用工具，多维度提升员工的专业知识，致力于为顾客提供更高质量、更全面的药事服务。

（三）尽心为慢性疾病患者服务

近年来，以心脑血管病、糖尿病、癌症、慢性呼吸系统疾病为代表的慢性非传染性疾病（以下简称"慢病"）已成为居民生命和健康的重大威胁，中国已将实施慢病综合防控战略纳入《"健康中国2030"规划纲要》。2018年，老百姓大药房成立"慢病与健康管理中心"，建立了行业内启动最早、覆盖最广的慢病管理系统。通过培养专业人才以及应用数智化工具、系统，公司在全国万家门店铺设了血糖、血压、心率、血尿酸、血脂等慢病自测蓝牙智能设备，通过数字化手段为广大慢病患者建立个人健康档案，提供一对一的精准化专业用药指导与健康管理服务，帮助慢病患者提高生活质量、延长生命周期。同时，老百姓大药房利用自身建立的慢病顾客档案进行回访，利用数字化技术为顾客提供药品及时补充服务，工作人员每日从建档后台实时监测顾客的用药情况，主动回访慢病顾客，确保慢病顾客不缺药、不断药；持续扩大慢病管理覆盖范围、提升服务水平，推动慢病预防关口前移，促进全民健康。

（四）开展对特殊疾病患者的关爱

老百姓大药房不断提升专业服务能力，积极开展乳腺癌、皮肤病、血友病、白血病、肺病等病种关爱，通过病种关爱构建起全新的医患交流服务场景，促进药师与患者、患者与患者之间的沟通交流，建立起丰富的"患友群生态";开展周期性义诊和直播科普活动。在复诊用药的基础上,引入生活健康话题或沙龙活动,通过持续的专业服务,帮助患者家庭树立治愈信心。

(五)制定亲情化的服务规范

老百姓大药房以顾客导向为先,致力于为顾客提供优质高效的服务,通过建立完备的客户服务体系,制定标准化服务流程,持续不断地对员工进行服务培训,开展满意度调查等方式,优化服务体验,不断提高服务质量,提升顾客满意度。

(六)持续提升顾客满意度

客户满意度是企业服务能力的"晴雨表"和"风向标",客户满意是公司全体员工一致的目标。公司持续实施客户满意度调查项目,全方位获取客户的反馈,并通过对满意度结果的分析、考核,积极推动满意度水平的提升。

(七)供应商交流与协作

老百姓大药房与供应商保持定期交流,尊重并善待每一位合作伙伴,共同推动业务发展。通过业务交流和合作复盘,确保及时、有效地沟通;开展技术、经验交流活动,不断促进供应商内部管理规范化和技术水平提升,以此不断为供应商赋能,从而不断提升供应商满意度,保障终端商品及服务质量。

四 未来发展展望

作为中国医药零售行业发展的参与者和见证者,老百姓大药房不止于自身的健康发展,更希望将优势资源与丰富经验赋能更多的产业链伙伴,推动行业共建、共荣;持续打造负责任的供应链体系,积极深化绿色供应链建

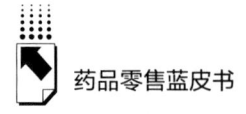

设；大力发展加盟、联盟业务，赋能中小连锁及单体药房发展，推动中国医药零售行业创新链及产业链融合，构筑产业生态命运共同体。老百姓大药房的成长始终与时代的脉搏紧密相连，良好的运转与增长也影响着上下游数十万利益相关方，更关系着亿万百姓的健康可及、区域经济的发展。越是责任重大，越需要努力做好企业、多做贡献，为市场顾客、为合作伙伴、为行业释放更多的正面效应，进而推动整个社会的持续向前向善。

面对行业竞争带来的挑战与压力，老百姓大药房坚持创新驱动，以"数智化转型"和"商业模式创新"为两大抓手，重点围绕"健康服务大生态""精细化运营管理""深耕基层市场"三大工程，向下生根、向上生长。

老百姓大药房始终怀抱着让每一个老百姓买得起药、买得到药、买得对药的朴素愿望，坚定打造科技驱动的健康服务平台，进一步将履行社会责任、不断提升可持续发展的管理水平融入企业日常经营管理，高度关注业务发展对经济、环境、社会的影响，致力成为行业的引领者、产业生态的赋能者、社会发展的共建者。

"专业服务更温暖，健康常伴老百姓"是不变的使命与坚定的承诺，老百姓大药房愿始终和各方一起，以更可持续的商业行为，共同为这个世界贡献更多温暖治愈的力量。面向未来，老百姓大药房将立足健康产业，进军新农村，惠农助农，助力"健康中国"建设。

B.16 引领药品零售行业数字化转型的创新实践

——以高济神农系统为例

王乐刚 孙尚珩*

摘 要： "高济神农系统"响应国家药监局关于药品说明书适老化改造的倡议，药师在对患者进行有针对性地评估后，为患者提供健康指导建议、药品使用说明解读服务等，并且通过当下先进的数字人技术，生成讲解视频和音频，为老年人跨过数字鸿沟、接受更好的药学服务、畅享互联网医疗提供条件。高济神农系统作为医药零售行业数字化转型的典范，利用AI技术整合药学知识，通过自建知识库和大语言模型，为药师提供精准、迅速的用药建议，优化患者管理流程，提高患者用药依从性。

关键词： AI技术 药学知识整合 患者管理 癌症防治

随着医药行业的快速发展和市场竞争的加剧，医药商业企业面临着巨大的挑战和机遇。为了提升核心竞争力和市场地位，许多企业开始积极探索利用智能化、数字化转型推动医药商业模式和管理服务模式的创新。在此背景下，高济健康积极响应《健康中国行动——癌症防治行动实施方案（2023—2030年）》的要求，创新性地开发了"高济神农院外智能患者管理体系"（以下简称"高济神农系统"）。高济神农系统基于"MiniMax-abab"应用文本、语音、视觉三模态的千亿参数大语言模型，通过自建知识

---

* 王乐刚，高济健康互联网医疗及创新药事业部负责人、高级副总裁；孙尚珩，高济健康公司患者管理首席药师。

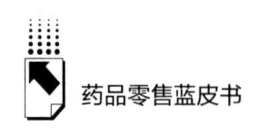

库问答训练，整合标准化的药学知识和服务规范，结合高济健康多年来服务超90万肿瘤患者所积累的大量真实服务场景，在经过200多家药房药师的反复试用和调整完善的基础上，终于开发成功并应用于药房实践。

目前，落地的三大应用场景包括专为药师打造的高济神农HealthMate智能助手、智能随访系统、数字人用药指导解读。整套体系可以供药师、医生、患者多系统联动使用。高济神农的HealthMate智能助手可以根据患者档案，在用法用量、不良反应监测、用药指导、饮食营养等多个维度辅助药师作出准确、迅速、个性化的判断，并提出建议。通过智能随访系统，药师只需要输入患者的基本情况、不良反应症状等信息，系统会给出相对应的处理建议。在随访完成后，智能随访系统还能协助药师生成更加人性化的随访小结，帮助药师更专业地判断评估患者的健康情况。以往需要十分钟的随访小结，在智能随访系统的帮助下，药师只需花1~2分钟编辑审核即可完成。

同时，考虑到数量日渐庞大的老年患者群体，"高济神农系统"响应国家药监局关于药品说明书适老化改造的倡议，药师在对患者进行有针对性地评估后，为患者提供健康指导建议、药品使用说明解读服务等，并且通过当下先进的数字人技术，生成讲解视频和音频，为老年人跨过数字鸿沟、接受更好的药学服务、畅享互联网医疗创造条件。

一 高济神农系统开发背景与目的

癌症作为全球性的重大公共卫生问题，其防治工作一直备受关注。我国出台的《健康中国行动——癌症防治行动实施方案（2023—2030年）》，旨在加强癌症防治工作，提高癌症早诊率和生存率。在此背景下，高济健康本着一切从患者出发，为癌症患者提供高质量的药学服务，启动该项目。

然而，传统的药学服务模式在现实中存在诸多痛点，诸如药师在面对患者咨询时，需要花费大量时间查阅各种药学资料和指南，以确保给出准确、全面的用药建议。同时，由于患者群体庞大且分散，药师难以进行有效的随访和管理，导致患者用药依从性和满意度不高。为了解决这些问题，高济健康引入先进的AI技术，开发出一款肿瘤患者院外管理系统——高济神农系统。

高济神农系统的开发目的主要有以下几个方面：一是通过自建的知识库进行问答训练，整合标准化的药学知识和服务规范，帮助药师为患者提供准确、全面的用药建议和健康指导；二是将AI有机地融合到药师的工作流程中，既提高了药师专业服务的能力，又大幅提升了药师工作效率；三是优化患者管理的流程和随访机制，保证了患者用药依从性；四是结合《健康中国行动——癌症防治行动实施方案（2023—2030年）》的要求，加强诊疗规范化管理，完善癌症临床诊疗指南、技术操作规范、临床路径等，提升了癌症防治水平。

二 高济神农系统的创新实践

（一）自建知识库，用于大模型精准学习

高济神农系统通过自建知识库的方式，整合了中国医药商业协会的《零售药店经营肺癌治疗药品药学服务规范》和《零售药店经营乳腺癌治疗药品药学服务规范》等。同时，结合肿瘤治疗及不良反应预防的相关指南共识、肿瘤患者营养健康生活护理以及肿瘤患者及家属心理干预等方面的专业知识内容，构建了一个专业知识库。该知识库不仅涵盖各种药品的适应证、用法用量、不良反应等基本信息，还包括肿瘤营养、肿瘤患者心理健康指导等延伸服务内容。

系统通过接入自建肿瘤知识库，对大模型进行知识增强，大大提升了通用大模型回答垂类领域问题的准确性。另外，经过200多家专业药房的药师的反复使用优化，高济神农系统不仅可以提高准确率和智能化水平，还可以确保实用性和针对性（见图1）。

（二）AI与药师交互提升服务水平

高济神农系统通过AI，实现了与药师药学服务交互的智能化和个性化。当药师面对患者咨询时，高济神农系统可以根据患者的症状和用药情况快速检索出相关的药学知识和服务规范，为药师提供准确的用药建议和健康指

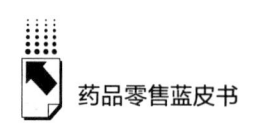

图 1　高济神农系统自建知识库

导。同时，系统还可以根据药师的反馈和患者的需求不断优化和完善知识库与服务流程，提升了药师药学服务的专业水平和患者满意度。

值得一提的是，高济神农系统的输出方式除手写外，还包括语音、数字人形态等多种方式，对于老年患者或视力不佳的患者来说，这种多样化的输出方式更加便捷、直观。另外，凭借大模型的记忆能力，可以进行多轮对话，提供更具个性化的用药咨询，可以满足不同患者的需求，提高患者的使用体验和满意度。

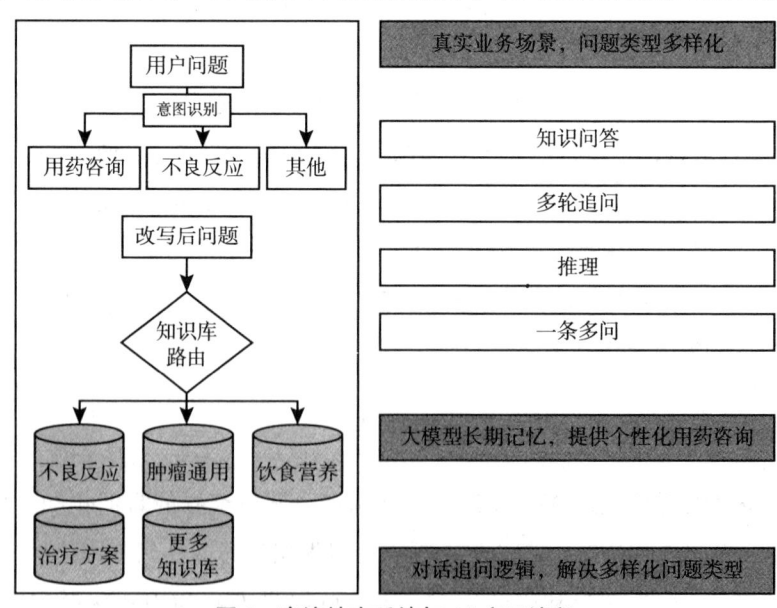

图 2　高济神农系统与 AI 交互流程

三 高济神农系统应用成效

（一）提升药师工作效率和服务质量

通过引入高济神农系统，药师的工作效率显著提升。解决了年资较浅药师知识储备不足、经验欠缺的问题，避免了无法应对患者疑难问题的尴尬，帮助药师快速提升专业度。同时，可以通过自动生成随访小结有效地节省了90%的药师时间，效率提升10倍。

（二）优化患者管理流程和随访机制

高济神农系统优化了患者管理流程和随访机制，通过系统的数据分析和挖掘功能，药师可以更加全面地了解患者的用药情况和健康状况，制定更加科学、合理的用药方案和健康管理计划。同时，系统的自动化随访和提醒功能也确保了患者能够及时获得必要的用药指导和健康关怀。这种优化的管理流程和随访机制不仅提高了患者的管理效率，还增强了患者与药师之间的信任和沟通。

（三）推动行业数字化转型和升级

高济神农系统的成功应用不仅提升了高济健康自身的竞争力和市场地位，也推动了药品零售行业的数字化转型和升级。越来越多的医药企业开始意识到数字化转型的重要性和必要性，纷纷与高济联手引入先进的AI技术和智能化工具，提升患者在药品使用期间的依从性、安全性和有效性。以奥希替尼为例，基于EGFR-TKI常见不良反应如腹泻、皮疹、口腔黏膜炎等中位发生时间、症状表现及《EGFR-TKI不良反应管理专家共识》循证医学证据，高济神农系统结合肺癌辅助治疗及晚期一线治疗患者不同需求，个性化定制随访方案，并通过特药药房拓展多维度患者服务形式。该智能化管理模式经中位随访时间26周实践显示，患者治疗依从性显著提升50%。高济神

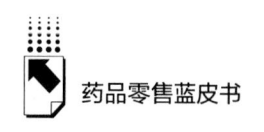

农系统作为行业内的创新实践案例，为其他企业提供了可借鉴的经验和参考，推动了整个行业的进步和发展。

四 挑战与改进

虽然高济神农系统在药品零售行业的数字化转型中取得了显著成效，但仍面临挑战。

（一）挑战领域

1. 知识库更新与维护

随着医药行业的快速发展，新的药品、治疗方案和指南不断涌现，如何确保知识库的准确性和更新及时性是一个挑战。

2. AI与药师交互的智能化和个性化

虽然系统已经实现了一定程度的智能化和个性化服务，但仍有进一步提升的空间，以满足不同患者的需求。

3. 系统的推广与应用

目前系统主要在高济健康的合作药房中应用，如何将其推广到更多药房和医疗机构惠及更多患者，也是一个需要考虑的问题。

（二）改进措施

1. 知识库更新与维护

公司设立专门的知识库管理团队，负责定期收集、整理和分析最新的药品信息、治疗方案和指南，确保知识库的实时更新。同时，利用AI技术自动化筛选和整合信息，减少人工操作，提高知识库更新的效率和准确性。

2. 智能化与个性化服务优化

持续优化AI算法，提高其对患者用药情况的识别和分析能力，以提供更加精准和个性化的用药建议。改善药师与系统的交互界面，使其更加友好和直观，降低药师使用系统的学习成本。

加强药师对系统的培训，提高药师对 AI 技术的理解和应用能力，使其能够更好地与系统协同工作。

3. 系统的推广与应用

公司积极与药房和医疗机构建立合作关系，将系统推广至更广泛的区域和机构。通过线上线下相结合的方式，加强系统的市场推广，提高系统的知名度和影响力。定期分享系统在实际应用中的成功案例，提升系统的可信度和吸引力。

五 结语

高济神农系统作为零售行业数字化转型的重要实践成果之一，在提升药师药学服务水平、优化患者管理流程以及推动行业数字化转型等方面都取得了显著成效。该系统紧密结合《健康中国行动——癌症防治行动实施方案（2023—2030 年）》的要求，在加强诊疗规范化管理方面也发挥了积极作用。

展望未来，高济健康将继续秉承"守护大众健康，以患者为中心"的服务理念，积极探索专业化、数字化、智能化转型路径。通过与其他单位的紧密合作和学术交流活动，不断引入新的药学研究成果和临床实践经验来完善系统的功能和服务。同时积极拓展新的业务领域和市场空间，为更多患者提供更加优质、便捷的药学服务。随着技术的不断进步和应用场景的不断拓展，高济神农系统未来有望在更多领域发挥更大的作用和价值。

参考文献

国家卫生健康委、国家发展改革委、教育部、科技部、民政部、财政部、生态环境部、农业农村部、国家金融监管总局、国家医保局、国家中医药局、国家疾控局、国家药监局：《健康中国行动——癌症防治行动实施方案（2023—2030 年）》（国卫医急发〔2023〕30 号）。

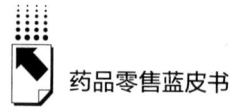

中国医药商业协会：《零售药店经营肺癌治疗药品药学服务规范》（T/CAPC 008—2022）。

中国医药商业协会：《零售药店经营乳腺癌治疗药品药学服务规范》（T/CAPC 009—2022）。

胡洁、林丽珠、骆肖群：《EGFR-TKI不良反应管理专家共识》，《中国肺癌杂志》2019年第2期。

B.17
经营特殊疾病药品的零售药店管理实例

陈秀丽[*]

摘 要： 随着医改的持续推进、创新模式的不断涌现和行业发展需要，经营特殊疾病药品的零售药店（以下简称"特药药房"）可以满足肿瘤、血液疾病、免疫疾病、罕见病等特殊疾病患者的购药及服务需求。国药控股福州专业药房有限公司依据中国医药商业协会发布的《零售药店经营特殊疾病药品服务规范》及其他单病种服务规范，大力加强特药药房规范化管理，努力提升药学服务的专业化程度，推动了特药药房的高质量发展。

关键词： 特药药房 执业药师 药学服务

一 特药药房服务规范是企业发展的基本要求

特药药房主要经营治疗肿瘤、罕见病、自身免疫系统方面的新特药品。特药药房是连接药企、医院和患者的平台，还兼有药品配送的物流职能，是医药零售新模式的重要组成部分。2019年中国医药商业协会发布《零售药店经营特殊疾病药品服务规范》，为特药药房可持续、高质量发展提供了可靠的保证。

《零售药店经营特殊疾病药品服务规范》规定了特药药房的经营服务行为，提升了药房"以患者为中心"的专业服务水平，保障了患者用药的安全、有效。特药药房通过专业服务和品牌塑造提高了患者信任度。特药药房

---

[*] 陈秀丽，执业药师，国药控股福州专业药房有限公司质量负责人。

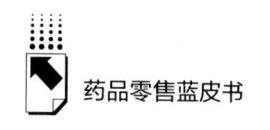

立足于专业服务，为患者用药进行全方位、全阶段的健康管理，唯有专业服务方能提高患者信任度。该服务规范的制定实施有利于提升特药药房整体管理和服务水平，促进其高质量、健康发展；同时对加强药学技术专业队伍建设起到了积极的作用。

二　国控福州专业药房的经营探索

国控福州专业药房新权南路分店（以下简称"药房"）在2019年通过了《零售药店经营特殊疾病药品服务规范》达标检查，经过五年来的发展，特药药房成为集综合健康管理服务、医保"双通道"定点管理、慈善援助、商业保险服务、输注一体化、药学服务于一体的专业药房。

药房地处市区目标医院周边一公里范围内，亦是交通枢纽中心，拥有优越的地理位置。距离主要三甲医院步行均在5~10分钟，能够向患者提供及时、安全、有效、专业、周到的配送服务。

秉承"护佑生命，关爱健康"的服务理念，承担社会责任，药房与国内11家慈善基金会建立合作，援助药品29个31个品规。2023年共接待33240名项目患者，慈善援助金额达28778.90万元。经营品种涉及肿瘤、血液、风湿、免疫、眼科及其他罕见病等治疗领域。

药房严格按照《零售药店经营特殊疾病药品服务规范》要求实施特药经营。以下从药房的"人员与培训、经营服务环境、信息系统管理、冷链药品管理、药学服务管理、药物警戒管理、制度建设"7个方面将近年来特药标准实施情况进行总结。

（一）人员与培训

国药控股一直致力于人才培养，开发"国药创新发展研究院-国药云学"线上学习小程序，包含法律法规、零售管理、冷链操作、配送服务、销售技能、软件运用、服务礼仪、特药知识等内训内容；供应商伙伴定期在药店开展产品专业知识、药学服务相关培训；药店定期邀请三甲医院专科主任、医生进行特殊疾病专业知识、药学专业知识、用药健康等指导与培训等。

药房采取线上培训和现场面授相结合的形式，开展人员培训工作。制订年度培训计划并组织实施和考核，建立培训档案。面授内容包括：经营的特药与特病基本理论、基本知识和基本技能，每周组织一次培训，每季度组织员工进行常规急救、药学知识、岗位服务操作规范、冷链管理等技能考核与实操演练。对于新入职员工或调岗员工实行上岗前培训。通过培训，各岗位人员明确自身的职责，严格按照规程操作。

（二）经营服务环境

药房布局合理，具有与药品经营范围、经营规模相适应的经营场所和库房。药房的设计符合特药储存的要求，设有独立冷库（同时配备冷藏柜）、阴凉区以及患者休息区、患教区、援助药品服务区、用药咨询室、供应商产品展示区。特别值得一提的是，针对慈善援助，设立的援助药品服务区域集合了慈善援助办公室、慈善援助药品专用柜台、慈善援助药品专用冷藏柜、慈善援助药品专用冷库，大大提高了慈善援助服务的效率和患者的满意率。为患教及休息区域配备了供患者阅览的科普书刊、健康宣教资料等。用药咨询室能保护患者隐私。药房与输注中心合作，到药房购药的患者可以在输注中心获得专业医护团队的特药输注服务，药房为患者提供院外一站式解决方案。输注中心医疗设施齐全，配有输液大厅和单人床位套间，针对行动不便患者提供免费轮椅使用服务，方便患者进行特药的输注，提升患者体验。

（三）信息系统管理

药房建立了符合经营全过程管理及质量控制要求的计算机系统，能够满足特殊疾病药品和服务质量的管理要求。主要模块包含药品采购管理、药品库存管理、药品销售管理、电子处方管理、药学服务管理、会员管理等。药学服务信息系统具有药品信息管理功能和患者信息管理功能。系统密码登录，能显示操作者身份；设置不同访问权限，保护患者隐私；记录可追溯。

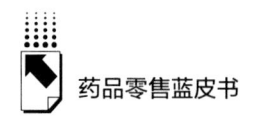

信息系统功能齐全。药品信息管理：特药药品信息的录入、更新和维护。药学人员可以通过系统快速查询药品的详细信息，包括药品名称、成分、用法用量等。此外，该模块还可以对药品进行分类管理，方便执业药师快速定位药品位置。患者咨询工单：执业药师可以通过系统记录患者咨询及药师回复的信息，提供专业的用药建议和健康指导，有助于提高患者的用药依从性和满意度。电子处方审核：登录权限控制管理，调剂（处方录入、审核、调配）过程记录，处方保存和查询。执业药师可以根据处方的药品成分、用法用量等信息，对处方进行科学评估，确保患者用药安全有效。用药指导：为患者提供个性化的用药指导服务。执业药师可以根据患者的病情和用药情况，制定有针对性的用药方案，并提供详细的用药指导和注意事项。患者可以更加科学地使用药品、减少用药不当的风险。

系统外部接口对接医保结算平台，方便系统上传与维护医保统筹目录品种，实时更新药品库存数量，提高医保"双通道"结算效率，提高药房服务效率和管理水平。

（四）冷链药品管理

药房冷链药品相关储运设施设备齐全，具有与经营冷链药品相应的陈列、储存、配送设施设备。冷链药品的配送，使用经过验证合格的保温箱，能有效保温20小时以上，保证冷链药品全程冷链无缝对接。每年对保温箱、冷藏柜、冷库、温湿度自动监测系统等冷链药品贮存相关设施设备进行校准、验证，校准、验证所有相关的记录与报告齐全。药房采用温湿度自动监测系统，可以实时监测、记录药房药品储存温度情况。药房所有冷链作业人员绑定监测系统，在温度异常情况下能第一时间反馈处理，保证了药品储存安全。药房还配备柴油发电机、UPS备用电源，在断电情况下亦能保证冷库内药品温度符合要求。药房设有专人负责药品养护，每月对冷链设施设备进行维护管理并做好养护记录。

（五）药学服务方面

执业药师在药房内开展药学服务，包括处方调剂、用药咨询与指导、健康管理等工作。处方调剂：收方、审方、调配、复核、发药。用药咨询与指导：用药交代、用药咨询与合理用药指导、药物不良反应监测报告等。健康管理：药历管理、跟踪回访、患者教育等。其他工作：配合医疗机构进行药物警戒、药物治疗监测、药物利用研究和评价、心理疏导等。

药房配备肿瘤、血液专业书籍和参考资料，定期关注疾病专业指南的发布，定期组织药品使用和健康管理的科普知识讲座，结合临床治疗方案为患者提供药物治疗管理服务。如为特殊疾病患者建立药历，持续跟进患者的用药情况，发现和预防患者药物治疗的相关问题，执业药师根据患者情况制订随访计划进行随访并建立随访记录。

为方便向患者提供专业的用药指导，除开通药房热线外，药房还建立了社群，日常由2名执业药师及1名药学人员专门负责社群维护工作，为特殊疾病患者提供健康咨询和康复指导。入群主要为使用特药的患者，经过长期的药学专业指导，服务患者对象逐渐增多，社群人数达到1291人。咨询的问题涉及药品的不良反应、剂量、用法用量、注意事项、疾病治疗进展、药品信息、相互作用、慈善援助、营养方面（如肠内营养及肠外营养）。针对不同的咨询问题，药师根据患者的具体情况会提出用药干预：如营养不良——建议肠内营养，皮疹——外涂软膏干预等；针对慈善援助相关问题，执业药师协助患者申请援助药品，提醒预约领取援助药品的时间等。药房还提供多种增值服务，如免费测量血压、血糖等基本检测项目。持续开展的药学服务，提高了患者的满意度和信任度，以及药房的知名度和美誉度，吸引了更多患者前来咨询和购药。

（六）药物警戒管理

药房有专人负责《药物警戒快讯》信息的收集、整理，定期组织药学人员学习相关内容，加强药物警戒实践经验的交流和分享，促进员工之间的

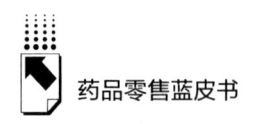

协作和共同进步。在日常开展药学服务中收集患者反馈的不良反应或疑似药品不良反应信息，建立药品不良反应、用药错误和药物损害事件监测报告制度，由专人负责上报。发现药品不良反应、用药错误后及时进行分析和评估，做好相应记录，按规定程序上报，对需要召回的药品配合上游供应商做好召回工作，确保安全用药并提高药物警戒管理水平。

（七）制度建设

药房制定了符合特药药房经营全过程的质量管理体系文件。围绕人员与培训、经营服务环境、信息系统管理、冷链药品管理、药学服务管理等建立制度、岗位职责、操作规程。体系文件贯穿到特药经营活动的全过程，同时药房积极开展质量控制、质量改进和质量风险管理等活动。定期对现有文件进行检查更新。通过5年的实践，药房初步形成了特药药房制度管理体系。

三 未来展望

随着国家政策支持力度不断加大和市场需求的增加，特药药房必定会得到更快的发展。特药药房在今后的经营过程中要遵守国家各项法律法规，恪守诚信原则，在保障药品质量和药品供应的前提下，规范经营服务行为，提升以患者为中心的药学服务水平，保证用药安全、有效、经济、适当，使患者得到持续的、系统的、个性化的专业用药指导和保健服务，维护公众健康，树立专业的服务品牌，发挥特药药房在国家基本医疗卫生服务体系中的作用，使其成为推动医疗健康事业发展的重要力量。

B.18
院外患者药事服务实践与探索

官 泽*

摘 要： 通过对美国专业药房将"患者、药企、医生、商业保险"四方连接起来的成熟运营模式研究，对比我国特药药房现状及当前的发展需求，寻找其中关键点，从而制定适合企业长远发展的规划，探索可持续发展的实施路径。本文以构建患者线上线下相结合的药事服务体系为例，介绍了企业在特药药房服务和专业人才建设方面的实践与探索。以期在医保政策持续推进、商业医疗保险快速发展的大趋势下，完善和优化特药药房顶层设计，助推我国特药药房蓬勃发展。

关键词： 特药药房 执业药师 药学服务

《"健康中国2030"规划纲要》提出："到2030年，实现全人群、全生命周期的慢性病健康管理，总体癌症5年生存率提高15%。"癌症作为威胁人类健康的重要疾病之一，5年生存率的提高是评价一个国家医疗水平和健康管理水平的重要指标。实现总体癌症5年生存率提高15%的目标，将要求我国在癌症预防、筛查、诊断、治疗以及康复等多个环节上取得显著进展。特药药房作为癌症患者在院外治疗及康复的药学服务窗口，提供全方位的患者病理、生理、心理的专业服务，在患者治疗及康复过程中帮助患者减轻心理压力、提升用药依从性、及时正确处理不良反应，从而延长患者生命的"长度与厚度"，是特药药房为之奋斗的目标。

---

* 官泽，大连德信行润德堂大药房有限公司采购经理。

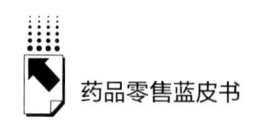

一 美国专业药房与中国特药药房运营模式简介

通过美国专业药房运营模式与我国特药药房运营模式的对比，旨在找到适合企业自身长期发展规划及当下可实施的关键措施。

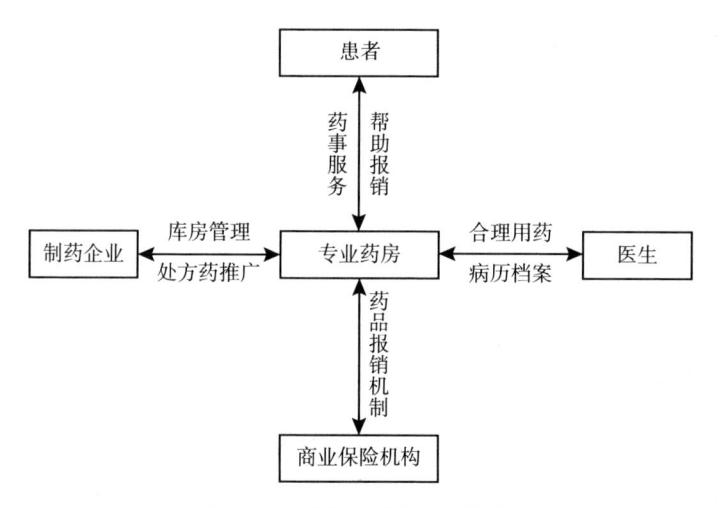

（一）美国专业药房运营模式

美国专业药房提供药事服务、库存管理、用药数据搜集以及医保报销协调服务，帮助制药企业、商业保险机构、患者、医疗机构提高效率。美国专业药房运营模式见图1。

图1 美国专业药房运营模式

资料来源：胡骏、薛礼浚、邵蓉《美国专业药房研究及其对我国DTP药房的启示》，《卫生经济研究》2018年第11期。

美国专业药房通过严密监控患者用药量，帮助药企进行存货管理；通过提供报销管理，帮助药企与保险机构制定合适的报销路径，帮助患者制定最优报销方案；专业药房通过向患者提供全程药事服务，提高患者依从性和品牌认可度，通过制定患者药物治疗管理计划，减少患者就诊次数，节省医生时间。[1]

（二）我国特药药房现状

特药药房（也称 DTP 药房）与传统零售药店相比，主要区别在于特药药房主营产品为高价值、低毛利的处方药，同时应配备执业药师以提供专业的用药指导服务。与医院药房相比，特药药房通过建立患者档案，与患者建立联系，为患者提供专业的用药指导服务，提高患者用药依从性。我国 DTP 药房经营模式见图 2。

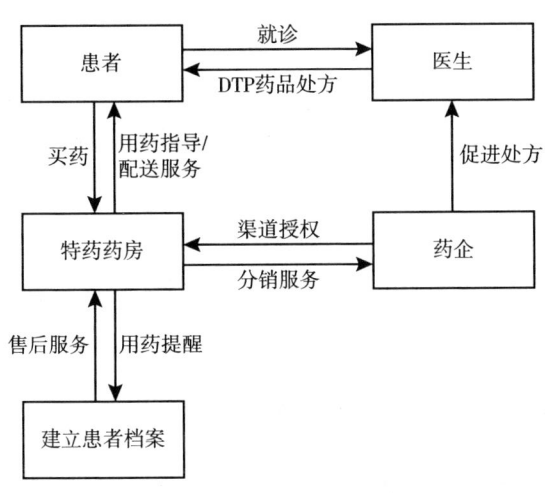

图 2 我国 DTP 药房经营模式

资料来源：胡骏、薛礼浚、邵蓉《美国专业药房研究及其对我国 DTP 药房的启示》，《卫生经济研究》2018 年第 11 期。

通过对比美国专业药房与我国特药药房运营模式发现，我国特药药房经营过程中商业保险的角色地位弱化或缺失，但建立有效的患者档案是我国特药药房现阶段发展的有效抓手。特药药房基于患者档案的建立，通过线上患者随访结合线下患教活动，开展贯穿患者院外用药治疗全周期的服务实践与

---

[1] 胡骏、薛礼浚、邵蓉：《美国专业药房研究及其对我国 DTP 药房的启示》，《卫生经济研究》2018 年第 11 期。

探索，从患者规范用药情况、复购率、脱落原因、不良反应处理及药物治疗持续时间（DOF）等关键维度展现特药药房专业服务能力。

二 大连德信行的实践与探索

大连德信行成立于2014年，主要经营肿瘤疾病、风湿免疫疾病、罕见病、血液疾病等领域特殊疾病治疗药品。公司重视患者用药后的生理、病理、药理等基础培养，秉承以患者为中心、以安全合理用药为己任的理念，依托华润医药商业集团自建"润关爱"线上服务平台，结合线下患者教育服务平台，按照病种、产品，探索建立细分的专业化、标准化、立体化院外患者药事服务体系。在实际工作中不断总结经验、研究完善，提高患者用药的安全性、有效性、依从性。

目前大连德信行已建立针对ALK阳性、银屑病、HER-2阳性等疾病患者的线上线下相结合药事服务体系。以ALK阳性患者药事服务实践为例进行阐述。

（一）患者线上随访平台的应用

"润关爱"服务平台主要包括患者管理模块，通过患者信息精准记录，协助患者构建电子疾病档案、用药档案并可实现快速查询；药品知识库模块，覆盖了肿瘤、血液、罕见病、风湿免疫和常见病所涉及的药品；患者随访模块，可做到依据不同病种、药品的治疗周期特点设置个性化的随访要求，同时将MTM服务要求的关键指标在系统中进行配置。

以服用某药品的ALK阳性患者为例，2023年4月起进行患者建档并启动患者随访，与建档前相比，目前患者脱落率下降3.2%，DOT上升26%。

（二）组织线下患者教育活动

大连德信行建立ALK患者之家，旨在组织可持续、有意义、有创新、互动性强的线下患者教育活动，通过患者与临床专家、护士、病友以及特药药房执业药师的交流与互动，让患者感到温暖、让"明星"患者通过自身视角讲解治疗过程中所遇问题与处理方法，带动病友正确认识疾病。

首场 ALK 之家线下活动开始于 2022 年初，迄今已持续 15 场，主要开展形式包括：药品知识科普宣讲，医生就药房执业药师在前期患者随访过程中整理的问题答疑，营养专家指导肿瘤患者进行营养搭配，心理咨询师为患者及家属做心理疏导等；同时在特殊节日组织有意义的线下活动，如元旦插花、春节包饺子、端午节包粽子、DIY 蛋糕制作、春季健康徒步大会、秋季养生八段锦等系列活动。

面对"久病成医"的患者朋友，特药药房组织可持续、有意义、有创新、互动性强的线下患教活动，使执业药师和患者进一步增进交流，对提升患者依从性及随访效率产生直接影响，间接为帮助 ALK 阳患者实现"长生存"作出贡献。

（三）专业药师梯队建设

特药药房完成对患者专业药事服务的核心角色是执业药师，从某种程度上讲，特药药房执业药师团队的专业能力决定着该药房专业服务能力的高低。大连德信行现有执业药师 25 名，长期服务一线，已形成高水平专业药师服务团队。

1. 培养"实战"型执业药师

药师对专业知识和服务意识的结合能力，只能在"实战"中感知与提升。例如，为了提升某执业药师具体疾病领域专业服务能力，在特定时间内通过"院外药学服务平台"依据疾病领域对应具体产品给该名药师分配随访任务，执业药师按照患者首次购药建立档案—日常随访—不良反应监控—规范用药提醒—复诊提醒—关心随访—线下活动邀请等一系列药学服务路径进行规范操作。通过实际工作将日常学习培训中学到的专业知识加以应用，同时通过对患者院外治疗全病程服务中，不断总结提升专业知识水平与服务意识的结合能力，真正做到以学应"战"、"战"中促学。

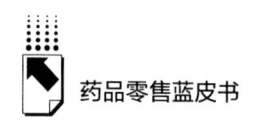

2. 培养"比赛"型执业药师

在原有工作岗位中，专业药房执业药师的心理素质、应变能力及危机意识往往提升较慢，参加中国医药商业协会组织的"全国药品流通行业药师岗位技能竞赛"是一个很好的提升路径。通过参加第五、第六届比赛后复盘，还原比赛中模拟患者购药、疾病知识宣传与解答、药物相互作用知识的应用、患者沟通与管理的关键技巧等场景，发现比赛内容与实际工作中服务场景高度吻合，同时通过与全国优秀同仁同场竞技，能够直接看到自身差距。参加过比赛的执业药师回到工作岗位后，自信心、应变能力及自我提高意愿明显提升。大连德信行为药师提供了更多参加比赛的机会，做到以赛代练、以赛促"战"、以赛查不足。

3. 培养"服务"型执业药师

药品慈善援助项目，使患者进一步获得必要的治疗，减轻了经济负担，提高生活质量。同时，这些项目也体现了社会对弱势群体的关爱和支持。目前，大连德信行承接来自12个基金会29个援助项目，全年为8500余人次发放援助药品15000余盒。执业药师在援助药师岗位上，按照援助项目介绍—指导准备申请材料—帮助提交申请—等待审核与批准—按要求发放援助的标准动作完成对慈善援助患者的服务，在此工作过程中也锻炼提升了执业药师服务的耐心、暖心及责任心。

特药药房药师的梯队建设也离不开临床医学、药学专家及生产企业医学部的配合与协作。在培养"实战"、"比赛"、"服务"型执业药师的基础上，着眼于深造培养"学术"型执业药师。

三 特药药房发展未来展望

在国家医保政策的不断推进中，医保"双通道"支付机制将是我国特药药房得以蓬勃发展的最有力措施。目前我国社会医疗保险只能解决患者的基本医疗保障问题，而特药药房经营的品种大多是高值医保及自费药品，单价高、疗程花费大，因此，医疗保险，特别是商业医疗保险的发展可能决定了未来特药药房发展的新高度；同时针对特药药房领域运营成本高、净利润率低的现状，通过特药药房顶层设计，将执业药师专业服务能力与智能数字化建设能力有效结合，把建立的患者档案数据转化为能对临床研究有效的真实世界数据，最终在合法、合规前提下完成服务变"现"和数据变"现"。在以患者为中心的前提下，通过药企、医生、医疗/商业保险机构、药店及相关领域的业界人士共同努力，特药药房的未来发展将具有更大的社会价值。

B.19
零售药店药品数据信息化的探索与实践

黄婉婷*

摘　要： 随着零售药店的业务形态日益增多，为保障药品质量安全，各省市监管部门对零售药店的药品数据报送及药品信息化追溯提出了更高的要求。但随着业务量扩大，零售药店药品数据采集统计的工作量和难度增大。因此，广药大药房（广东）有限公司引入数字员工技术，助力药品数据采集全流程自动化、数据生成智能化，满足了数据上报及药品信息可追溯的需求，取得了政策、经济、行业等多方效益。

关键词： 数字员工　零售药店　药品数据

国家药监局2021年印发《"十四五"国家药品安全及促进高质量发展规划》，提出建立健全药品信息化追溯体系，推进药品全生命周期数字化管理。零售药店是药品流通渠道的终端环节，是连接生产企业和消费者的桥梁，同时随着零售药店逐步纳入门诊统筹管理，患者可以在零售药店购买医保药品并完成统筹报销，这要求零售药店必须建立健全药品采购、销售、质量管理等各项制度，同时需要运用数智化手段，通过药品的电子监管系统，向相关监管部门实时、真实、完整、准确上报药品数据信息，保证药品全流程可追溯，保障患者用药安全。

---

* 黄婉婷，广药大药房（广东）有限公司门店开发中心负责人。

一 零售药店处理药品数据工作现状

随着各地针对零售药店的医保门诊统筹政策、"双通道"政策落地，零售药店的业务形态逐步增多，门店数量日益增多，各类药品数据处理工作多、难、频的问题凸显。传统的人工处理数据模式，逐渐显现"两差两低一高"的问题。一是数据质量差。人工处理数据容易出现数据收集不完整、计算出错、错误上传的情况，数据返工率高。二是数据上传时效性差。每个平台对数据上报工作的时效要求不一致，单纯靠人工操作，存在数据缺漏、不及时的情况。三是工作效率低。各平台的数据内容、口径不一致，门店员工需要花费大量人力处理数据。四是数据安全性低。旧数据处理模式，是数据存储在本地计算机或者服务器上，容易受到黑客攻击和病毒感染等威胁，存在数据泄露风险。五是教育成本高。如遇门店人事调动，新员工需要重新了解、熟悉各平台数据上报规则。难以符合各省份医保局、药监局，各市医保局、市场监督管理局的要求。

二 数字员工在医药行业的应用

数字员工，也称为RPA机器人，它是一套应用程序，是以软件机器人及人工智能为基础的业务过程自动化技术，具有智能化自动化的属性，可以通过模仿最终用户在电脑的手动操作方式，处理一些高强度、高重复性、规范化的工作。数字员工技术在医药行业已有多个成功应用的成熟案例，如在制药企业，用于采集和分析临床试验、医疗记录和患者反馈数据等；在药品流通企业，用于供应链管理，协助监测和管理药品的运输和库存情况；在药品经营企业，用于客户数据收集、销售报告生成等。广药大药房（广东）有限公司（以下简称"广药大药房"）积极探索该技术，在药品数据信息化、药品数据上报中应用该技术。

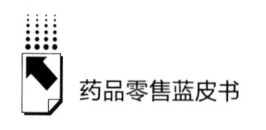

三 数字员工技术在广药大药房的探索与实践

广药大药房自2018年成立,连锁门店62家,门店覆盖广东省20个城市。为解决药品数据处理工作"两差两低一高"的问题,广药大药房引入数字员工技术,运用信息化、数智化手段,实现数据质量标准化、数据采集自动化、数据上传规范化、数据生成智能化、数据安全控制化,提高了企业的工作效率,保证了数据结果的有效性。

(一)引入新技术,提效率、促发展

零售药店药品数据信息化已成为提升药品经营质量和保障药品供应的重要手段。在这个过程中,数据采集无疑是保障药品数据质量的起点,它为后续的数据处理、分析和应用提供了坚实的基础。因此,广药大药房通过搭建数字员工中台,实现了药品数据的高效采集、处理与利用。

数字员工中台由数字员工任务中心、后台管理中心、异常监测报警中心三大核心部分组成,它们共同为药品数据质量保驾护航。

首先,数字员工任务中心,为每个项目设置专属数字员工。数字员工通过各平台标准化的格式及模板,提取药店ERP数据库中的原始数据,自动生成各项报表存储于数据库中,根据设置的要求推送至各监管平台,确保数据的准确性和完整性。

其次,后台管理中心则负责为连锁总部管理人员提供强大的数据管理和监控功能。管理人员可以通过后台管理中心新增新开门店的数据上传任务,修改数据上传任务指令,并实时查看数据上报情况。这不仅提高了数据上传的灵活性,还确保了数据的及时性,使管理人员能够随时掌握各门店的药品数据上传情况。

最后,异常监测报警中心是数字员工正常工作的重要保障。它实时监测各项任务的实施情况,一旦发现任务异常,数字员工会自动发送邮件或短信

通知管理员，管理员可以在第一时间了解到数字员工的工作状况，避免问题进一步扩大或影响其他任务的执行。这种实时监测和报警机制对于保障各项数据能按时按质完成上传具有重要意义，它不仅为数据上传提供了双重保障，有效避免了因数据异常而导致的风险和问题，还提升了数字员工的工作效率和稳定性。

数字员工在广药大药房药品数据处理中的引入与使用，不仅大大提高了药品数据的质量，还保障了数据的安全性。随着数字员工逐步应用于广药大药房全部门店，其带来的效益也日益显著。

在数据信息化方面，数字员工技术能够帮助企业降低教育成本。传统的数据管理方式需要大量的人力和时间来进行培训，以确保员工了解各种数据上传的周期和操作。而数字员工则几乎不需要任何教育成本，它只需按照既定下发的指令高效地执行任务，无须人工干预。这不仅降低了企业的运营成本，还提高了工作效率。

此外，数字员工在保障数据安全方面也发挥了重要作用。在整个药品数据的收集、处理和存储过程中，数字员工都由连锁总部统一管理，所用的服务器性能更好、安全级别更高，数据环境更安全，有效防止了非法访问及数据泄密的风险，这进一步保障了药品数据安全和药品经营安全。

在助力提升药学服务质量方面，数字员工也发挥了重要作用。数字员工释放了药店员工"做表"的时间，员工可以把更多的精力回归到夯实业务基础、提升个人药学专业水平、提高健康管理服务能力上，进一步推动药店业务的发展。

综上所述，广药大药房通过搭建数字员工中台，实现了药品数据的高效采集、处理与利用，提升了药品数据的质量和安全性，同时也推动了药学服务质量的提升。这一举措不仅为广药大药房带来了显著的效益，也为整个零售药店行业的数字化转型提供了有益的借鉴和启示（见表1）。

表1 广药大药房数字员工效果

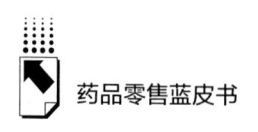

维度	传统人工处理	引入RPA目标
数据质量	差	标准化
数据时效	差	自动化
工作效率	低	高效化
数据安全	低	控制化
教育成本	高	节约化

资料来源：广药大药房内部资料。

（二）数字员工技术的设计与实施

下面将以广东省为例，介绍广药大药房应用数字员工技术在药品数据信息化上的设计与实施。

1.调研数据上报类型与要求

广东省药品监管平台有5个，分别是广东省智慧食药监平台、广东省医保信息平台、广州市市场监督管理局三品一械上报系统、广州市医疗保险定点药店联网监管系统、码上放心-追溯平台。每个平台对药品上报数据的内容、格式、取数口径、上传报表频率要求均不一致，需要管理员按不同要求整理出对应规则。

2.梳理规则引入数字员工

管理员按不同平台上传数据的频率要求，分别即时上传、按日上传、按周上传、按月上传等，用于任务设定。按照5个平台的报表上传要求，分别设计出5个不同的进、销、存表格模板，命名为报表模板1号至报表模板5号，如广东省智慧食药监平台为1号报表模板，平台要求分别报送进、销、存报表，则1号报表模板细分为采购报表1.1号，销售报表1.2号，库存报表1.3号。数字员工工作任务见表2。

零售药店药品数据信息化的探索与实践

表2 广药大药房数字员工工作任务

序号	数字员工编号	监管平台	数据上传要求 进	数据上传要求 销	数据上传要求 存
1	数字员工1号	广东省智慧食药监平台	报表1.1 1次/周	报表1.2 1次/周	报表1.3 1次/周
2	数字员工2号	广东省医保信息平台	报表2.1 1次/周	报表2.2 1次/天	报表2.3 1次/天
3	数字员工3号	广州市市场监督管理局三品一械上报系统	报表3.1 1次/周	报表3.2 1次/周	报表3.3 1次/周
4	数字员工4号	广州市医疗保险定点药店联网监管系统	报表4.1 1次/天	报表4.2 1次/天	报表4.3 1次/天
5	数字员工5号	码上放心-追溯平台	报表5.1 5min/次	报表5.2 5min/次	/

资料来源：广药大药房内部资料。

3. 设置不同监管平台专属的数字员工

搭建数字员工中台，设置数字员工任务中心，根据不同平台，配置多名数字员工，每名数字员工专职负责对应的监管平台数据任务（见图1、图2）。首先，数字员工中台按照监管要求，设置定时任务及排班，让数字员工按时到ERP数据库抓取原始数据表，按既定的报表要求，把数据进行二次处理，包括字段转换、筛选、转置、多表格数据整合、数据加密、数据签名、数据增加等。其次，数字员工将处理完的数据重新生成表格文件，按照已经设置好的报表模板命名，分批存储在数据库。最后，数字员工将已完成的报表，通过对接的API开放接口，分别推送到各个监管平台。部分平台未开放API官方接口，如广州市市场监督管理局三品一械上报系统，数字员工中台给数字员工下发工作任务，模拟人工登录后台操作，完成上传对应报表。

4. 前端设置专属操作客户端

针对广东省智慧食药监平台，为同时做好数据上报和现场检查要求，广药大药房研发"广药大药房广东FDA药品流通数据接口上报"客户端，客户

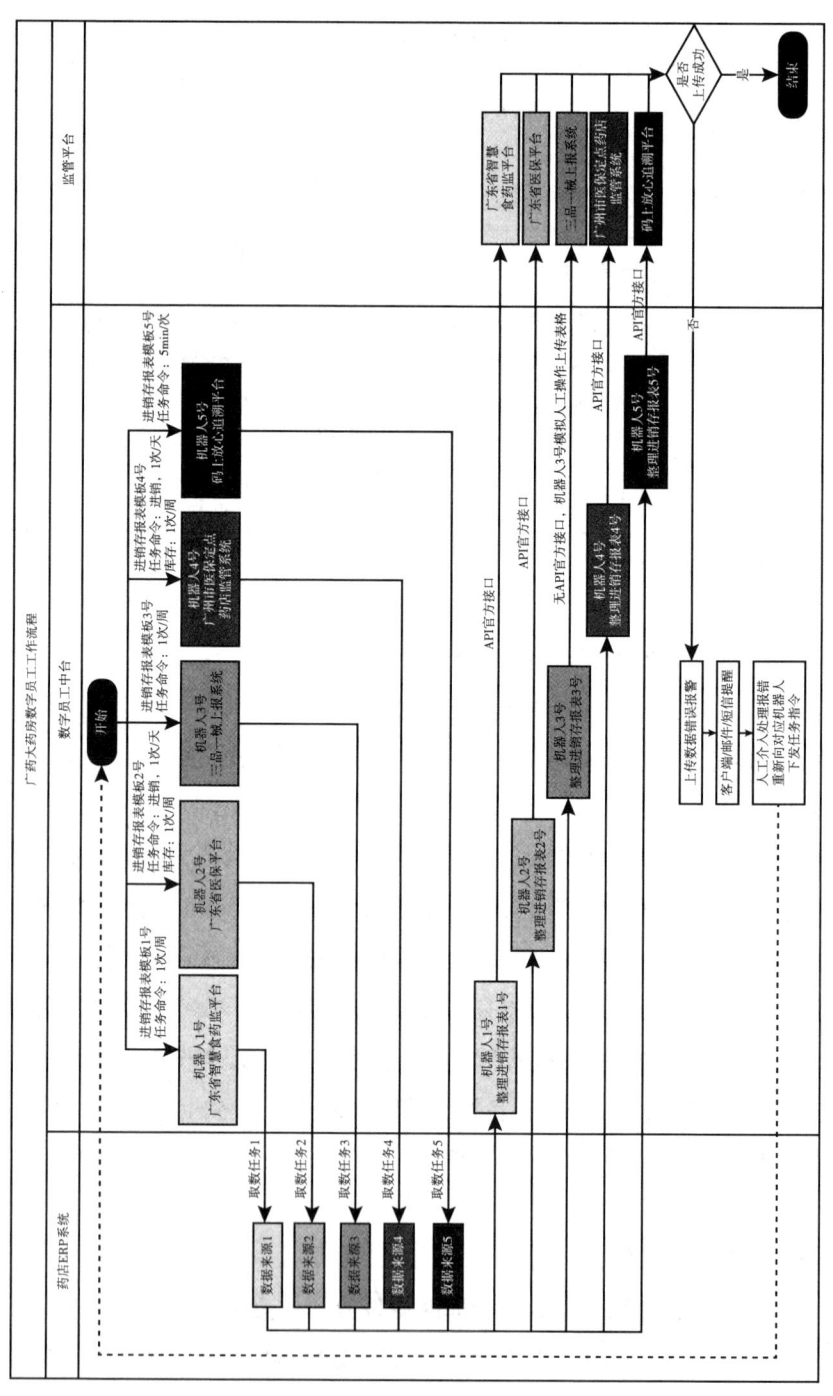

图1 广药大药房数字员工工作流程

资料来源：广药大药房内部系统后台截图。

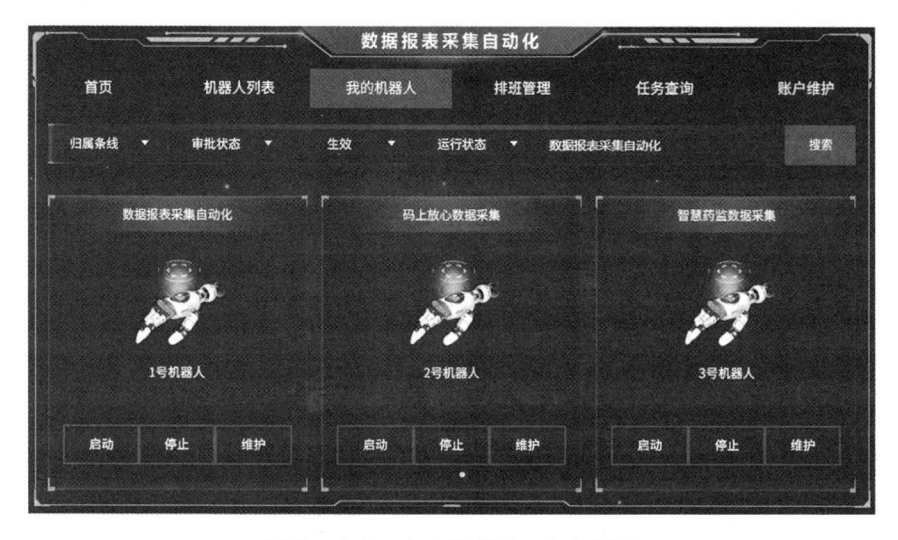

零售药店药品数据信息化的探索与实践

图 2　广药大药房数据员工中台截图

资料来源：广药大药房内部系统后台截图。

端可通过门店唯一码登录，登录后即触发数字员工开始工作，该客户端可由连锁总部统一管理，也可安装在门店电脑，以便接受相关部门现场检查使用（见图 3、图 4、图 5）。

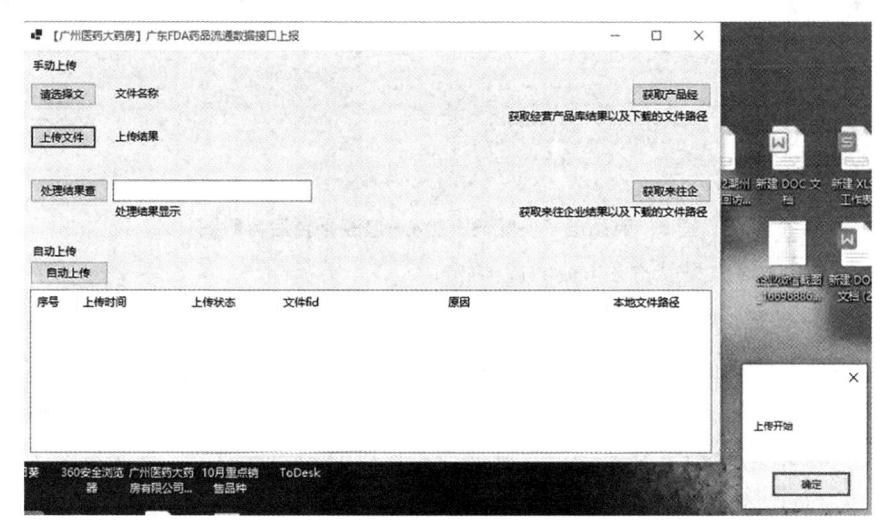

图 3　"广药大药房广东 FDA 药品流通数据接口上报"客户端截图

资料来源：广药大药房内部系统后台截图。

241

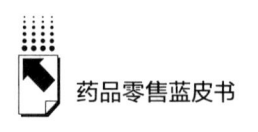

图4 广东省智慧食药监平台上传数据截图

资料来源：广药大药房内部系统后台截图。

图5 药品电子监管码上放心-追溯平台后台截图

资料来源：广药大药房内部系统后台截图。

5. 建立系统异常监测及报警机制

数字员工中台设有异常监测及报警机制，能实时监测各种任务的实施情况，如遇任务执行异常，会通过邮件或短信等通知到管理员，确保系统正常运行（见图6、图7）。

零售药店药品数据信息化的探索与实践

图6 "广药大药房广东FDA药品流通数据接口上报"异常提醒截图

资料来源：广药大药房内部系统后台截图。

图7 数字员工异常通知截图

资料来源：广药大药房内部资料。

四 数字员工技术实施成效

广药大药房利用数字员工取代人工操作，助力企业管理提质增效，获得了经济效益、管理效益，项目的实施及成功落地，创造了政策效益、行业效益、社会效益。

243

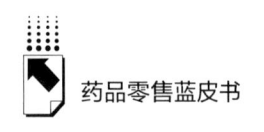

（一）政策效益

广药大药房积极响应各级监管部门促进药品高质量发展、推进药品监管体系和监管能力现代化的要求，引进创新技术，推动新技术、新模式与监管工作深度融合，建立高效的信息化系统，保障用药安全。

（二）经济效益

通过数字员工代替传统人工处理数据，按每周每店1人天完成数据报表、2人天完成药品电子监管码信息录入，计算节省每个门店每周3人天，全年节省每个门店156人天，按照节省人工年均成本8.4万元计算，一年每个门店可节省费用5.24万元。以广药大药房有62家连锁门店为例，每年可节省324.88万元。

（三）行业效益

把数字员工引入药店数据上报体系中，探索药品数据全流程从手工操作向智能化过渡新模式，在行业内起到一定的表率作用。

（四）管理效益

利用信息化手段，实现数据质量标准化、数据采集自动化、数据上传规范化、数据生成智能化、数据安全控制化，药品数据上报操作化繁为简、化难为易，数据工作从低质到标准、从低效到高能、从高风险到安全。

（五）社会效益

数字员工替代人工进行数据筛选、生成报表，确保了数据的准确性，有利于企业药品质量经营管理，保障人民群众用药安全；另外，减少门店员工数据处理工作，使其有更多时间提升自身专业知识，可以更好地为患者提供专业药学服务。

五 数字员工在零售药店应用的推广建议

广药大药房数字员工成功实施，药品数据上报实现全流程信息化、自动化，为药店同行提供一套行之有效的实施模板。连锁药店一次开发完成后，各门店均可复用，建议各药店同行积极响应，共同推进药品数据上报工作的规范化和标准化。

数字员工应用过程中也出现以下问题需进一步改进和优化。

数字员工在处理数据上存在局限性风险。数字员工处理数据，是通过固定的逻辑，而分析库的量级前期基本均是管理员介入处理，所以在自动化数据处理中期，会因时间问题存在局限性风险，如遇到某个平台的字段或数据逻辑变更，数字员工无法马上对数据细节进行处理。因此，药店可探索数字员工的高可用性，以确保使用的便捷性。

六 未来展望

随着科技的日新月异，数字员工在零售药店的应用正逐渐展现出其强大的潜力和价值。它不仅能够简化烦琐的日常任务、提高企业效益，还能为药店提供更为深入、全面的数据分析，进而推动药店业务的持续发展。

目前，数字员工在广药大药房主要应用在数据的智能提取、整理、上传。然而，数字员工在零售药店的应用远不止于此。未来，可进一步探索其在深入分析各类数据方面的应用。例如，药品经营数据是药店管理决策的重要依据。通过数字员工的帮助，药店可以更加精准地了解各种药品的销售情况、库存状况以及市场需求等信息，从而制订更为合理的采购计划和销售策略。

此外，运营数据也是数字员工可以大显身手的领域。通过对药店日常运营数据的深入挖掘和分析，数字员工可以帮助药店识别出运营中的问题，提出有针对性的改进建议。这有助于药店优化运营流程、降低成本、提高效

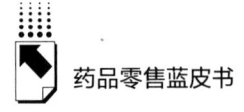

率，进而提升整体竞争力。

另外，药店会员历史数据也是数字员工可以发挥作用的宝贵领域。通过对会员购药记录、消费习惯等数据的分析，数字员工可以为药店提供个性化的营销建议，如推荐合适的药品组合、制定个性化的优惠策略等。这不仅可以提高会员的忠诚度和复购率，还能为药店带来更多的收益。

综上所述，数字员工在零售药店的应用前景广阔。未来，随着技术的不断进步和应用的不断深化，数字员工将为药店提供更加全面、深入的数据分析服务，助力药店实现更加精准、高效的管理和决策。同时，这也将推动药店业务的不断发展，提升整个行业的竞争力和服务水平。因此，我们应该积极挖掘数字员工的潜力，充分发挥其在零售药店中的优势和作用，为药店的未来发展注入新的动力。

参考文献

国家药品监督管理局：《"十四五"国家药品安全及促进高质量发展规划》。

《国家医疗保障局办公室关于进一步做好定点零售药店纳入门诊统筹管理的通知》（医保办发〔2023〕4号）。

《国务院关于加强数字政府建设的指导意见》（国发〔2022〕14号）。

B.20
药品即时零售新业态的趋势与价值

王 威 许荣聪*

摘　要： 本文探讨了药品即时零售新业态的发展趋势与价值。首先分析了药品即时零售的定义及其发展趋势，包括市场规模增长、院外药品转移、自费购药市场增速、线上化率提升等因素。其次分析了药品即时零售的便捷性和时效性，以及对消费者购药需求的满足。再次探讨了即时零售对消费者、药店和工业企业的服务价值，以及对社会的影响。最后强调了即时零售模式对于线上线下融合发展的促进，以及对流行性疾病监测及服务药品保供方面的积极作用。

关键词： 药品即时零售　自费购药　线上化率

一　药品即时零售新业态的发展趋势

药品即时零售，是指消费者在线上交易平台下单药品，线下实体零售商通过第三方（或零售商自有）物流执行配送上门、在一小时以内送达的服务模式，这一模式在医药零售行业也被称为"O2O"（Online To Offline）模式。

药品即时零售市场规模将以较高速度持续增长。究其原因，可以归结为以下四个方面。

一是药品网售法规出台，对推动药品网络销售新业态高质量发展将发挥重要作用。《药品网络销售监督管理办法》的出台，一方面有助于发挥"互

---

* 王威，美团区域公共事务总经理；许荣聪，美团医药首席战略官。

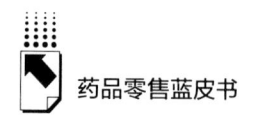

联网+"药品流通的优势,开放网售处方药市场以进一步激发药品零售市场活力;另一方面也依法规范了药品网络零售者的行为,为促进互联网医药零售市场的健康有序发展提供了制度保障。

二是院内药品将持续向院外市场转移。随着医改的不断深化,作为医改重要方向的医药分开和处方外流也在逐步推广与落地,医院将聚焦在医疗服务职能,药品分发和零售职能则将更多流向院外,被线下药店和线上零售平台所承接。

三是院外自费药品市场不断增长。基于医保"保基本"的整体定位不变,医保个账规模逐步萎缩,加之仿制药规模受集采影响在院内占比上升,OTC、原研药等院外自费药品市场表现出更快增长的趋势。

四是线上化率提升带来即时零售的增量市场。药品具有标准化、配送方便、需求刚性等特点,随着线上服务能力逐步增强,药品零售线上化率预计将逐步提升。

药品即时零售这一新业态的发展,与其快捷便利的特性密不可分。即时零售配送一般可以在一小时内将药品送达消费者手中,具有时效性高的特点。近年来,很多年轻消费者选择在家购物,疫情期间,即时零售渗透率快速提高。同时,很多消费者在患有急性疾病如呼吸系统疾病、肠胃疾病等场景下,通过即时零售平台下单,一小时内即可拿到药品。考虑成本效益原因,线下药店在晚上10点以后大多会选择关门闭店,特别是在三、四、五线城市,24小时营业药店很少。美团买药2021年开始联合工业企业、零售企业等多方共同发起"小黄灯"民生服务计划,旨在提升24小时看病买药的医疗资源可及性,加强便民服务能力建设,推动药品流通行业高质量发展,提升市民满足感、幸福感、获得感,并在2023年延伸推出了"小黄灯健康守护联盟"及助力县域24小时药店发展的"千县计划"。截至2023年底,美团买药上已经有接近15000家24小时数字化药店,分布在全国31个省、自治区、直辖市的319个城市,覆盖了1467个区县,其中有470多个县城首次拥有了24小时药店,服务量超过1亿人次。这些分布在全国各地的24小时药店大大便利了消费者的夜间购药需求。

此外，即时零售平台配送的药品私密性有保障，药品等都放在一个密封包装内，从外表看不出里面的具体药品，配送信息也不会显示消费者购买的商品名称，满足了患者保护自身隐私权的需求。

二 药品即时零售新业态的价值探讨

（一）C 端及 B 端服务价值

从消费者选择即时零售渠道购药的原因①来看，消费者最主要追求购药的便利性和时效性（82.6%）；其次是看中价格，选择"价格透明"和"价格便宜"的分别占 55.5% 和 46.2%。消费者通过即时零售平台能够获知更多及时、全面、丰富的折扣信息，在选择商品和服务时有更大的空间。除此之外，私密性高也是消费者选择即时零售渠道购药的原因之一。由此可见，方便快捷是驱动消费者选择即时零售渠道的核心因素。此外，价格透明、私密性高、自主选择空间大也是消费者选择即时零售购药的重要原因。从消费者对零售药店即时零售平台整体评价来看，消费者最满意的是配送服务，包括支持 24 小时配送、送货上门/取货方便、配送快捷；其次是药品的丰富度和购买操作的简易性，消费者选择的比例均超过 30%。根据公开信息整理，2022 年，在京东健康互联网医院的诊疗数就超过 1 亿人次，同年阿里健康大药房订单量也超过 1.1 亿单，互联网平台就诊、电商和即时零售平台购药已经逐渐融入中国消费者的日常选择，线上购药习惯正在加速养成。

国家医保局、财政部、国家税务总局联合下发的《关于做好 2022 年城乡居民基本医疗保障工作的通知》强调，"完善医疗机构和零售药店医疗保障定点管理，加强'互联网+'医疗服务医保管理，畅通复诊、取药、配送环节"。疫情期间，鼓励诊疗线上化，鼓励药品配送到家的服务，建设了大

---

① 数据来源于米内网《2022 中国零售药店 O2O 发展报告》。

量互联网医院，出台了多轮医师多点执业相关政策，启动了电子处方流转中心项目，让"互联网+医药服务"不但具备了政策基础，还有了大量配套的软硬件基础设施能够随时为居民提供服务。疫情过后，很多政策都得以延续，多个省市医保部门持续研究创新"互联网+医保"服务模式，相关即时零售平台也在政府部门指导、帮助下持续探索如何通过数字化手段提高医疗健康服务的公平性、可及性，探索开展线上购药医保支付试点，由平台作为技术服务方和流量入口，依托定点药店小程序来实现医保移动支付，实现患者线上复诊、选药、购药、医保结算等全链路闭环，全程数据受医保局监管等。从试点数据情况来看，即时零售平台提升了医保便民服务实效，同时也降低了患者购药时间、精力等成本。

从服务商户维度来看，即时零售把药店的服务半径从500米延伸到3公里，销售半径明显扩大。其中大型连锁门店数量多、议价能力强、知名度较高、竞争力较强，因此在扩大销售半径上的感受更强。其次，部分连锁药店认为即时零售能增加营业收入、提高知名度和增加客流量。但营业收入增加的幅度还要依靠药店的运营，线上运营与线下服务是两个相对独立的专业方向；成立专门的运营团队，深挖线上运营思路与技巧，和只是把商品从线下搬到线上，沿用门店卖药逻辑，这两种不同策略会产生不一样的结果。对药店来说，不论线上线下，只要运营效率有所提升，就能在服务群体扩大的基础上进一步满足患者需求、保障用药可及性。因此，从发展方向来看，即时零售依托于实体药店，成为线下门店"完善销售渠道"的一个补充，即时零售和线下门店不是直接竞争而是相辅相成的关系。

中康CMH数据显示，胃肠道疾病、感冒清热类药品、皮肤用药是线上药品即时零售需求量最大的品类。在满足私密用药和健康需求的场景下，计生类药品、补益类药品也有着很大的需求量与较高的增速。这些品类数据背后，体现的是近年来特别是疫情以来居民对健康重视度的不断提升，对健康的追求不仅局限于疾病的治疗、症状的控制，更体现在对于高质量生活的追求，对于身体强健、精神健康等"大健康"理念的追求。

在数字化经济快速发展、即时零售平台及用户规模不断扩大的背景下，越来越多的工业企业开始了解与探索即时零售模式,一方面能为消费者提供更丰富的产品以及购药的便利性;另一方面也希望通过线上即时零售销售模式,加快工业企业数字化营销步伐。近年来,工业企业开始探索一些为年轻人设计的消费场景、线上活动,带动品牌及企业的年轻化;还可以通过线上营销工具,积累数字资产,加快数字化营销步伐,不断提升品牌市场核心竞争优势及品牌影响力。工业企业依托自身的优质产品与多年积累的医疗资源,借助医药电商平台的流量资源与大数据能力,逐渐开展了更为深入的合作,从覆盖更广泛人群、内容更专业的科普教育,到定制化产品打造,再到依托双方在供应链、大数据和用户优势互补共建健康管理方案,工业企业也在尝试依托电商平台开展强化患者管理、提升药品可及性的路径探索。当然,工业企业选择医药电商是为了增加有效曝光度、提高渠道拓展效率、打造与购药人群的沟通链路,归根结底是希望通过线上更为精准与高效的流量,在为患者提供便利的同时提升经营效益。

(二)社会价值

与传统电商模式不同,即时零售模式更多的是数字经济与实体经济的融合。业态内所有商家都是线下实体经营商户,交易的完成也有赖于线下实际场景,本质是在商户原有服务模式的基础上拓展业务范围、丰富服务内容,为传统商户争取增量红利。这种线上线下的一体化融合发展,天然决定了即时零售平台与线下商户形成利益共生共荣的发展轨迹。

在线上线下融合发展方面,部分平台向药店商户推出定向扶持项目,包含商家经营补贴、经营分析系统升级、商家学习中心、私域会员经营和新手商家帮扶五项举措,以帮助不同发展阶段药店商户实现数字化升级,在新的商业环境下提升经营效率,在提客单、降成本、强运营、拉复购四大模块推出八大举措,进一步支持医药商家数字化升级。

在助力流行性疾病监测及服务药品保供方面,即时零售平台可以有效发挥监测预警哨点作用,通过数字化工具支持实体药店科学备货、平衡药品供需。以美团为例,平台基于搜索、购药、问诊数据推出"健康指数"产品,

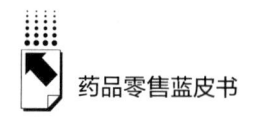

积累形成可以反映公众对于健康需求变化的趋势数据库，成为公众健康和疾病流行的数据补充渠道，帮助政府部门扩大监测通路，提醒消费者关注疾病流行趋势并提供用药安全科普服务。同时，通过真实、即时洞察用户侧复诊、用药需求，为平台商户提供了指数产品，不但能发现季节热销品等规律性需求，预知因疾病流行、人口迁徙（长假旅游等）引发的突发性需求；还能在数据指引下了解热搜供需关系，发现身边的"机会品"，通过平台对商户在采购、库存、铺货等管理动作的针对性指导，支持商户更敏捷地捕捉市场信号并进行反应，捕捉机会品、趋势品，真正做到利用大数据提升供应链效率，并将其应用于采购、库存、铺货等经营运作中，将精细化运营管理落到实处，能够更好匹配用户需求，进一步提升经营效率，还能够协助药店做好供需匹配，将零售药店的社会价值进一步放大。

国际篇

B.21 欧美地区发达国家零售药店发展的新趋势

潘和音 邹静 罗仁*

摘 要： 多年来，欧美地区发达国家始终在全球医疗服务领域担任重要角色。它们的药品销售终端通常以零售药店为主。虽然欧美地区的零售药店在定义上与我国相似，但整体经营模式和服务规模却与我国有所差别。本文首先分析美国与欧洲诸国"一站式购物点"零售药店的特点，以新冠疫情前后为时间节点，整理、分析欧美诸国零售药店在社会需求影响下重要的销售药品种类迭代与医疗服务的更新情况。

关键词： 零售药店 新兴医疗 欧美国家

---

* 潘和音，艾昆纬中国医疗健康信息学院研究员；邹静，艾昆纬中国医疗健康信息学院主管研究员；罗仁，艾昆纬中国医疗健康信息学院顾问，主要研究方向为国内外医疗健康市场数据洞察与分析。

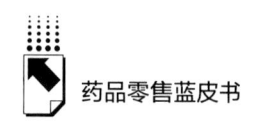

一 欧美国家零售药店概况

欧美国家一直是全球药品销售与使用的主要市场之一，药品销售主体大致分为零售药店与医院药房。以美国为例，自21世纪以来，连锁的零售药店凭借高度专业化的药剂师与高性价比的药品等资源优势迅猛发展。同时，受到美国人口郊区化趋势的影响，一种新型综合体开始兴起——传统药店与便利超市结合的"一站式购物点"。这进一步推动了零售药店的普及。

现在欧美地区的零售连锁药店居多，具有规模大、分布广、发展快的特点，占据药品主要销售市场。据艾昆纬（IQVIA）与美国药品零售连锁协会（NACDS）不完全统计，截至2023年11月，美国零售药店数量为5.4万余家，其中3.3万余家为连锁药店，隶属于170多家药品连锁企业[①]。2023年，欧洲的零售渠道与医药渠道的销售额比例为6∶4，其中零售药店作为综合购物点，占据九成左右零售市场份额[②]。

排名前十的连锁药店，如西维斯（CVS Health）、沃尔格林（Walgreens）、屈臣氏（A.S. Watson）等家喻户晓的连锁门店均超过千家，遍布各地。这些连锁药店从淘汰竞争力较弱的单体药店开始，逐渐合并小型连锁药店，慢慢发展至今，塑造了如今高度集中的市场格局。

从产品销售种类来看，欧美地区零售药店多以销售处方药为主，原研药为其主要盈利产品[③]。欧美地区将药品分为原研药（Brand drug）、品牌仿制药（Branded generics）与无品牌仿制药（Unbranded generics）。品牌仿制药是为了提高知名度和消费者忠诚度而被赋予专有市场名称的仿制药，它们的销售方式与品牌药类似。无品牌仿制药则是以其化学名称进行销售。从IQVIA数据来看，2023年美国地区原研药销售额市场占比约为80%，欧洲

[①] Newell, M. K., Drug Store News. P39, IQVIA, 2023.
[②] 张海涛：《英国医药体系对国内医药产业的启示》，浙商证券股份有限公司，2019。
[③] Newell, M. K., Drug Store News. P39, IQVIA, 2023.

地区为55%[①]。

总体来看，与医院药房相比，欧美地区零售药店通常提供更多的商品和服务选择，而且规模更大、设立地点更便利，因此一直是人们主要的购药渠道。销售产品与我国相似，以处方药为主，但不同的是以原研药为主要利润来源。

二 欧美国家零售药店变化与现状

（一）药品种类与治疗领域的迭代

欧美地区零售药店以综合性著称，销售的产品种类与提供的服务随着公共卫生需要和医药科技发展而持续迭代更新。最初零售药店以销售呼吸道、心血管与止疼药等基础药物（以下简称"普药"）为主，近年来，特殊治疗领域药品，如治疗慢性、危重或罕见疾病的抗自体免疫、抗肿瘤等药品（以下简称"特药"）逐渐占据欧美国家零售市场。

以美国市场为例，据IQVIA统计，自2011年起，美国的企业对特药的研发和推广力度逐年加大，对普药的投入则相对逐渐减少。至2019年，美国特药的开销占比已完全超过普药。2023年数据显示，特药与普药的开销占比分别约为55%与45%。其中免疫与抗肿瘤领域从数据来看有着长期发展潜力。

免疫与抗肿瘤领域药物包含单克隆抗体（mAbs）、抗体药物偶联物（ADC）与免疫抑制药物等类型，市场的增长可归因于全球自身免疫性疾病的发病率上升与创新药品研发技术的飞速进展。据《财富》商业观察的数据统计，自体免疫疾病是美国发病率排名第三的慢性疾病。而美国与欧洲2022年新肿瘤癌症报告病例分别约为190万与274万。在多方面因素的作用下，免疫与抗肿瘤领域药物几年来在零售药店销售额占比中名列前茅，且

---

① Pei Lu, Europe retail market sale performance, IQVIA Database.

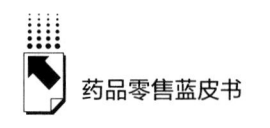

有潜力带动整体零售市场销售额的长期增长。

在服务功能方面，近年最大的变化之一便是疫苗接种。在几次大型公共卫生事件后，欧美国家零售药房除了提供基础药品外也成为疫苗接种点。毋庸置疑，推行大规模免疫接种计划是许多国家的目标。零售药店成为最佳的落实平台，多项研究表明，药剂师的建议可以提高疫苗接种率。而且疫苗接种权力下放，也对乡村等医疗服务不足的地区提供了更多卫生保障[1]。

增加疫苗接种项目因国家而异。自1990年以来，英国、瑞士逐渐允许药房接种疫苗产品。美国因为各州法规不同，情况相对复杂。一些州很早便允许疫苗产品进入零售药店，如俄勒冈州2000年便允许药剂师提供成人接种服务。经过对流感季的数据分析，有证据清楚地表明，较早允许药剂师进行免疫接种的州，流感疫苗接种覆盖率明显较高。2009年H1N1大流感暴发以来，美国50个州都赋予了零售药店接种疫苗的权利。

新冠疫情期间，美国实行了《公共准备和应急准备法》修正案，授权药剂师和药剂专业学生为成人和3岁及以上儿童接种COVID-19和流感疫苗，持续到2024年12月。此法案进一步加强了药房对疫苗接种服务的影响，扩大了零售药店接种疫苗的权限。英国、意大利、爱尔兰、比利时、瑞士也都在2021年允许药房进行COVID-19疫苗接种。法国作为接受疫苗接种下放进展缓慢的国家之一，2017年才建立药店接种试点。

疫苗接种普及的成功还有一个重要的因素，即所有药剂师都经历过严格的培训与筛选。1996年美国药剂师协会便启动了针对药剂师的疫苗证书计划，开始培训药剂师接种疫苗的基础知识与技巧。

（二）欧美国家零售药店现状

IQVIA数据显示，2023年美国与欧洲整体医药市场销售额增长率分别达到13.3%和6.9%，其中，零售市场总销售额增长率分别达到14.5%与

---

[1] Vaccination，PGEU. 2023. https：//www.pgeu.eu/vaccination/.

4.8%（包含实体零售渠道与邮寄零售数据）[1]。同时据IQVIA纵向访问和裁决数据（LAAD），截至2022年第四季度，美国医疗服务利用率（Health Services Utilization Index）已经涨至100[2]。

医疗服务利用率是一项衡量医药市场情况的指标，其展现的是一年内到医疗机构就诊的新患者比例、处方开具量等情况。如果利用率低于预期，则可能表明患者无法充分获得医疗服务，而高利用率则代表着人们可能在"过度使用"医疗服务。

整体来看，2023年，美国药品销售额、线下就医指数、择期手术指数与新处方开具量和2022年相比均有明显提高，已经基本恢复至疫情前水平。而欧洲地区在国家众多、情况复杂、影响因素更多的情况下市场整体还有所增长，说明欧美地区当下整体医疗市场情况也在稳步回暖。

在治疗领域，呼吸道、感冒制剂与止疼药的销量在新冠疫情宣布结束后逐渐回归正常趋势，抗糖尿病药物在近两年迅速兴起新风潮。糖尿病是一种全球性的慢性疾病，近些年随着生活水平的提高，其发病率逐年上升，发病年龄也愈加年轻化。根据2023年发布的第十版《全球糖尿病概览》数据，截至2023年，全球约有5.37亿患者。而自2021年美国FDA批准了新型降糖药物——司美格鲁肽用于肥胖症减重以来，GLP-1R类等药物受到广泛关注，是近年来减重、降糖的重磅明星药物。

2022年，GLP-1市场规模就超过胰岛素，成为糖尿病市场的最大驱动力，而其市场仍处于高速增长阶段，目前9%的糖尿病患者使用GLP-1，而GLP-1却贡献了31%的市场份额[3]。GLP-1正在向前线治疗领域拓展，或可治疗肥胖、非酒精性脂肪性肝炎、慢性肾病等。

IQVIA数据显示，2022年与2023年美国和欧洲地区糖尿病药物在零售

---

[1] Pei Lu, Europe retail market sale performance, IQVIA Database.
[2] Newell, M. K., Drug Store News. P39, IQVIA, 2023.
[3] 《国内GLP-1市场急速扩增，112款新药进入临床》，https：//xueqiu.com/6410972106/252791762。

渠道的销售额与增长率均排名前三①。2023年美国零售药店销售额排名前十的药品中有6款都是糖尿病药物。诺和诺德的司美格鲁肽（Ozenmpic）以210亿美元销售额排名第一，同比增长近80%。其余产品包括礼来公司的度拉鲁肽（Trulicity）、蒙扎罗（Mounjaro）等。欧洲地区仅有三款糖尿病药物进入销售额前十，排名前二的产品均为抗血栓药物：辉瑞/百时美施贵宝联合开发的抗血栓药物阿哌沙班（Eliquis）和利伐沙班（Xarelto），其次才是司美格鲁肽（Ozenmpic）和阿斯利康公司的达格列净（Forxiga）②。

虽然新冠疫情已宣告结束，欧美国家零售药店市场情况已经基本恢复到疫情前水平，但其对整体零售药店，以至于全球市场运营模式、销售重点等潜移默化的影响还在持续发酵。

（三）社会需求与经营模式变化

1. 数字化零售药店

在移动设备和电子商务时代，消费者的期望也在不断变化。现在，人们在追寻更方便、更灵活的购药体验，以找到并获得高质量、价格合理的药物。美国权威《贝克尔医院评论》的调查显示，超过40%的成年人表示，他们希望在未来也可以继续使用远程医疗服务③。

在欧美地区，网上购药已经存在多年，但并不受推崇，甚至在刚刚兴起时，邮寄药房还经历过公众的抵制。直到疫情期间，人们才重新关注这一购药模式。与前几年相比，远程医疗的采用率越来越高。在非紧急或非必要的情况下，越来越多的人开始尝试网上购药、通过在线平台等新模式满足日常医疗保健需求，包括获得处方药。除此之外，在美国，经认证的临床医生上门为患者配药的家庭服务也在兴起。数字化治疗和远程监控日常药物的使用

---

① Newell, M. K., Drug Store News. P39, IQVIA, 2023.
② Pei Lu, Europe retail market sale performance, IQVIA Database.
③ Adams, K., 7 stats that show how Americans used telehealth in 2021, Becker's Hospital Review, 2021, https://www.beckershospitalreview.com/telehealth/7-stats-that-show-how-americans-used-telehealth-in-2021.html.

使就医更快、更方便。

从经济层面来看，网上购药在一定程度上比传统线下购药更便宜。在医疗价格与药品价格日益增长的现在，许多人开始选择邮寄购药或日常药品订阅服务。在这一现象的背后，医疗保险覆盖范围与报销额度在很大程度上导致人们前往零售药店就诊与开药的意愿不断降低。根据美国威科集团（Wolters Kluwer）的调查采访，如果能降低成本，67%的人更愿意选择网购方式[1]。

线上就医的趋势对实体零售药店带来了一定的打击。尽管整体医药零售市场在回暖，实体零售药店的门店数量依然在因利润下降而逐年减少。IQVIA数据显示，自2020年12月起，美国零售药店门店数量从5.6万余家减少到5.4万余家[2]。各大零售连锁企业均在逐渐关闭门店。美国最大的零售药店之一——CVS在2021年11月便表示，将在未来三年内关闭约900家门店，以适应越来越多消费者转向在线购物的趋势[3]。在三年的转型道路上，CVS已逐渐转型为跨多个领域的综合健康解决方案提供商。

值得一提的是，造成此现象的另一个因素是美国处方报销额度的下降。处方报销款是药店向投保病人配药时从保险公司获得的付款。在整体药物价格上涨、人们越来越偏向网上购药模式的同时，报销额度的下降直接影响了药店的运营利润，因为处方药销售是大部分零售药店的主要收入来源。

大多数欧洲国家有政府支持的全民医疗保险为人们提供基本医疗保障，商业保险作为补充辅助。例如，德国的法定医疗保险体系、英国的国民医疗服务体系，二者都可以负担大部分基础诊疗费用。但在英国，药物并不包含在保险报销范围内，成年公民凭借处方到零售药房购药需要自费，只有部分特殊人群（如16岁以下的儿童、60岁以上的老人等）享受免费。因此，药

---

[1] The next era in pharmacy: Five key insights from the consumer care and cost trends survey (2023) Wolters Kluwer, https://www.wolterskluwer.com/en/expert-insights/the-next-era-in-pharmacy-five-key-consumer-insights.
[2] Newell, M. K., Drug Store News. P39, IQVIA, 2023.
[3] Gardner, J. CVS launches New Venture in Biosimilar Drug Experiment, BioPharma Dive. 2023, https://www.biopharmadive.com/news/cvs-biosimilar-cordavis-humira-sandoz/691741/.

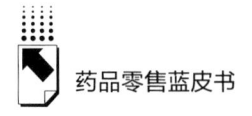

品有限制报销的比例远高于全额报销的比例。这导致英国人民购药意愿同样受到经济因素影响，其线下零售药店运营也承担着和美国一样的潜在风险。据报道，英格兰地区在2017~2023年有900余家药店倒闭。

欧美国家的网上医疗还在起步阶段。调查显示，使用网上购药的患者中，超过半数的人担心药物质量问题，邮寄时药物被篡改、快递被盗，以及可能与他们在其他地方（如当地药店）购买的药物发生不良用药反应等问题[1]。另外，一些弊端仍然存在，如部分抗生素、抗肿瘤药物、眼科药品等在没有冷链运输的条件下会失效。同时，患者的不良用药风险比线下购药更高，面对面沟通仍然是最有效的就医方式。

虽然线上医疗的整体流程细节还需要进一步改进和完善，这种脱离实体药店的转变对连锁药店的盈利能力有着不可小觑的影响。因此，接下来如何向线上转型、与创新虚拟医疗工具结合，成立数字化零售药店是许多企业考虑的问题。

零售药店也可以采用类似新兴技术，在本身拥有成熟药品质量管控体系与物流资源的情况下，线上线下结合提供多环节服务，通过应用程序对患者的基础情况进行远程诊断，并对用药情况进行追踪，开具处方后定期邮寄药品到家。

2. 综合性零售药店服务

2023年，越来越多的调查显示，非集中化就医正在成为新趋势，医院已不再是人们唯一的选择。如美国威科集团调查显示，60%的年轻一代（Z世代）更偏向于去当地药店、大型超市、食品与日用百货下属零售药店接受医疗服务。而老一代人（婴儿潮-千禧一代）更偏向于到传统型医生办公室就诊。在地理因素上，城市居民比郊区和农村地区居民更喜欢前往当地药店、紧急护理诊所和当地百货商店就诊。偏好零售药店就医的人们认为，在

---

[1] The next era in pharmacy: Five key insights from the consumer care and cost trends survey (2023) Wolters Kluwer, https://www.wolterskluwer.com/en/expert-insights/the-next-era-in-pharmacy-five-key-consumer-insights.

非紧急情况下，就医方便比专业知识更重要[①]。综合来看，年龄和地理位置在不同程度上推动了就医非集中化，零售药店正在成为大多数人非紧急医疗的一线选择。

这种信念也延伸到用药决策上。近81%的医疗保健消费者相信药剂师不仅能诊断流感、过敏和耳部感染等疾病，还能开药治疗。同期调查显示，人们认为，与医师相比，熟悉的药剂师可以长期跟踪医疗记录，对个人情况更为了解。因此他们非常信任当地零售药店的药剂师提供的医疗服务。尤其是与塔吉特（Target）或沃尔玛（Walmart）等百货公司的诊所工作人员相比，79%的人表示他们更信任当地药店[②]。

综合来看，前往零售药店就医已经逐渐成为一种趋势。因此，除了基础配药功能外，零售药店在未来还需要寻求扩大服务范围，为客户提供全面和个性化的医疗服务，比如可以通过在社区内提供便捷的初级医疗服务来减轻急诊设施的负担。而药剂师已成为医疗保健连续体中的一个关键环节，其作用也在不断提升。

3. 药剂师的职能转换与拓展

除去已提到的疫苗接种权，美国连锁药店协会（NACDS）数据显示，美国现所有州均已通过不同形式的授权，允许药剂师提供纳洛酮；20个州通过全州协议和合作实践协议，允许药剂师根据常见疾病（包括流感和链球菌咽喉炎）的护理点检测结果为患者提供适当治疗，也有权启动戒烟疗法，包括尼古丁替代产品和/或FDA批准的戒烟辅助工具；21个州承认药剂师独立启动和发放避孕药具的能力；13个州授权药剂师启动艾滋病毒预防疗法（暴露前和/或暴露后预防疗法）[③]。在英国，2003年政府便立法允

[①] The next era in pharmacy: Five key insights from the consumer care and cost trends survey (2023) Wolters Kluwer, https://www.wolterskluwer.com/en/expert-insights/the-next-era-in-pharmacy-five-key-consumer-insights.

[②] The next era in pharmacy: Five key insights from the consumer care and cost trends survey (2023) Wolters Kluwer, https://www.wolterskluwer.com/en/expert-insights/the-next-era-in-pharmacy-five-key-consumer-insights.

[③] Mich, T., Retail Pharmacy Customer Satisfaction Surges as Digital Engagement Keeps Rising, 2023.

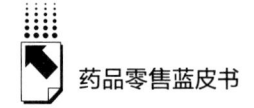

许药剂师拥有补充处方的权利，经过不断地完善与升级，截至2023年，苏格兰地区经NHS认证的药剂师均被认可为拥有独立处方权的药师[1]。法国也在2019年发布政策表示，从2020年起，所有药店都可以对顾客进行咽炎病因（病毒性/细菌性）的诊断并配药，相关费用均由社会保险报销，无须再通过医生开抗生素处方[2]。

现阶段大多数药剂师都有资格提供广泛的医疗保健服务。他们有资格和知识就药物和疗法的选择向病人提供建议，并提供咨询与基础问诊。但现阶段大部分药剂师的时间和精力都花在配发处方药和处理监管文书等基础工作上，而实际上这些工作很容易实现自动化。

欧洲许多国家，如英国在努力推动"电子病历"项目，通过将患者的医疗记录存至云端来加速、简化诊断与药店配药流程。而芬兰已经设立"区域内电子病历"多年，99%以上的医疗数据已实现电子化，居民可以在家查看病历，进行远程视频诊断，修改处方并等待药物邮寄到家[3]。如今也有很多科技公司在研发帮助零售药店简化开药流程的产品，如Redsail技术公司便专门针对自动化零售药房提供科技服务。此公司的软件和电话程序已经可以通过自动方式完成基础开药咨询，如处方订单更新，自动通知患者药物缺货，提醒续购、取药等。专注于将人工智能（AI）应用于临床研究和患者护理的先驱——约翰·霍普金斯医疗近年开发的AI系统能够搜索医疗与临床记录，尝试在患者症状出现之前就识别出有感染风险的患者，进行提前干预治疗。

在未来更多AI与VR技术的加持下，药剂师或许可以进一步从基础、烦琐的重复性工作中脱离，从而有更多的时间用于病人咨询与护理，更有效地发挥更多的作用。

---

[1] 《国外药师处方权制度及实施情况（2014）》，中国科技论义统计源期刊，http://www.yydbzz.com/article/2019/1004-0781/1004-0781-38-4-529.shtml。
[2] 《法国医保改革：药剂师可诊治"小毛病"》，https://m.medvalley.cn/article/225-0-57175。
[3] 德勤：《2023年全球医疗行业展望》，2023。

三　总结与讨论

过去20年里，欧美地区的零售药店格局发生了巨大变化。因利润问题而关闭的实体零售药店数量在近几年持续增加。在此激烈的竞争环境下，零售药店需要适应不断变化的医疗市场与消费者偏好才能存活。

（一）产品种类的变化

如今的欧美国家零售药店依旧以处方药和原研药盈利为主，但药品种类占比却发生了变化。在免疫系统、肿瘤与各类慢性病发病率越来越高的现代社会，人们对此类疾病的关注度与研发的投入都有所增加，而研发投入带动了大量新药的上市。在多方面因素影响下，零售药店的特殊治疗领域药物，如治疗慢性、复杂或罕见疾病的自体免疫、肿瘤药品自进入21世纪后开始逐渐占据零售市场份额。

新冠疫情期间，呼吸道制剂、感冒消炎药、抗生素与止疼药等药品需求急增，供不应求。近两年的医药热点则逐渐转移至糖尿病领域。除了糖尿病本身就是困扰全球人们多年的慢性病以外，抗糖尿病药物在降低体重与治疗肥胖上的适应证扩张推动此类药品热销。截至2023年，在美国和欧洲地区零售药店销售额排名前十的产品中，GLP-1受体激动剂、SGLT2抑制剂等新兴药品均榜上有名，且同比增长率持续走高。

由此可见，零售药店的销售产品种类在很大程度上受到社会医疗热点、药品研发技术、大型公共卫生事件等多方面因素的影响。

（二）疫苗接种服务的变化

疫苗接种曾是医院专属的医疗服务，因为接种疫苗需要一定的专业知识与技术才可以防止医疗事故的发生。但随着几次大型公共卫生事件的爆发，人们越来越意识到疫苗普及的重要性，而推动普及的最有效方法之一便是下放疫苗接种权限，已经渗入社区的零售药店则是最合适的平台。此决策让人

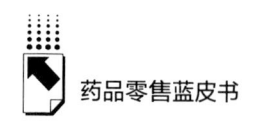

们在家附近就可以快速接种疫苗，且药剂师们可以达到更有效的疫苗科普与更高效的接种情况追踪，综合提升了人们对疫苗的接受度。

因此，自20世纪末开始，各个国家开始启动药剂师培训计划，逐渐下放疫苗接种权限。经多年的观察反馈，越早开放零售药店疫苗接种权限的国家，其疫苗普及率越高，尤其是在面对大型公共卫生事件暴发时。最近的新冠疫情又一次推动了此政策的发展，更多的国家拓宽了零售药店的疫苗接种权限。未来或许会出现更多其他医疗技术的培训，使零售药店与药剂师们做好更万全的准备，来为人们提供更全面的服务。

（三）未来欧美国家零售药店趋势

数字化医疗转型是疫情后零售药店关注的一大重点。推动此趋势发展主要有社会风向与经济两大因素。虽然，欧美地区的网上就医与购药服务也很早就出现并投入使用，但直到新冠疫情的发生才使人们意识到其便利性与可发展性。多份调查显示，许多人希望在线下就医恢复后也可以继续使用线上医疗服务。此外，线上购药在一定情况下会比传统药房开药更便宜。一些药品邮购与在当地药店配药的价格存在差异，同时人们也可以自由在网上进行价格比对、选择合适的疗程等。

线上医疗的普及对实体零售药店的打击不言而喻。顺应科技与社会风向的改变，结合新技术来进行数字化转型对于零售药店的生存来说十分重要。

综合性医疗服务转型则是另一个重点。现代社会，随着人们越来越关注就医的便利性与快捷性，且对药剂师的信任度提升，前往零售药店的就医成为趋势。因此顺应大众趋势，下一阶段欧美国家零售药店正在政府计划的推动下持续拓展医疗服务，提升药剂师职能。欧美地区的人们可以在零售药店获得的医疗服务类型愈加广泛，包括更多种类的疫苗接种、一些基础疾病的初期诊断筛查与治疗、紧急预防疗法的启动等。随着药剂师获得的权利的增加，人们也意识到药剂师并不应该徘徊于烦琐的基础开药与维护零售药店运行工作中，他们可为患者提供的服务价值与本身的专业能力未得到完全释放。因此，结合数字化转型，智能医疗解决方案有望彻底改变零售药店的基础运营工作，释放药剂师的潜能。

欧美地区的科技公司正处于这一变革的前沿。各公司正在将人工智能、机器学习、远程医疗和远程患者监护等数字技术整合到零售药店的运营和日常患者跟踪护理中。这些创新技术可实现实时数据收集、提高患者参与度、提供更高效的医疗服务，同时能大幅节约人工成本，最终为居民和患者带来更好的治疗效果和更佳的综合性医疗体验。

总体来看，零售药店通过提供药物、保健产品和有价值的健康信息，在医疗保健领域发挥着至关重要的作用。未来在新技术、消费者偏好变化和新医疗保健模式的推动下，零售药店的格局将继续演变。零售药店与药剂师的传统角色职能正在不断拓展升级，将医疗保健服务与增强的客户体验融为一体。

参考文献

Four key forces, shaping the future of pharmacy (no date) Optum, https://www.optum.com/en/business/insights/pharmacy-care-services/page.hub.4-trends-shaping-pharmacy-future.html.

B.22
日本药妆店的经营战略*

野间口司郎**

摘　要： 本文通过介绍日本连锁药妆店大型企业的现状，阐述从行业店的药店到药妆店这一业态的转变过程中，应如何考虑"药品""化妆品""日用杂货""食品"等各大品类的配比，以及在这种思考方式下，利润结构和商圈的选择会有哪些不同点，并以代表性企业进行举例说明。此外，本文还介绍了两种不同方向的药妆店，以及日本对应行业相关的流通特点。日本药妆店的主流采用了"小商圈"方式，通过贯彻以标准化和效率化为主体的连锁运营方式应对少子老龄化社会。

关键词： 药妆店　大品类组合　利润结构　商圈选择

一　日本药妆店行业的现状

根据日本连锁药妆店协会（JACDS）的调查，截至2022年，日本药妆店（DgS）的总销售额（市场规模）达到8.71兆日元，门店数量为22084家，企业数量为381家。

截至2024年3月，日本上市的药妆店共有13家，其中包括通过母公司上市的中部药店。这13家公司的总销售额为6.84兆日元（见表1），尽管年度数据可能有所不同，但按照上述市场规模进行估算，日本的13家上市

---

* 除特殊说明外，本文中数据均由《月刊商品营销》编辑部从各企业财务报表整理。
** 野间口司郎，《月刊商品营销》总编。译者：杨康卫，白金制药（西安）有限公司董事长，兼职在日本连锁药妆店协会中国外联工作，在制造业、流通和零售业经营多年。

企业占据了市场的78%以上，呈现明显的大型企业寡头垄断状态。

另外，2024年2月28日，日本药妆店行业销售额排名第一的大型企业Welcia控股和排名第二的鹤羽控股宣布进入经营合并的协商，并计划在2027年12月31日前完成合并。如果合并实现，将诞生销售额达2万亿日元、门店数量超过5000家的企业，进一步加速药妆店行业的大型企业寡头垄断状态。

寡头垄断，将增强排名靠前的大型企业对制造商的发言权，而对于制造商来说，能否将产品供应给一个巨大的企业，也将极大地影响甚至左右公司的命运。

此外，由于PB（自有品牌）商品拥有广泛的销售渠道，其数量规模将与NB（国民品牌）商品相当，因此今后PB商品的影响力将进一步提升。

表1　日本上市药妆店企业销售额排名

排名	公司名称	决算期	营收（百万日元）	同比增速（%）	店铺数量（家）
1	Welcia控股	2023年2月	1144278	11.5	2763
2	鹤羽（TSURUHA）控股	2023年5月	970079	5.9	2614
3	松本清Kokokara&集团	2023年3月	951247	30.3	3409
4	秋樱（COSMOS）药品	2023年5月	827697	9.6	1358
5	太阳药品（SUNDRUG）	2023年3月	690462	6.4	1380
6	杉控股（SUGIDRUG）	2022年2月	667647		1565
7	创造SD（CREATE SD）控股	2023年5月	380963	8.6	758
8	药品的青木（Kusuli-Aoki）控股	2023年5月	378874	15.4	903
9	河内（CAWACHI）药品	2023年3月	281871		364
10	Genky DrugStores	2023年6月	169059	9.3	409
11	中部药品	2023年3月	160947	5.6	495
12	药王堂控股	2023年5月	128791	(10.1)	381
13	札幌药妆（SatuDora）控股	2023年5月	87481	5.5	202
	合计		6839396		16601

注：杉控股、河内药品因会计准则变更未发布增减公告，药王堂控股的同比增速是根据旧会计准则计算的。

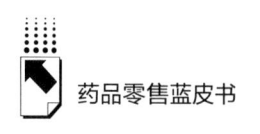

二 从药店转变为药妆店的要点

(一)根据大品类的销售构成比,战略各有不同

日本的药妆店主要经营 4 个大品类——药品(包括处方药)、化妆品、日用杂货(如洗涤剂、牙膏、卫生纸等)、食品,但各公司的销售构成比有很大差异。通过观察这种差异,可以看出各公司的战略差异。在这里,笔者想解释一下大品类销售额构成比和消费者需求之间的关系。

消费者对零售业的需求主要分为以下四类:一是满足生活必需品购买需求的便利性需求;二是基于高技能或知识的客户服务、丰富的商品种类等的专业性需求;三是购买价格低廉商品的低价位需求;四是能够享受愉快购物体验的乐趣需求。就药妆店的四大经营品类和消费者需求之间的关系而言,日用杂货和食品等不可或缺的日常用品大品类满足了便利性需求,而药品(包括处方药)和化妆品等需要专业知识和技能的大品类则满足了专业性需求(见图1)。

从图 1 可以看出,重视便利性的代表性企业是 Genky DrugStores。其食品销售构成比为 67.8%,日用杂货为 12.7%,总计为 80.5%。Genky DrugStores 采用了针对日常生活所需品进行了充分品种完善的经营策略。秋樱药品的食品销售构成比为 58.5%,日用杂货为 15.8%,总计为 74.3%,也是一家注重便利性的药妆店。

注重专业性的典型企业为松本清 Kokokara& 集团,其一般药品、处方药、化妆品等专业性大品类的销售构成比总计为 69.6%。相比之下,Genky DrugStores 的专业性大品类的构成比为 18.8%,因此战略差异显而易见。杉控股的一般药品、处方药、化妆品的销售构成比总计为 61.9%,也是非常注重专业性经营。

创造 SD 控股的食品、日用杂货大品类的构成比为 55.6%,专业性大品类为 39.6%,表明其采用了注重平衡的混合型经营方式。

如此看来,日本上市的药妆店可分为三类,即注重专业性的群组、注重

日本药妆店的经营战略

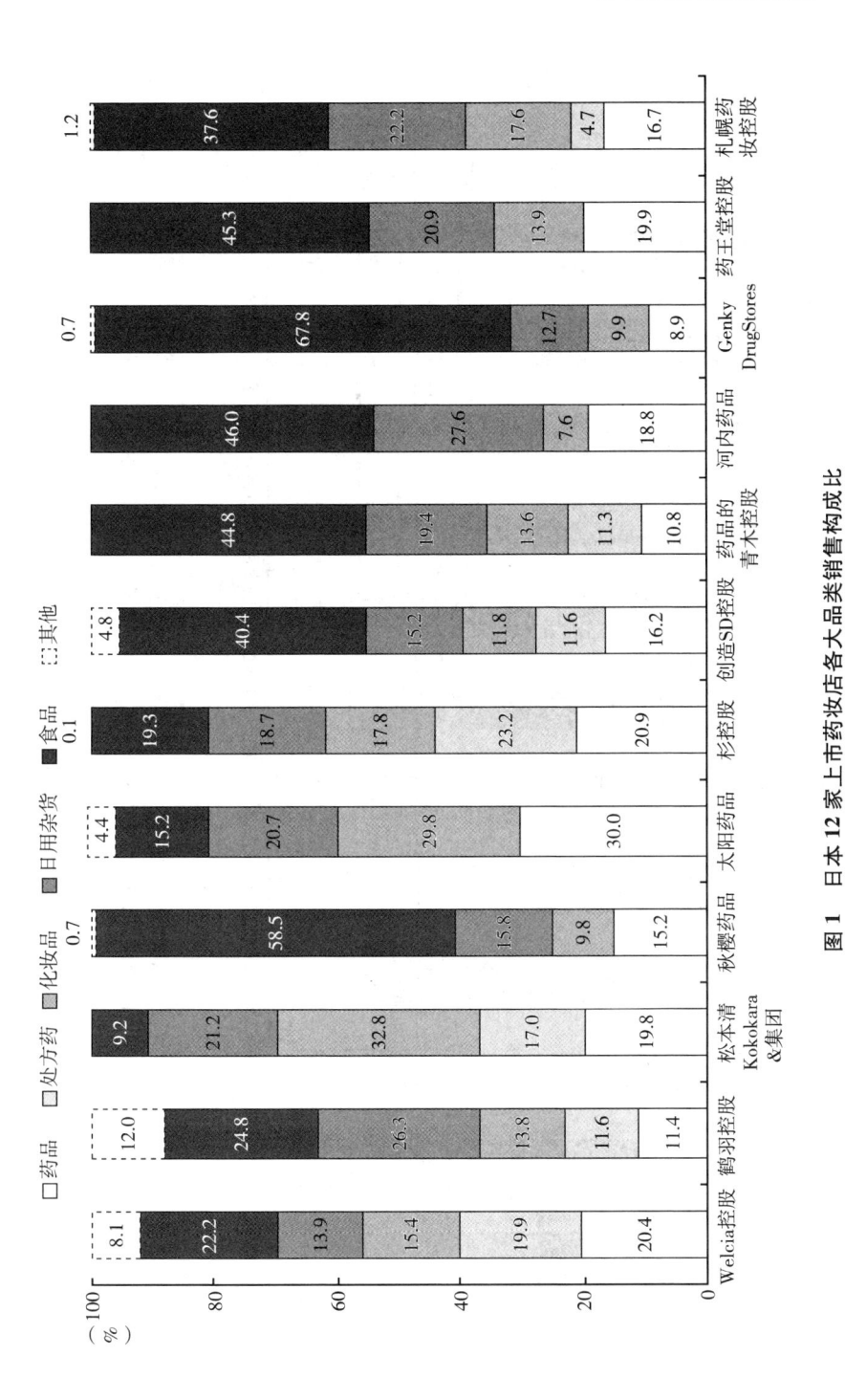

	药品	处方药	化妆品	日用杂货	食品	其他
Welcia控股	22.2	8.1	13.9	15.4	19.9	20.4
鹤羽控股	24.8	12.0	26.3	13.8	11.6	11.4
松本清Kokokara&集团	21.2	9.2	32.8	17.0	19.8	
秋樱药品	58.5	0.7	15.8	9.8	15.2	
大阳药品	15.2	4.4	20.7	29.8	30.0	
杉控股	19.3	0.1	18.7	17.8	23.2	20.9
创造SD控股	40.4	4.8	15.2	11.8	11.6	16.2
药品的青木控股	44.8		19.4	13.6	11.3	10.8
河内药品	46.0		27.6	7.6	18.8	
Genky DrugStores	67.8	0.7	12.7	9.9	8.9	
药王堂控股	45.3		20.9	13.9	19.9	
札幌药妆控股	37.6	1.2	22.2	17.6	4.7	16.7

图1 日本12家上市药妆店各大品类销售构成比

269

药品零售蓝皮书

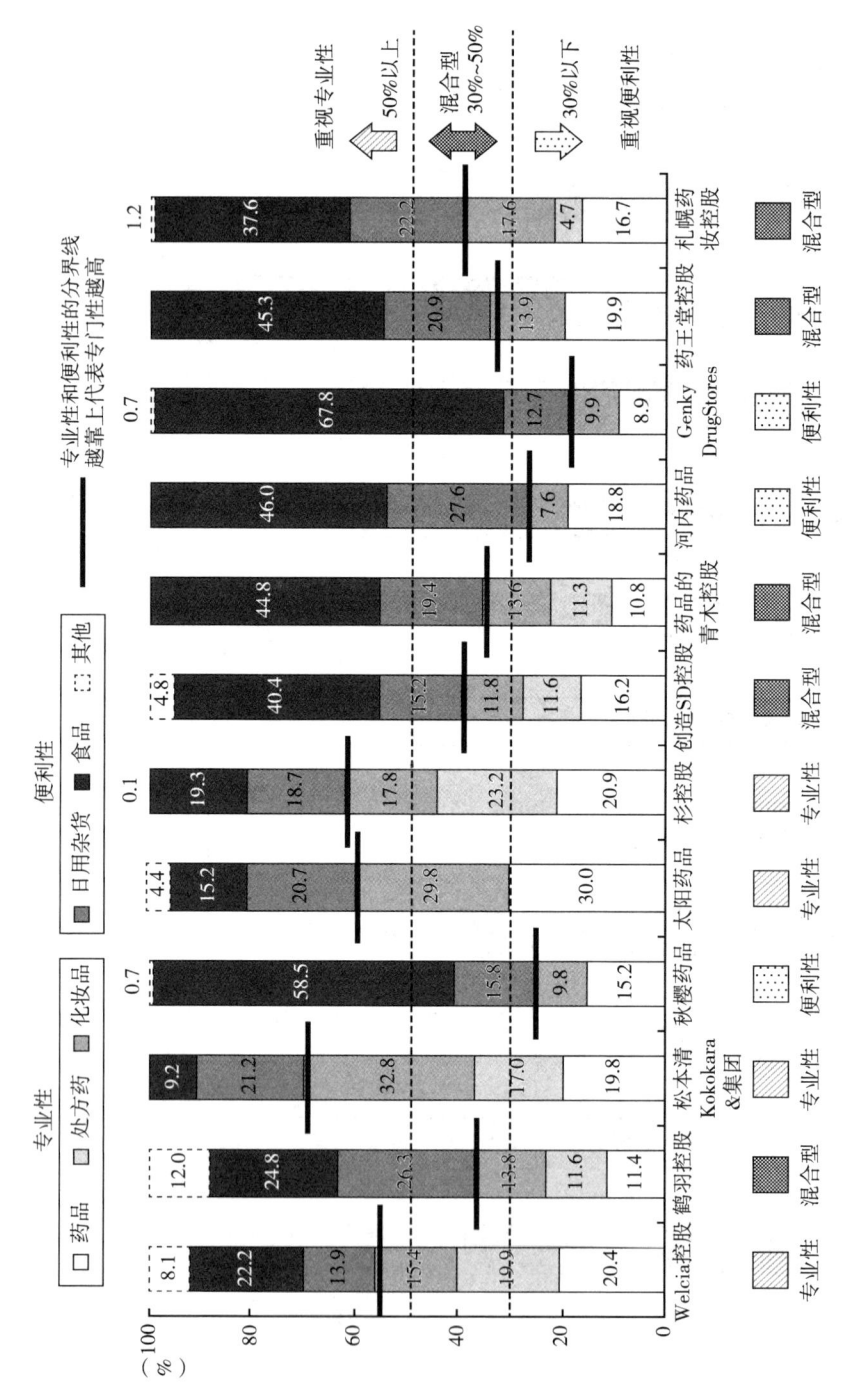

图 2 根据各大品类销售构成比划分的三个群组

便利性的群组以及混合型群组,这是基于消费者需求中的专业性和便利性进行划分的。图2是以专业性大品类销售构成比为标准,将其划分为超过50%的专业性重视群组,30%~50%的混合型群组以及不足30%的便利性重视群组(标准系笔者设定)。

根据这一分类,注重专业性的药妆店包括松本清Kokokara&集团、杉控股、太阳药品、Welcia控股这四家公司。混合型企业包括鹤羽控股、创造SD控股、药品的青木控股、药王堂控股、札幌药妆控股这五家公司。而注重便利性的企业则有秋樱药品、河内药品、Genky DrugStores这三家公司。

尽管日本的药妆店企业都处于同一业态,但从重视哪种消费者需求的角度来看,它们在商品品类构成上有很大的差异,这一趋势使其分为三个群组。并且,根据对便利性和专业性的重视程度,药妆店企业的经营和成长战略也会有很大的不同。

(二)利润获取方式和成本计算方式

表2是上市药妆店的毛利率〔(销售收入-采购成本)÷销售收入×100%)〕的排名。从图2的三个群组角度来看,注重专业性的企业占据了前三位,而注重便利性的企业则基本处于靠后位置。

一般来讲,药品、化妆品的毛利率较高(30%~40%),而食品、日用杂货的毛利率较低(15%~20%)。因此,毛利率随着专业性的提高而增加,随着便利性的提高而降低。

表2 日本各药妆店的销售总利润率(毛利率)排名

单位:%

排名	公司名称	决算月	2021年	2022年	2023年
1	松本清Kokokara&集团	3月决算	—	32.9	34.6
2	Welcia控股	2月决算	31.2	31.3	30.5
3	杉控股(SUGIDRUG)	2月决算	30.1	30.6	30.3
4	鹤羽(TSURUHA)控股	5月决算	29.0	29.6	30.2
5	药品的青木(Kusuli-Aoki)控股	5月决算	29.5	27.3	28.1
6	创造SD(CREATE SD)控股	5月决算	27.6	27.3	27.0

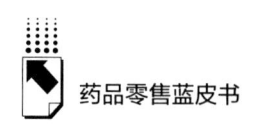

续表

排名	公司名称	决算月	2021年	2022年	2023年
7	太阳药品(SUNDRUG)	3月决算	25.0	24.1	24.9
8	札幌药妆(SatuDora)控股	5月决算	24.6	24.2	24.3
9	河内(CAWACHI)药品	3月决算	22.7	22.6	22.7
10	药王堂控股	2月决算	23.2	22.6	21.9
11	Genky DrugStores	6月决算	21.3	20.0	20.4
12	秋樱(COSMOS)药品	5月决算	20.0	20.0	20.4
平均			25.8	26.0	26.3

表3是人员成本、租金、广告宣传费等费用（销售管理费）占销售收入的比例，即销售管理费率（销售管理费÷销售收入×100%）的排名。同样按三个群组分开来看，注重便利性的企业占据了前两位和第五位。而注重专业性的企业除了排在第四位的太阳药品，其他则排在靠后位置。

注重便利性的企业，因为无法提高毛利率，所以通过彻底控制成本来降低销售管理费率，确保即使毛利率较低，也能留存利润。注重专业性的企业，雇用了薪酬较高的专业人才，如药剂师和美容顾问，并利用其专业的知识和服务技能来销售药品和化妆品，因此也形成了其高利润率、高销售管理费率的运营结构。

表3 药妆店的销售管理费率排名

单位：%

排名	公司名称	决算月	2021年	2022年	2023年
1	Genky DrugStores	6月决算	16.9	16.3	16.5
2	秋樱(COSMOS)药品	5月决算	15.4	16.1	16.7
3	药王堂控股	2月决算	18.7	19.3	18.3
4	太阳药品(SUNDRUG)	3月决算	19.1	18.9	19.5
5	河内(CAWACHI)药品	3月决算	19.0	19.8	20.4
6	创造SD(CREATE SD)控股	5月决算	22.1	22.1	22.1
7	札幌药妆(SatuDora)控股	5月决算	23.8	23.3	23.9
8	药品的青木(Kusuli-Aoki)控股	5月决算	24.0	23.1	24.0
9	鹤羽(TSURUHA)控股	5月决算	23.8	25.2	25.5
10	杉控股(SUGIDRUG)	2月决算	24.5	25.5	25.6

续表

排名	公司名称	决算月	2021年	2022年	2023年
11	Welcia控股	2月决算	26.6	27.1	26.5
12	松本清Kokokara&集团	3月决算	—	27.2	28.1
	平均		21.3	22.0	22.3

资料来源：《月刊商品营销》编辑部根据各公司的财务报表整理。

图3显示了毛利率和销售管理费率之间的差异，即销售额商业利润率（销售收入中主营业务的最终利润占比：营业利润÷销售收入），用柱状图的长短来表示。在零售业中，销售额商业利润率超过5%就被认为是优秀的企业。

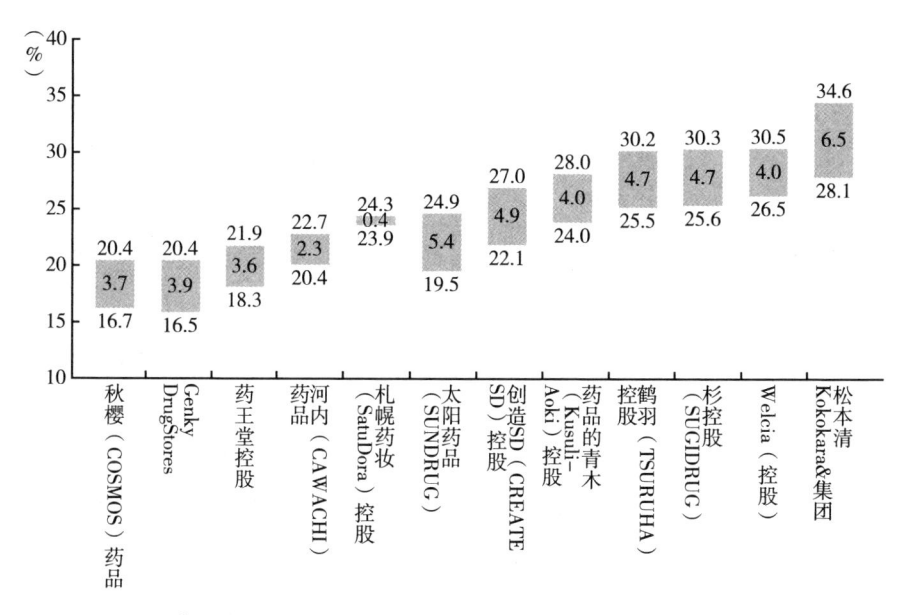

图3 药妆店的毛利率与销售管理费用之差（即销售额商业利润率）

注：柱状图上面的数据表示毛利率，下面的数据为销售管理费率。

通过这些数据，可以了解到企业在利润（毛利率）上到怎样的程度，在成本（销售管理费率）上如何投入，以及它们是如何保障最终利润的。比如，专业性上排名第一的企业松本清Kokokara&集团的销售管理费率为

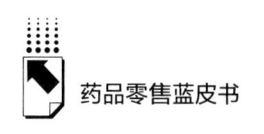

28.1%，投入行业最高的成本，其毛利率为34.6%，也是行业首位，最终剩余利润为6.5%（商业利润率），这也是行业第一。

在注重便利性的企业中，销售额最高的秋樱药品的毛利率为20.4%，虽然不高，但通过成本控制将销售管理费率控制在行业第二的低水平，最终依然保留了3.7%的商业利润率。Genky DrugStores也采用了类似的利润结构。

综上所述，根据企业注重专业性还是注重便利性的不同，成本的投入方式和利润的保障方法，也就是利润结构都有很大的不同。

注重便利性的企业需要通过低价格销售来增加其小商圈中的来客数量，从而增加利润，因此毛利率必然较低。为了在这种情况下实现利润，需要彻底进行成本控制，并必须在实践上使用"连锁经营方式"。

（三）商圈的选择

专业性和便利性这两种类型，根据企业追求的不同，不仅体现出前文所述的利润结构上会产生很大的差异，同时也体现在类型不同而对"商圈"的不同选择上。所谓"商圈"，指的是到店顾客的80%以上所居住的区域。需要考虑以店铺为中心，将周围多大范围的居民作为销售对象，以及这些居民的数量有多少来决定运营设计。

食品和日用杂货等的消耗频度（消费完的频度）很高，因此购买频度也很高。相较于花费1个小时的车程或乘车时间前往远处购物，在离家只有不到10分钟的店铺购买显然更为便利。由于可以在10分钟内到达的范围有限，因此商圈自然而然地会变小，而居住在这里的人数即商圈人口也是非常有限的，这样的狭小商圈通常被称为"小商圈"。对于追求便利性运营的药妆店来说，通过吸引小商圈内的顾客频繁光顾来提高销售额，就成为营业成功的关键。关于小商圈的人口数虽有多种说法，但定义在1万~3万人。

头痛药、胃药、口红等产品，并不是每天都需要消耗的物品。因此购买频度较低，一般是一个月或三个月才购买一次。如果主要是销售购买频度较低的商品，那么就需要覆盖大范围的商圈，否则将无法确保足够的来店客流，从而无法维持营业。因此，如果追求专业性，就需要将商圈拓展到更大范围。关于商圈人口的规模也有多种说法，一般而言，较大范围的"中等商圈"的人口数在5万~10万人，而更大的"大商圈"人口数则在15万~20万人。

如果药店主要销售药品，并且想要增加食品和日用杂货的种类，成为一个提供方便日常生活的"生活商店"，那么就需要选择在居民众多的住宅区等地开店，以便服务于1万~3万人的顾客群体。

如果药店以药品为主，并提供丰富的化妆品品类，朝着"健康与护理美容店"的方向发展，那么需要选择在人流量大、人来人往频繁的城市区域开店，尽管每个人的来店频率不高，但来店人数很多（商圈人口众多）。需要选择至少有5万人，一般情况下则有10万人的居住人口能够来店的环境去开店。

因此，选择追求便利性还是专业性，将决定商圈人口数量的设定以及开店环境（见图4）。

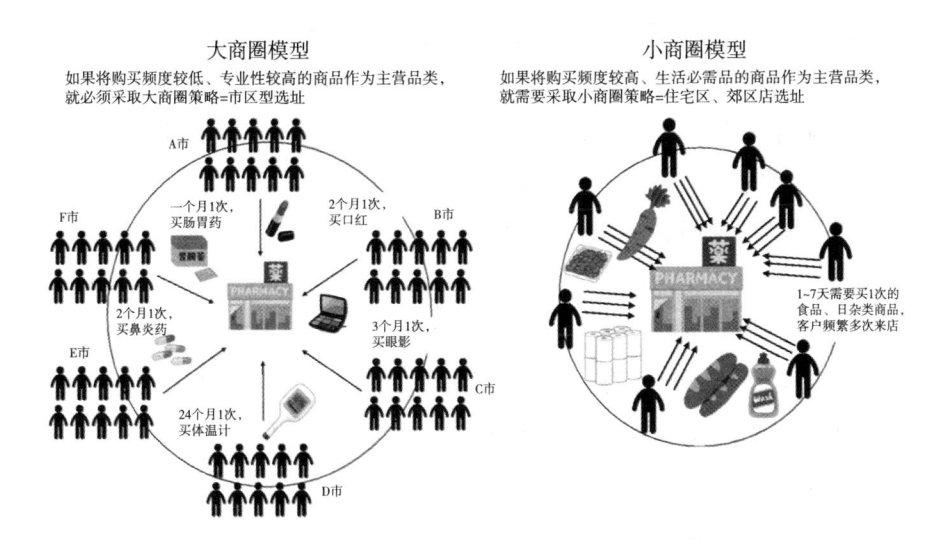

图4 大商圈模型和小商圈模型

如果目标是从药店这种行业店转变为药妆店这种业态店，需要思考判断：是以药品为核心，丰富化妆品品牌品类以提高专业性，还是将重点放在

食品、日用杂货的销售上，成为便利性导向型企业，或者寻求两者平衡，追求中庸型定位。首先需要固化公司的产品品类构成方向，然后再考虑战略。

三 商圈模型、应对少子老龄化社会

日本药妆店的主流采用了小商圈方式。在大品类销售构成比方面，被归类为混合型的药品的青木控股公司，提出了"以食品为中心的物美价廉的丰富品种""通过配药药房促进地区的健康、疾病预防、治疗和居家护理"等四项指导原则，以应对5000人口的社区商圈。这个商圈人口的设定在日本的药妆店中是最小的，能否在这类商圈人口下实现经营盈利，相关人士极为关注，也可以说，这是一个巨大的挑战。

在日本，老龄化和人口减少正在同时发生，除了东京、大阪、名古屋等大都市圈外，其他地区的人口老龄化率（65岁及以上人口占总人口的比例）普遍超过30%。换言之，在大都市以外的地方，商圈覆盖人口减少，老龄化比例提高。而且，预计这种趋势会随着时间的推移而加剧。

药品的青木控股公司所提出的方针是：针对这种情况，通过满足从健康维护、居家护理到美容、生活必需品等各种需求，来"全面占领"人口较少地区的消费，从而扩大自己的商势圈。

应对少子老龄化的另一种策略是在人口密集的大都市及其周边地区经营业务，即通过大范围拓展商圈来实现利润增长。一个典型的例子是松本清Kokokara&集团。该公司在大都市的繁华地段开设了大量门店，通过精心设计的店面、领先时尚的产品和丰富的品类组合等方式销售化妆品和药品，构筑了高利润的经营体制。

另外，杉控股也集中在东京、名古屋和大阪等大都市圈开设门店，可以说具备抵御人口减少的强大实力。此外，该公司还致力于药品调剂、居家医疗等业务，自1976年创立以来一直在推进应对老龄化时代的事业。其商圈范围比较大，并多年来一直强化与健康和护理相关的业务，这是该公司应对少子老龄化的策略。

四 都市型（大商圈）增长企业的案例

松本清公司作为松本清 Kokokara& 集团的核心企业，成立于 1932 年，1987 年开设的上野阿美横店吸引了以年轻女性为核心的客户，人气爆棚。随后，其积极推进电视广告等宣传活动，使药妆店这种业态在日本得到普及。

2021 年其与 Cocokara Fine 进行了合并经营，最近一期的销售额为 9512 亿日元，预计在 2024 年 3 月期的财务报告中将达到 1 兆 300 亿日元。其开店战略以都市型为主，即使在住宅区和郊区开店，也会选择商圈人口较多的大都市周边地区。基本上属于采用大商圈模式的药妆店。松本清公司单体在日本国内已经开设了超过 1800 家门店，并且在日本之外也积极开店，分别在泰国开设了 24 家店铺，在中国台湾开设了 21 家店铺，在越南开设了 6 家店铺，在中国香港开设了 5 家店铺。

2023 年 9 月开业的 SHIBUYA DOGENZAKA FLAG 是继东京都原宿店、池袋店以及中国香港店之后的第四家旗舰店，可以被称为专业追求型、都市型的最先进店铺。该店位于涩谷，是日本首屈一指的繁华地带，深受年轻人和海外游客的喜爱。距离最近的涩谷车站的日均使用者（上下乘客数）数量超过 38 万人次，推测商圈人口也可以与此数量相当。其建筑物为 4 层楼，在外墙上安装了数字标牌来吸引路人的目光。一楼入口附近是限定期间的品牌促销 POP UP 区域、"KATE 多维空间"的化妆模拟器、"发色模拟器"、松本清开发的"皮肤分析仪"；楼梯的墙面上有年轻艺术家直接绘制的作品；四楼招租有色彩搭配和化妆的专业店入驻，在这里染发和化妆后，还可以在隔壁设置的摄影棚里自拍，然后直接进行社交网络分享。此外，SHIBUYA DOGENZAKA FLAG 还有许多仅限本店销售的商品。

该店大量采用了对于追求专业性并展开实体店铺至关重要的"只能在本店体验到的特色装置和设计"，这一点是非常值得参考的。而且，这也可以实现与电商销售（EC）的差异化。虽然可以通过智能手机获取很多的信息，但真正引人入胜的、物理性的体验只有在实体店铺中才能实现。

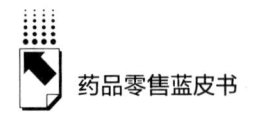

更进一步，如果考虑到对电商的应对措施，则应确保同时应对线下和线上。消费者可以在电商平台上购买商品，他们也可以在线上下单在实体店取货。他们可以在实体店内购买商品，也可以通过实体店内二维码下单购买电商产品。各种线下和线上的组合，未来的零售业需要能给消费者提供这样的选择。虽然 SHIBUYA DOGENZAKA FLAG 只是实现这种组合的一部分，但也一直在朝这个方向努力。

五 住宅区和郊区类型（小商圈）成长型企业介绍

Genky DrugStores 在日本的北陆地区福井县创立，并以创始地作为总部。福井县的人口约为 74 万人，老龄化率为 31.2%[1]，人口减少率为 2.9%[2]。

该公司成立于 1990 年，是相对较晚进入行业的药妆店。最初以 700~1000 坪（2300~3300m^2）的大型药妆店作为主力店铺，但从 2016 年开始，主力店铺转向 300 坪（1000m^2）规模，通过彻底的标准化和效率化战略，成本降低后降低销售价格，实现了每天低价销售，业绩也稳步提升。最近一期的销售额为 1695 亿日元，虽然在已上市药妆店中营收规模处于较低水平，但增长性较高。目前以福井县为中心，还在邻近的岐阜、石川、爱知、滋贺四个县开设了共计 411 家门店（截至 2023 年 12 月底）。食品销售额占比接近 70%，为了加强食品业务，该公司首次在药妆店中自主运营物流中心兼食品加工中心，生产肉类加工食品、熟食和便当。食品相对于其他大品类来说，毛利率较低，因此需要采取措施来降低销售与管理费用。

通过利用 100~200 家分店的数量优势，实现规模化和效率化运营以降低成本，并相应降低销售价格的店铺运营方式被称为"连锁运营"。总部制定规则，店铺依照规则统一执行相同的操作，通过简化工作内容，可以用更少的人数来运营店铺从而压缩人力成本。对于追求在小商圈开展多店铺并以低成本和低毛利率获得业绩增长的公司来说，连锁运营是一种必需的经营手法。

---

[1] 2022 年日本厚生劳动省资料。
[2] 2020 年对 2023 年的比较，日本厚生劳动省资料。

除了彻底贯彻连锁运营外，Genky DrugStores 还有比较独特的策略，就是大规模生产制造以食品为中心的 PB 商品。利用食品加工中心自主生产便当和熟食，并与外国工厂合作制造品类覆盖范围很广的 PB 商品，这些价格锚定要比 NB 便宜 20%～50%。PB 商品的销售额占总销售额的比例约为 22%，在行业中位居首位。通过贯彻以标准化和效率化为主体的连锁运营方式，以及充分利用以食品为中心的低价 PB 商品，Genky DrugStores 确立了在 7000 人商圈中也能适用的业态（见图 5）。

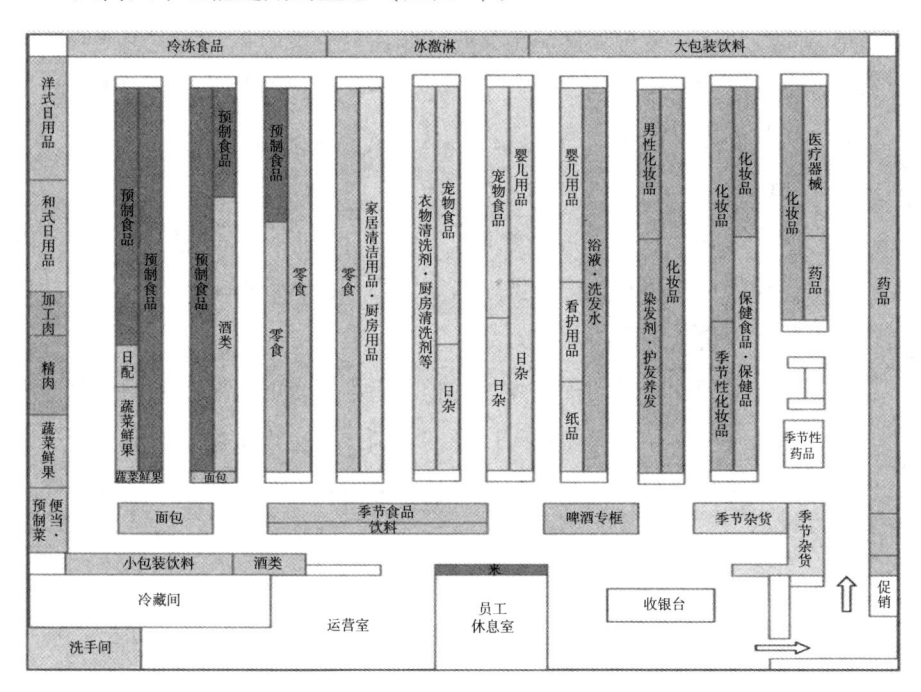

图 5　Genky DrugStores 店铺统一布局

六　日本药妆店的流通制度

（一）化妆品的流通制度及在药妆店的现状

药妆店销售的商品通常经过制造商（生产）→批发商（配货）→药妆

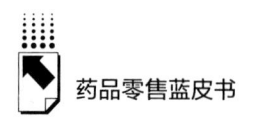

店（零售）的流通方式到达消费者手中。然而，根据大品类或商品类别的不同，也会有不同的流通途径。

在化妆品行业中，资生堂、高丝、佳丽宝、花王 Sofina 和 P&G（SKII）被称为"制度品厂家"。制度品厂家特指有自己的销售公司，一般不通过批发商流通。制度品厂家的产品分为"高价位（5000 日元以上）""中价位（2000~5000 日元）""低价位（2000 日元以下）"三个类别，并根据价格范围的不同将产品销售给不同的渠道，高价位商品销售给百货商场，中价位商品销售给药妆店，低价位商品销售给药妆店、杂货店等，这类企业通常向零售店派遣自己的美容顾问，致力于建立与最终用户的关系。从零售商的角度来看，销售制度品的化妆品可以获得从品牌培育到客户服务等各种支持，并实现高额收益。

非品牌厂家的产品被称为一般品。一般品通过多个批发商流通到零售业。这些产品的价格相对较低。虽然与制度品相比，利润率较低，但通过高周转率销售，零售店也能够从一般品中获利。

近年来，受到互联网和社交媒体的影响，消费者的喜好和偏好变得多样化、细分化。制度品厂家即使投入巨额的营销预算也很难像以前那样创造出大规模的流行趋势。此外，一般品的化妆品通过提高功能性，并通过社交媒体的引导等方式，也创出许多畅销产品。此外，韩国化妆品也大大提升了其受欢迎程度。

如前所述，药妆店成了制度品厂家（资生堂、高丝、佳丽宝、花王 Sofina）中价位产品的销售渠道，多年来，这些厂家提供的产品一直是化妆品大品类的主要商品。然而，出于种种原因，药妆店中的制度品厂家的化妆品表现不佳。一些制度品厂家开始不再提供品牌商品，或者停止向店铺派遣员工提供支持等。因此，药妆店的化妆品目前正处于制度品厂家衰退、一般品和韩国化妆品势力壮大的过渡时期。

（二）日杂品、化妆品"定价权"

20 世纪 60 年代，日本进入快速增长期后，制造业的生产力提升，日用杂货和化妆品厂商为增强影响力，在日本各个都道府县都设立了拥有自家产品销售权的"代理商"，厂商不允许零售业打折的"再销控价制度"以及厂商确定终端销售价格的"标准零售价"等方法很普遍。

到了20世纪90年代，零售业逐渐走向大规模化和跨区域化，单一企业开始拥有通过大量采购来获得"采购力"的能力，在定价方面逐渐处于优势地位。2000年以后，随着品牌数量增加和有影响力的零售企业的店铺数量增加，零售业开始进入消费者选择品牌和店铺的时代，定价权逐渐向消费者、零售业和供应链下游转移。这一趋势至今仍在持续（见表4）。

表4 价格决定力的变化趋势

年代	强			弱	流通·社会状况
二战以后至20世纪60年代	商业	零售	厂家	消费者	小商圈·行业店为主流
20世纪60~80年代	厂家	商业	零售	消费者	电视广告等大规模广告方式来培养树立品牌 标准零售价设定（由厂家主导安排）
20世纪80~90年代	厂家	零售	商业	消费者	零售业的集团化、大企业化 大商圈商业模式兴起
20世纪90年代至21世纪初	零售	厂家	消费者	商业	厂家开放性价格（由零售企业主导安排）逐渐扩大生产性和效率提升后供给过剩
21世纪初至今	消费者	零售	厂家	商业	进入成熟市场，经济发展低迷，消费者的商品辨别判断能力提升，零售业过剩开店，电商登场和普及

译者注：日本的EC（电子商务）虽然有，因为实体店铺的发达程度、物流和人力成本等，并不适合与中国的EC做直接对比，并且在药妆行业没有出现可以与实体店铺匹敌的EC平台或者垂直类店铺，故作者没有对EC进行对比阐述。但作者补充了日本可以公开获取的一般消费品垂直类电商公司的数据：在29%的毛利率下，销售费用控制在17%，可以达到12%的净利润率，相比实体店铺的管理成本还是比较低的，同时电商是广域发货，几乎可以不考虑商圈因素。可供读者参考。

探讨篇

B.23
定点零售药店纳入门诊统筹政策对零售药店的影响研究

邵 蓉[*]

摘 要： 本文通过文献研究和典型地区调研，探究定点零售药店纳入门诊统筹政策对零售药店的影响，为政策完善提供依据。结果发现，政策实施对门诊统筹定点零售药店的数量、定位、处方获取、客流和药品销售、药品价格、经营成本和医保预算管理均存在不同程度的影响。建议对零售药店制定差异化的医保监管方式；鼓励药店提高连锁率；在总额预算管理的前提下，允许OTC在定点零售药店无须处方直接统筹结算；允许药店自由定价，通过医保支付标准合理引导药品价格等。

关键词： 零售药店 门诊统筹 药品监管

---

[*] 邵蓉，博士，中国药科大学二级教授、博士生导师，中国药科大学药品监管科学研究院执行院长、中国药科大学国家药物政策与医药产业经济研究中心执行副主任，主要研究方向为医药政策与法规。

一 我国零售药店的特点与行业现状

长期以来，我国职工医保门诊统筹支付主要集中在医疗机构，零售药店的医保支付主要使用个人账户，伴随医保改革，门诊统筹支付进一步扩大至零售药店。2021年4月，国务院办公厅发布《关于建立健全职工基本医疗保险门诊共济保障机制的指导意见》（国办发〔2021〕14号），文件明确将符合条件的定点零售药店提供的用药保障服务纳入门诊保障范围，支持外配处方在定点零售药店结算和配药，充分发挥定点零售药店便民、可及的作用。2023年2月，国家医疗保障局办公室发布《关于进一步做好定点零售药店纳入门诊统筹管理的通知》（医保办发〔2023〕4号），鼓励符合条件的定点零售药店自愿申请开通门诊统筹服务，为参保人员提供门诊统筹用药保障。

将定点零售药店纳入门诊统筹管理是一项创新性改革，将逐步改变患者的消费习惯，进而改变药品流通格局，对药品零售行业影响深远。另外，与医疗机构相比，零售药店的特点、社会定位存在明显差异，无法直接照搬医疗机构门诊统筹管理的政策设计，推进定点零售药店纳入门诊统筹管理政策必须考虑我国药品零售行业的现状背景和零售药店的特点。因此，有必要从零售药店的视角分析政策实施对药品零售行业的影响，了解政策推进过程中零售药店端面临的挑战和实际诉求。

（一）我国药品零售行业发展现状

零售药店是我国药品流通环节的重要主体，是向患者售药和提供药学服务的重要渠道。据国家药监局官网，截至2023年底，全国共有药品零售连锁企业6725家、下辖门店38.56万家，零售单体药店28.14万家，连锁率达57.81%（见图1），近5年全国药店数量年复合增长率达6.6%。从药品销售终端的销售额分布来看，近年来，我国零售药店终端销售额占比持续增长，2023年零售药店终端销售额占全国销售总额的29.3%（见图2）。

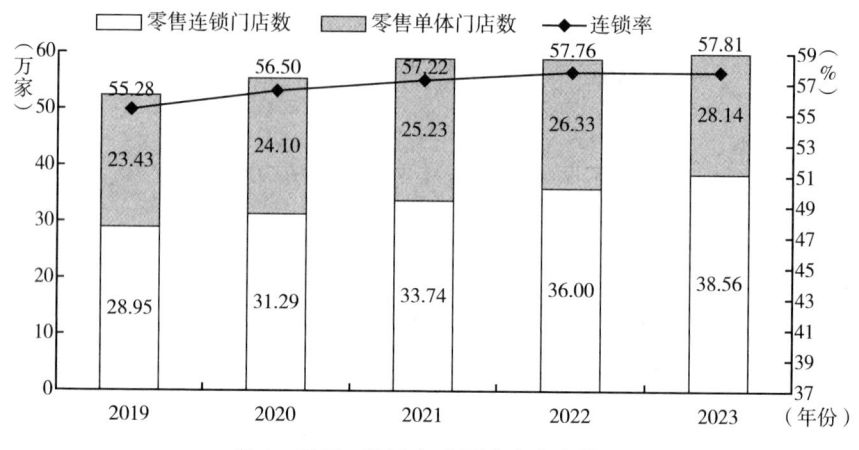

图1 2019~2023年全国药店分布情况

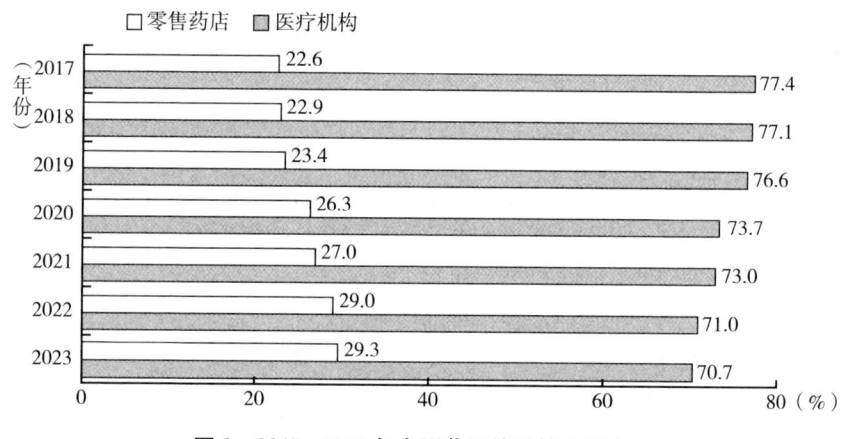

图2 2017~2023年全国药品终端销售额占比

资料来源：米内网。

（二）零售药店的特点

在我国医药卫生体系中，零售药店具有便利性、经济性和专业性的特点。

零售药店数量多、分布广，更接近市场终端消费者群体，相比于医疗机构具有便利性强的特点。近年来，我国零售药店数量不断增加，已形成相当规模。2023年我国连锁和单体零售药店超过66.7万家，平均每家零售药店的服务人数为2095人，而发达国家店均服务人数约6000人，足见我国零售药店数量较为充足，能够充分满足人民日常便捷购药的需求。

零售药店市场竞争充分，具有经济性的特点。我国人口众多，医疗资源较为紧张。相较于到医疗机构购买药品，零售药店可以为患者节约交通、挂号和时间成本；对政府及医疗机构而言，零售药店可在患者分流、节约社会资源方面发挥重要作用，减轻医疗卫生服务体系的负担。

作为最基本的药学服务单位，零售药店具有专业性的特点。我国《药品管理法》《药品经营和使用质量监督管理办法》等法律文件明确要求零售药店配备药师等药学服务人员。国家药品监督管理局执业药师资格认证中心官网信息显示，2023年12月底年我国注册在零售药店的执业药师数量达71.4万人，为零售药店指导患者自我药疗、提供药学服务奠定了良好的人员基础。一些零售药店除日常销售药品、指导患者用药外，还开展血糖监测、血压监测、科普教育讲座等健康管理活动。部分具备特殊资质的零售药店，比如"双通道"定点零售药店、DTP药店（直接面向患者提供更有价值的专业服务的药店），还能够结合临床治疗方案，为特殊疾病患者提供健康管理的专业药学服务。疫情期间，我国零售药店也利用其分布广、专业性强等特点承担起了守护基层社区人民群众健康的重任，是公共卫生体系不可或缺的重要组成部分。

（三）零售药店和医疗机构的差异

由于零售药店和医疗机构在单位性质、社会定位等方面的不同，两者在经营成本、经营模式、收费项目等方面存在较大差异。

一是经营成本方面。公立医疗机构作为非营利性组织，享受政府的多种优待扶持政策，如药品集中招采、土地免费、税收减免、财政补贴等。作为市场化产物的零售药店，在经营上需要自负盈亏，不仅要自付店面租金，还要自行采购药品、全额缴税等，且所占市场份额较低，相比于公立医疗机构药房，零售药店的经营成本较高。

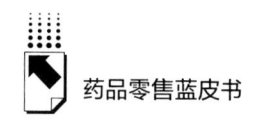

二是经营模式方面。医疗机构是非营利单位，其收入主要包括政府补贴、检查化验费、治疗费、医事/药事服务费等。零售药店作为营利性企业，利润主要来源于购销差价。零售药店在处方审核、合理用药指导等方面也需要投入人力成本，但迄今相关药事服务尚无收费依据，需要零售药店在经营过程中通过购销差价进行覆盖。

三是收费项目方面。医疗机构除了正常收取药费、医用耗材费用外，还可以收取医疗服务费用，包括检查费、化验费、诊断费、治疗费等，体现医生、护士、药师、技师的技术劳动价值。作为零售药店，除进行正常药品销售外，还为消费者提供用药咨询等基本药学服务，以及健康教育、慢病管理等增值服务，能够为患者节约交通、时间、挂号成本，提供购药便利，但目前所提供的附加服务无法作为收费项目体现价值。

二 实施定点零售药店纳入门诊统筹管理政策对零售药店行业的影响

为探究实施定点零售药店纳入门诊统筹管理政策对零售药店行业的影响，课题组开展了全面的文献研究和典型地区调研。2023年7~10月，课题组对杭州、天津、大连、南京、徐州和无锡等城市进行了实地走访和调研。

（一）部分省市纳入门诊统筹的定点零售药店数量情况

2021年国办发〔2021〕14号文发布以来，各省市零售药店按照本地出台的细化措施积极响应纳入门诊统筹管理。大连市截至2023年9月共有3581家零售药店纳入统筹范围，占4600多家医保定点药店的77.8%；天津市截至2023年9月已全面开通门诊统筹服务，门诊统筹药店达1330余家，开通比例为100%；江苏省截至2023年6月底门诊统筹药店达2.3万家，占2.9万家定点零售药店的79.3%；杭州市自2003年开始探索对企业退休人员实行门诊统筹，截至2022年12月底全市门诊统筹药店达3349家。此外，河北省截至2022年底门诊统筹药店共计421家，四川省首批有19家，呼和浩特市截至2023年2月先后两批开通1810家，青岛开通28家。

综上可见，各省市纳入职工医保门诊统筹的定点零售药店数量差异较大。

（二）对零售药店原有定位的影响

通过文献研究发现，长期以来，我国零售药店由于缺乏医疗属性，专业服务能力相对不强，在医药服务体系乃至药品流通市场都一直处于边缘地位。有学者认为，零售药店纳入门诊统筹管理后有望改变零售药店在整个医药服务体系内的定位，医保统筹的主动延伸是对零售药店在新医改中所扮演角色的重新诠释，意味着零售药店的医药服务属性被承认，与基层医疗机构的竞赛可以回到同一起跑线，二者将形成相互竞争又相互合作的关系。还有观点认为，政策的实施能够有效促进医药分开，使医院与药店的社会分工更加专业化，推进零售药店向药学服务、健康教育、疾病防治、慢病管理等方向转型。

阶段性实地访谈调研结果发现，由于处方外流、价格管理、药品采购渠道等问题尚未探索到良好的解决途径，目前大部分零售药店尚未享受到改革红利，甚至出现经营状况恶化的情况，并没有实现向上述功能定位的转变，甚至部分地区出现了医院与药店两者定位更加模糊的现象。

例如，大连市在推进门诊共济改革的过程中，对基层医疗机构出台了较为明显的倾斜性政策，通过为基层医疗机构提供购药周转金以及鼓励扩大药品配备数量等方式，推动基层医疗机构承接门诊统筹购药需求，使基层医疗机构成为多数患者的购药选择，医疗机构与零售药店社会化分工变得更加模糊，药品零售行业生存压力骤增。此外，大连市医保统筹尚不支持互联网医院处方，由于基层医疗机构能够直接开具处方并提供药品，且报销比例更高（基层医疗机构报销比例为70%，患者与社区医疗机构签约后为80%），慢性病以及可自我药疗的常见病患者因使用统筹基金需求而被大量引流至基层医疗机构。根据实地调研访谈，目前许多基层医疗机构每日开具处方数量较改革前增长超过60%，所有处方中80%以上是续方拿药，极少有实质性医

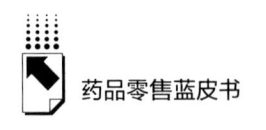

疗诊断、健康检查等服务。可见，目前大连市基层医疗机构的主要职能已从疾病诊治变为药品销售，零售药店因无处方来源而处于被"架空"的状态。个别零售药店为继续经营，只得收购一些民营医院的综合门诊部门充当"处方工厂"，医院与药店的定位及社会分工愈加模糊。与此同时，与零售药店相比，基层医疗机构相对数量少、分布稀疏，大部分参保人反映目前购药存在路途更远、医院排队时间长等不便。

（三）对零售药店处方获得及处方药销售的影响

据有关统计，零售药店纳入医保门诊统筹管理前，处方药销售额约占药店总收入的40%，具体占比因药店地点、资质类型等略有不同。

文献研究发现，大部分观点认为定点零售药店纳入门诊统筹管理后，处方药在定点零售药店销售情况的占比预计将进一步提升，但关键在于处方流转问题的解决。

实地调研发现，杭州、天津、大连、无锡、徐州等部分城市已率先探索构建处方流转路径，通过搭建电子处方流转平台、推动处方上传、规范处方审核、支持定点零售药店接入本市医药采购应用平台、设立门诊统筹公众号等方式，打通了患者在院外凭方购药、医保基金使用有迹可循等政策实施路径。然而，受到医疗机构处方流转动力不足、外配处方结算流程复杂、处方流转制度不完善等因素影响，目前调研城市的处方流转量大多不足以满足参保人尤其是慢性病患者的用药需求，与以往医保个人账户结算相比，政策实施后许多定点零售药店的处方药销售量均有所下滑。

天津市实施定点零售药店门诊统筹多年，通过多种方式试图为定点零售药店解决处方来源问题：①允许医院和药店自由签约流转处方；②接受互联网医院处方；③门诊特殊病可查询用药历史；④"双通道"药品不算医院药占比；⑤支付方式改革，糖尿病按人头付费，鼓励医疗机构处方外流。自2023年1月政策实施至2023年8月，全市门诊统筹药店通过处方流转结算共计180余万人次，其中医保统筹基金结算金额1.75亿元，个人账户结算金额2.09亿元。据该市零售药店行业代表反映，目前天津市门诊统筹药店的处方主要来源于上述第一种途径,但是自2023年8月天津对民营医院实施点数法支付管理后处方流转量明显下降。

大连市统筹基金对基层医疗机构和门诊统筹药店销售的药品结算方式不同,同一张处方在基层医疗机构兑现即等值结算,如流转至门诊统筹药店结算则按点数法与医疗机构结算。由于基层医疗机构配备药品的品种及数量均较充足,且处方外流会占用医疗机构点数,故其处方流转动力不足。2023年1~9月共流转处方约57万张,全市3319家门诊统筹药店平均每家药店每天获得处方不足1张。

无锡市政策实施总体较为平稳,允许在门诊统筹药店购买OTC药品不需要处方。该市的处方流转主要集中在"双通道"药品和特药。其中特药流转的主要动力源于特药资金占用医院垫资。医疗机构日均70%的电子处方都会流转到DTP药店。然而,由于无锡市2023年才开始建设处方流转系统,系统暂不完善,患者在使用过程中遇到诸多困难,如电子处方需要扫描二维码,癌症患者容貌变化影响人脸识别,每人每次购药超过一种就无法结算,按支和按盒购买问题尚未妥善解决等。此外,对于门诊统筹药店实际出现的一些违规问题,定性比较困难,原因是很多违规不是药店主观违反,而是药品追溯码上传等系统环节出现问题。

徐州市医保局反映,目前处方流转不畅的主要原因有:①医疗机构处方外流动力不足;②调整患者购药习惯是一项长期工作;③处方流转平台有待继续完善。目前处方流转系统仍存在接口问题,门诊统筹药店和医疗机构、门诊统筹药店和其他药店的数据更新同步不及时,药品目录、库存数据都存在滞后性。

（四）对零售药店客流和药品销售的影响

有观点认为,相比医院门诊,零售药店在便民度、用户黏性、可及度等方面具备明显优势,门诊统筹的对接有望为门诊统筹药店带来明显客流增量。文献研究和实地调研发现,确有部分定点零售药店因纳入门诊统筹而获得客流和药品销售量的增量福利,如河北省一家较早试点门诊统筹药店具有

"双通道"资质的院边店，自试点以来该门店在处方外流上获得较好的倾斜，患者到店购药可查询过往处方情况，从而带来大量客流。徐州市实施门诊共济改革制度后，调整了职工医保门诊的资金占比，对基金实行刚性的总额预算。调研显示，截至2023年10月15日，徐州市职工普通门诊统筹药店购药人次达363.42万，与上年同期相比增幅为694.35%，门诊统筹总费用达到7.38亿元，同比增加6.09亿元，增幅达472.09%。

实地调研中发现，很多地区定点零售药店纳入门诊统筹管理在落地实施过程中仍有很多难点，红利政策难以抵消门诊共济改革个人账户缩水、适用范围缩小以及处方外流障碍等对药店客流造成的负面影响。

例如，天津市在全国推行门诊共济政策之前对定点零售药店进行总额管理，且使用统筹基金购买非处方药不需要处方；改革后取消了定点零售药店的总额管理，不再对定点零售药店划分医保额度，在定点零售药店购买非处方药要求"互联网+"医疗复诊处方。在此背景下，医疗机构处方外流积极性下降，定点零售药店减少了许多需处方药的优质客户和原本可直接使用医保个账购买非处方药的客户。就使用医保基金的额度来看，改革后定点零售药店非处方药的销售额度下降了20%。

大连市在门诊共济政策实施之前，常见病、慢性病患者优先到药店拿药，定点零售药店一年使用医保基金可达8亿元。然而，将慢性病纳入门诊统筹之后，据统计2023年1~8月药店使用医保基金仅为8200万元。该政策对单体药店冲击更大，很多单体药店在政策施行之后关闭，未来半年内预计还将有20%的药店因经营困难而选择闭店。

南京市门诊统筹药店的销售情况也较为惨淡，截至2023年10月20日，南京市门诊统筹支付的医疗总费用共计1039562万元，其中门诊统筹药店支出7282万元，仅占门诊统筹总费用的0.70%。从当前基金运行占比情况来看，参保人在门诊统筹药店购药对门诊统筹基金安全冲击有限。

随着药店纳入门诊统筹政策在各个城市的相继落地实施，因处方外流困难导致的客流减少成为普遍现象，这不仅影响药店原有的处方药和非处方药销售额，更重要的是导致大多数有意愿使用统筹基金的患者特别是属于优质客户的慢性病患者大大减少了到店次数。以前，患者在购买慢性病药品的同时，通常也会自费购买一些医保目录外的保健品、健康护理产品等。客流大幅减少，不仅影响医保支付药品的销售，也影响其他非医保产品，这将对定点零售药店的经营带来根本性的影响。

（五）对零售药店药品销售价格的影响

以集采药品为例，目前，各省市对于门诊统筹药店药品价格管理的模式主要有三种：一是要求门诊统筹药店销售集采药品价格与医保支付标准"零差率"，如江苏省等；二是允许门诊统筹药店按照一定比例加价并根据加价后标准支付，如上海、杭州等市；三是允许门诊统筹药店自由定价但按照既定支付标准进行支付，如大连、天津等市。

调研发现，允许门诊统筹药店加价或自由定价更利于药店的灵活经营，在市场竞争充分的情况下，许多药店甚至会主动对医保药品设置"零差率"的价格。由于药店在选址、经营模式、进货渠道等方面存在差异，其成本构成也有所不同，统一硬性要求门诊统筹药店的医保药品价格"零差率"导致部分药店难以执行，甚至很多药品存在亏损销售的情况。

也有地区反映，"零差率"销售不一定会给定点零售药店造成亏损。如无锡市允许门诊统筹药店自主定价，但同时要求医保部门认定的"便民药店"必须在省级集采平台采购国谈药和集采药，且至少有30种"零差率"销售的药品。由于大部分"便民药店"是连锁药店，原本就有更低成本的采购渠道，因此药店不仅不会亏损，还会因"便民药店"招牌和所提供的低价药品吸引更多客流。

（六）对零售药店成本的影响

定点零售药店获得门诊统筹资格，以及获得资格后的日常运营需要一笔不小的投入。有经营者反映，某省门诊统筹药店必须缴纳近1.5万元安装智慧监管系统。此外，成为门诊统筹药店后医保药品管理、财务管理、人员管理、信息管理以及医保费用结算等方面的费用支出也会增加。加上药店面临

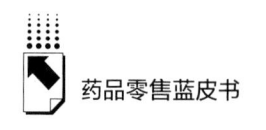

房租及人工等成本，经营愈加困难。例如，大连市 600 家零售药店中有从业人员 3 万余人，由于客流降低、销售额锐减，药店不得不选择裁员来节省人工成本开支，现阶段在岗员工薪酬也只能维持在大连市最低工资水平。

（七）对零售药店医保预算管理的影响

改革实施以来，各省市积极探索对门诊统筹药店的医保统筹基金预算管理模式，目前主要分为三种：一是对门诊统筹药店划出单独份额的总额预算管理；二是按照处方来源的医疗机构进行总额预算管理；三是按人头付费管理。

实地调研发现，大连市实行医疗机构与门诊统筹药店签约制度，相关费用先由患者和医疗机构进行结算，之后医疗机构再和相应门诊统筹药店进行结算，实行按照处方来源的医疗机构进行总额预算管理模式。因对基层医疗机构进行等值结算，而对其他医疗机构设置差异系数，进一步降低了其他医疗机构处方外流的积极性，导致门诊统筹药店接受的流转处方数量不足。

天津市医保局 2023 年 8 月发布《关于进一步做好我市医疗保障区域点数法总额预算管理有关工作的通知（征求意见稿）》，要求按照"量价挂钩"原则建立门诊医疗服务付费点数调节机制，实行区域总额预算控制与单家机构总额预算控制相结合的管理机制。给每家医疗机构设置使用医保基金（诊疗项目、使用药品）额度，开具的外配处方也算在医疗机构的额度中。该政策对医疗机构回款有一定的影响，民营医疗机构更加不愿意处方外流。

无锡市医保资金实行按人头付费管理，年度门诊统筹总限额为 12000 元，其中门诊统筹药店为 2000 元，可进行权益置换，即如未在药店使用，则可在医院享受 12000 元；如在药店用完 2000 元额度，在医院则享受 10000 元额度。患者持纸质处方去药店购药，支付比例固定为 60%。药店 2000 元额度的确定，是通过测算个人账户减济给医保基金带来的增量，根据历年药店销售数据统计，将总费用换算成待遇标准，再与医疗机构待遇费用的增加部分进行比较，剩下的就是药店部分。额度限制的好处是可以有效避免医保基金穿底现象的发生；带来的主要问题是，群众认为年度总限额是个人应得权益，进而导致会自发在第四季度集中突击使用统筹基金。有观点认为，如没有年度限额，反而不会出现这种浪费行为。据了解，部分地区如上海、北京已经开始放开额度限制，但大多数省市医保部门通常不敢轻易放开额度限制。

徐州市要求社区医院和药店与区域内的医疗机构进行绑定，形成医联体，保持基本药品目录一致，基本药物大概占药品销售的 70%。目前，门诊统筹药店药品的销售数据能否划到医疗机构的考核量中，使医疗机构能够完成年度考核指标，是影响医疗机构处方外流的主要因素之一。

三 定点零售药店纳入门诊统筹管理背景下零售药店端实施路径

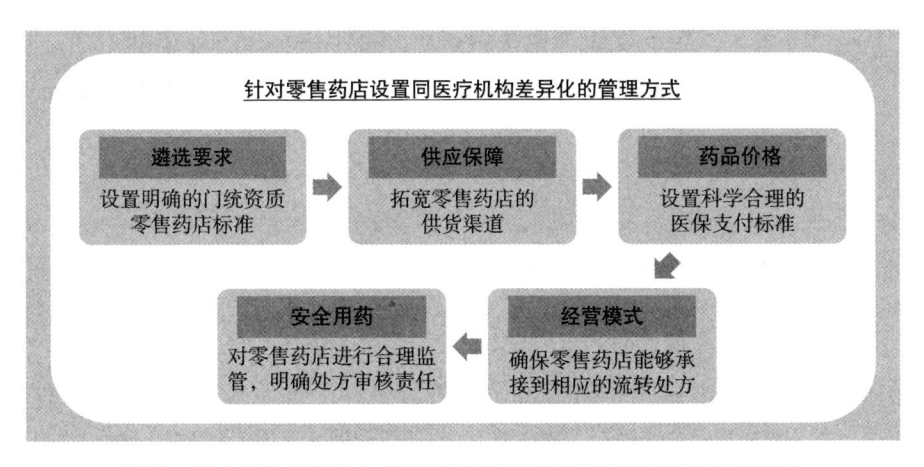

图3 定点零售药店纳入门诊统筹管理背景下零售药店端实施路径

（一）根据零售药店特点制定差异化监管政策

如上所述，零售药店和医疗机构在经营成本、经营模式、收费项目等方面存在较大差异，因此在将零售药店纳入门诊统筹管理时需更多关注零售药

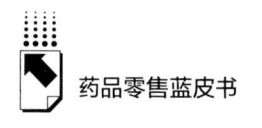

店的行业特点，制定更适合零售药店行业长远发展的个性化政策。

在门诊统筹制度改革过程中，如果将零售药店视同医疗机构管理，零售药店会面临经营亏损，失去市场主体活力，不利于零售药店行业的整体发展。因此制定具体政策时应在药品价格制定、药品获得渠道拓宽等方面予以充分考虑。

（二）鼓励提升零售药店连锁率

《关于"十四五"时期促进药品流通行业高质量发展的指导意见》中提出2025年药品零售连锁率接近70%的总体目标，达到这一目标还需要各方面付出更大努力。在推进门诊统筹制度过程中，必须同时加强医保基金监管并完善配套政策。相较于规模体量较小的单体药店，连锁药店的经营管理制度相对健全、管理水平较高，医保部门基金监管难度也较小。因此，鼓励进一步提升零售药店连锁率有利于降低监管风险、节约监管成本。可在门诊统筹药店准入资质设置上优先考虑连锁药店，进一步加速行业优胜劣汰。此外，还应优先考虑生产经营一体化企业。原因是该类企业在自产品种方面具有绝对优势，同时该类企业在上游制药和流通过程兼备领跑优势，与市场的联系更加紧密，供货渠道也更加丰富。

（三）取消对OTC药品的处方要求

目前，部分省市医保部门要求提交处方作为OTC药品报销依据，给药店带来诸多负面影响，包括药品销售额下降、库存管理困难、经营模式调整和经营成本增加等，导致药店经营面临新挑战；同时，该政策增加了患者的经济负担、时间和精力成本，限制患者的选择权和自我管理能力，甚至可能延误治疗时间，对患者的医疗体验和治疗效果产生负面影响。

因此，为更好地发挥OTC药品的治疗作用，建议允许OTC药品不需要处方即可在门诊统筹药店使用统筹基金进行结算。这种做法在方便患者日常购药的同时，可能会引发参保人购买OTC药品时出现串换药品等不合规行为，导致统筹基金用量激增等情况出现。这就对基金监管提出了更高要求。可考虑探索应用智慧医保模式，加强医保基金风险监测，同时加大对门诊统筹药店医保药师的管理力度。

（四）不对药品销售价格作硬性要求

在将定点零售药店纳入门诊统筹管理政策实施过程中，建议仅对定点零售药店的医保支付标准进行规定，而不对药品销售价格作另外规定。目前，部分省市对门诊统筹药店的药品销售价格进行限制，主要是地方医保部门担心药店可能会对药品销售价格加成太多，导致医保基金支出大幅增加。定点零售药店的药品价格应该以医保支付标准为基础，实现政府引导、市场调节。如天津市允许定点零售药店按照既定医保支付标准由市场自由定价，在充分的市场竞争下，消费者对于药品价格非常敏感，药品销售价格自然而然会趋于医保支付标准。大连市创建了门诊统筹药品价格"掌上"查询系统，通过这一线上"比价神器"，患者能够清晰地对比各两定机构的药品销售价格，在透明的市场机制下，各两定机构必然会制定较为合理的药品销售价格。这也从另一个侧面说明，监管部门不对药品价格进行控制，市场也会自行对药品价格进行调节，进而推动药品价格趋于合理水平。将药品销售价格交给市场调节，在一定程度上还能够激发零售药店行业活力，推动行业自律。此外，国家医保局在《关于进一步做好定点零售药店纳入门诊统筹管理的通知》中明确提出加强药品价格协同，因此，对于国家谈判药品、集中带量采购药品，各门诊统筹药店仍应遵守国家和地方医保部门的相关规定。

（五）帮助门诊统筹药店进一步提高药品供应保障能力

首先，应尽快实现定点医疗机构和门诊统筹药店间信息系统对接。可以借鉴无锡市的做法，单独建立一个信息系统用于供应医院缺乏的药品，由市医保局统一制定药品清单，凡是清单中药品，医疗机构都可以开具相应处方，患者可以通过信息系统查询门诊统筹药店药品储存情况，

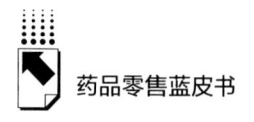

就近购药。

其次，加大力度引导鼓励门诊统筹药店参与集采。目前湖南、山东、河北、河南等省份已发布相关政策鼓励定点零售药店参与药品集中采购，但药品生产企业供货动力不足，导致门诊统筹药店纳入集采范围难以实际落地。建议医保部门进一步加大协调力度，推动门诊统筹药店享受与医疗机构同样的采购渠道，避免医疗机构形成市场垄断。同时，通过推动药店行业不断提高集中度，逐步增强药店在药品采购方面的话语权。

（六）将参保人门诊统筹报销额度在医疗机构和零售药店进行分别管理，并划定合适的分配比例

建议从国家层面要求各统筹地区将门诊统筹报销额度在医疗机构和零售药店进行分别管理，并在总额度中合理确定分配比例，如医院50%、药店50%；医院外配处方在药店购药的，不计算在医院额度内，打消医院顾虑，提高医院处方外配的积极性。同时，不再区分外配处方来源的医院等级，凡是在药店购药的，一律按照《国家医疗保障局办公室关于进一步做好定点零售药店纳入门诊统筹管理的通知》（医保办发〔2023〕4号）的相关规定（定点零售药店门诊统筹的起付标准、支付比例和最高支付限额等，可执行与本统筹地区基层定点医疗机构相同的医保待遇政策）执行，用经济手段将参保人对慢性病、常见病等的购药需求有效引导至零售药店，减少医疗机构就医压力，便利群众购药。

（七）根据各统筹地区实际情况合理设定门诊统筹年度最高支付限额

考虑到目前我国现有的基本医保、大病保险、医疗救助三重保障制度已基本能够满足老百姓日常的住院、慢病需求，建议各统筹地区根据实际情况合理确定年度最高支付限额，既满足老百姓对于门诊购药的基本需求，又能保障医保基金正常高效流转。

（八）将具有医保资质的互联网医院开具的电子处方全面纳入门诊统筹报销

在目前实体医疗机构处方流出困难的情形下，可考虑将具有医保资质的互联网医院开具的合规电子处方作为医保报销凭证的有力补充，以便大大减轻参保人去实体医院排队的负担，有助于增加慢性病、常见病参保人的购药便利。在实现零售药店与医疗机构门诊统筹报销额度合理分配之后，可考虑不再限制互联网医院注册地是否在本统筹地区。

B.24
药师服务：社会药房的实践与先进经验

唐至佳*

摘　要： 本文将从照护理念演化、药品市场转变和数字技术兴起三个方面，阐述新的政策、经济发展和科技进步对社会药房药学实践的影响，并探讨中国社会药房药师的发展方向。随着医疗体系的发展，社会药房药师的职责不断拓展，新的照护模式进一步扩展了社会药房药师的职能范围。药学监护理念的普及使药师逐渐成为"以服务为导向""以患者为中心"的医疗保健服务角色，开始参与更多直接面向患者的医疗活动。多种因素推动社会药房药学实践向综合化、专业化、个性化迈进，未来AI技术的应用使社会药房的全面自动化成为可能。

关键词： 社会药房药师　医疗保健服务　人群健康管理　数字健康

一　社会药房药学实践的发展源自患者照护理念的变迁

1990年，Hepler和Strand提出了"药学监护"的概念，认为药师在患者的药物治疗中应承担更积极的角色，不仅提供药物，还应监测药物疗效、解释药物治疗方案并协助患者合理使用药物，从而达到更好的治疗效果。然而，此后多年，药师的角色仍被主要定位于医疗团队内部。2006年，美国公共卫生协会（APHA）发布了关于药师在公共卫生领域的角色声明，鼓励

---

* 唐至佳，博士，复旦大学青年副研究员、硕士生导师，主要研究方向为临床药物治疗、药学服务。

药师作为高度可及化的医疗保健专业人员，利用自身独特的专业优势解决更多人口共同面临的健康问题。由此，一种新的照护模式——人群健康管理（PHM）应运而生，进一步扩展了社会药房药师的职能范围。

PHM强调"以人群为中心"的原则，关注的是整个患者群体，从更宽的视域上对原先"以患者为中心"的服务理念进行了解读，将社会药房药师更紧密地纳入全社会的大健康管理体系。在PHM的实施模型中，社区层级的医疗人员被认为是重要组成部分之一。他们通过治疗、干预和转诊、推荐等手段，为患者提供经济、高效、个性化的健康管理方案，满足个体患者的需求、偏好和价值观，并将可及性较低的人群（如农村人群和生活无法自理者）连接到所需的资源（如上级卫生系统）上，扩大医疗服务的受众范围。在PHM的基本框架下，社会药房药师不仅是药品的提供者，还是健康管理的参与者和推动者，可在以下领域发挥积极作用。

①针对脆弱和高风险群体（如65岁及以上老年人）的慢性病筛查：如高血压、糖尿病、慢性阻塞性肺病。

②疾病风险评估管理：如10年心血管风险、房颤患者卒中风险。

③全面药物治疗管理：如药物重整、剂量调整。

④高危或特殊药物监测：如抗凝药出血风险、化疗药不良反应。

⑤日常用药建议：如非处方类解热镇痛药。

⑥过渡期照护：如从三甲医院转至养老机构或家庭护理。

⑦多学科诊所：如与医生、护士和营养师合作干预。

⑧健康教育与宣传：如戒烟、戒酒，生活方式调整。

截至2024年2月，我国拥有80.5万名执业药师，其中72.7万人注册在药品零售企业[①]，零售药店总量达到66.7万家（2023年数据）[②]。庞大的药房与药师体系为实现PHM提供了扎实基础。社会药房药师可通过开展以上服务保护患者用药安全、改善患者治疗效果。

---

① 数据来源于国家药品监督管理局执业药师资格认证中心。
② 国家药品监督管理局：《药品监督管理统计年度数据（2023年）》。

在PHM理论的基础上，许多国家和地区也鼓励社会药房药师参与面向患者的直接医疗活动，如开具处方（授权范围内）、疫苗接种、即时检验（PCOT）等。目前，在我国卫生系统中，无论是社会药房药师或是医院药师，均尚未被赋予处方权或疫苗接种权。从改善医疗服务可及性、增强照护连续性、提高患者便利性、缓解公共卫生压力的角度考虑，授予药师开具部分处方、即时检测以及开展免疫接种的权力，对于基层就诊患者，尤其是慢性病患者而言，未尝不是一种有益的尝试。

以美国为例，部分州授予了社区药师有限处方权，使其能够开具特定药物处方，包括纳洛酮、避孕药、戒烟产品和预防性HIV药物。其中，有11个州扩大了社区药师的处方权限，允许他们为急性和轻症开具常规处方。这一举措有助于提高基层药物资源的可及性，同时缓解上级医疗系统的负担。社区药师在开具处方的过程中不仅能够为患者提供及时有效的药物治疗，还可以充分利用其专业知识和技能，在疾病预防和管理方面发挥作用。举例来说，自2022年7月6日起，美国食品药品监督管理局（FDA）允许社区药师向12岁以上、体重大于40公斤的轻至中度新冠肺炎患者开具Paxlovid（奈玛特韦片/利托那韦片）处方，以防止患者发展为重症。

此外，在资格认证方面，加利福尼亚州、新墨西哥州、蒙大拿州和北卡罗来纳州要求社区药师必须获得额外的资格认证，才能独立开具处方。具备独立处方权的社区药师被称为临床药师（Pharmacist Clinician）、高级实践药师（Advanced Practice Pharmacist）、临床执业药师（Clinical Pharmacist Practitioner）。我国可以借鉴美国经验，建立类似的额外认证制度，以确保从业人员的专业水准。在疫苗接种方面，基于美国药师协会（APhA）颁发的培训证书，所有社区药师都可以根据处方、协议以及独立三种模式为患者提供接种服务。不仅如此，根据美国疾病控制与预防中心（CDC）的报告，药师还可以在各类POCT（即时检验）、抗微生物药物管理计划、化验报告解读等方面与其他部门合作，帮助实现公共卫生目标。因社会药房具有便利性好、可及性强、客流量大、营业时间长、患者信赖度高的特点，被多国研究证明是开展POCT的最佳场所之一。POCT不仅可提高急性感染和慢性疾病的早期识别率,还为社会药房提供了扩展药学服务、增加收入的机会,有助于提升整体人群的健康水平。2020年之前,我国社会药房中极少应用POCT,而新冠疫情期间SARS-CoV-2快速抗原检测试剂盒进入人们的视野。现有POCT常见的检测对象包括传染性疾病(如链球菌、流感病毒、SARS-CoV-2病毒、HIV病毒、肝炎病毒、衣原体等)和非传染性慢性疾病(如血糖、糖化血红蛋白、胆固醇、尿白蛋白等)。

社会药房药师的角色也在维持信息渠道的畅通性和确保疾病管理的连续性上发挥了关键作用。新冠疫情期间,由于医疗资源短缺和对感染的担忧,近四成慢性病患者选择向社区药师寻求医学建议,同时还分别有50.3%和27.6%的患者依赖社区药师获取非处方药和新冠肺炎相关的信息①。可见在突发公共卫生事件中,药师的职能不仅是简单地保障药品供应链的完整,还负责提供替代治疗方案,并在一定程度上弥补医师短缺造成的资源空白。

二 社会药房药学实践的发展顺应了药品市场品类的转变

随着市场经济的发展和金融政策的变化,药品研发的重点逐渐从以低分子量的小分子化学药转向高分子量的生物制剂,如核酸、抗体、酶和各类蛋白质等生物制剂,此类制剂在疾病治疗中的应用也日益增多。2023年全球销售额排名前十的药品中有八成是生物制剂,上榜药物主要涉及癌症、糖尿病、心血管病用药和免疫抑制剂。这种转变不仅出于临床考量,也受到经济因素的影响。生物分子或生物技术来源的药品(如抗癌药)往往研发投入较高,制药企业往往通过高价格、高利润率地销售这类药品来收回大量的研发投资成本。

由于生物制剂通常经胃肠道以外途径给药,治疗方案复杂,应用风险较

---

① Akour A., Elayeh E., Tubeileh R., et al., "Role of community pharmacists in medication management during COVID-19 lockdown," *Pathog Glob Health*, 2021, 115 (3): 168-77.

高，因此药师在引进和管理这些新产品方面发挥着至关重要的作用。21世纪初，我国出现的特药药房（又称DTP药房）就是社会药房药师在这一领域进行的创新性实践。特药药房的产品主要涵盖肿瘤、移植、自身免疫疾病的新特药、高值药，以及需要长期服用的慢性病药品。药师在依据医院处方直接向患者提供药学服务的同时，也向药品生产企业提供销售渠道和用药数据，向医保管理部门提供药效验证和控费依据，有效地串联起了供应端、处方端和需求端三者，成为新特药在全社会流通过程中的关键节点。特药药房药师除了需要理解药理机制、制剂和药代动力学特点、药品储存条件等专业知识，帮助患者和其他医疗保健人员作出合理决策外，还需要通过患者教育提供准确、便捷、易理解的信息，消除患者使用这类新药时可能产生的恐惧和误解。从国际视角来看，全球专业药房市场增长迅速，药品支出约占所有处方药支出的50%，总规模预计将从2023年的937.4亿美元增长至2028年的4560.3亿美元，年复合增长率为37.2%[1]。

高昂的药品价格还凸显了社会药房药师在节约药物成本、降低医疗开支上的重要性。一些传统意义上被认为只有医院药师才能完成的工作，如药物治疗管理（MTM），在交由社会药房药师实施后同样显示出巨大潜力。实际上，MTM的五大核心组成部分——全面药物审查、个人药品记录、药物行动计划、干预/转诊、文件记录/随访都是社会药房药师所能胜任的工作。2005年，美国药师协会（APhA）和全国连锁药店协会（NACDS）基金会为在社区药房中有效开展MTM服务设计了一个模型框架。2014年，宾夕法尼亚项目共筛查了来自美国全国性连锁药店的578名药师和59496名患者，结果显示，社区药师参与筛查和干预可使每位患者的年医疗总支出降低241~341美元[2]，具有良好的经济价值，可显著改善患者满意度和依从性。

---

[1] Business Wire, Global Specialty Pharmaceuticals Market (2023-2028) Competitive Analysis, Impact of Covid-19, Ansoff Analysis, 2024.

[2] Pringle J. L., Boyer A., Conklin M. H., et al., "The Pennsylvania Project: pharmacist intervention improved medication adherence and reduced health care costs," *Health Aff (Millwood)*, 2014, 33 (8): 1444-52.

另外，药品价格的持续增长也刺激了药物经济学、药物基因组学和药物流行病学等新兴交叉学科的飞速发展。制药企业希望通过对临床试验全流程及上市后的监管，实现更高的有效性、安全性和利润。这不仅对社会药房药师的知识储备提出了多元化要求，也拓展了社会药房药师在不同分支领域的实践。2021年，加拿大多伦多大学提出了"药师作为精准医疗专家"项目，分析了基层药师基于基因检测等患者特异性的健康数据来优化药物治疗方案的能力。总体而言，鉴于专业能力的欠缺，我国社会药房药师完全胜任这一职能尚需一定时间。政府和医疗机构可通过改革课程体系、调整继续教育政策、构建精细化专业培训项目和提供多元化职业发展机会来增强药师的专业能力，如药学知识、患者沟通技巧、药物管理和各类临床技能等。

三 社会药房药学实践的发展得益于数字健康技术的兴起

在信息化大背景下，我国近年来颁布了多项政策支持医疗健康服务模式的创新。2015年，《国务院关于积极推进"互联网+"行动的指导意见》明确提出要发展基于互联网的医疗卫生服务，利用互联网提供药品配送、延伸医嘱、电子处方等便捷服务。2022年，《"十四五"医药工业发展规划》进一步提出积极发展"互联网+医药"新模式新生态，为社会药房的数字化转型注入了强劲活力。

早在21世纪初，信息与通信技术（ICT）的发展为社会药房药学实践开辟了新的道路——远程药房（telepharmacy），即药师和药房利用通信技术为远距离患者提供低价、便捷的药学服务。远程药房最初用于解决经济或地理原因导致的服务不足地区基层药师短缺的问题。2014年，美国大型连锁零售药店Walgreens与虚拟医疗服务提供商MDLIVE合作推出了在线视频交流平台，供顾客与医疗专业人员（包括医生、护士和药师）互动，取得了良好收益。

新冠疫情期间，全球各地远程药房服务的使用量激增。2020年3月，美国社区药房的远程咨询量与2019年同期相比增长了154%；梅奥诊所提供

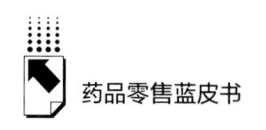

远程服务的医务人员数量从2019年的300人增长至6500人，增长率达2067%；中国香港和欧洲也出现了类似情况。2020年，全球远程药房市场规模为72.3亿美元，预计到2030年将增长至215.2亿美元①，提示社会药房药师开展此类服务具有良好的发展前景。

家庭药品配送服务是远程药房的另一项优势，直接将药品送到患者家中或工作场所，节省时间和成本，尤其适用于需要长期服药及需要频繁前往药房或医院取药的患者，在农村和资源分布不均衡的地区具有重要应用价值。丹麦和西班牙的药房都曾尝试此种模式。值得注意的是，我国大多数网络药店虽提供了处方审核和药品调剂、销售服务，但受限于从业人员数量和专业水平，在提供相应的远程患者咨询方面仍有欠缺，难以保证患者在购买药品的同时获得足够的用药信息。

ICT的发展也推动了电子处方的兴起，不仅最大限度地降低了处方遗失或录入错误的可能性，还缩短了患者等待延伸处方（如慢性病药物）的时间，提高了处方调剂的效率，提高了患者的便利性和满意度。电子处方还简化了社会药房、医院药房和其他医疗机构之间的处方流转程序，促进了医师与不同药房药师之间的信息交流和传递，大幅降低了用药错误和药品不良事件的相对风险。

在此基础上，人工智能（AI）技术进一步提升了社会药房中药物管理的即时性和便捷性。借助手机App平台，AI系统可基于药房内的电子健康记录，实时评估潜在的不合理用药和药物相互作用，自动生成并向患者推送个性化的服药、配药和随访提醒，提高患者的依从性和参与度。AI驱动的客服机器人和虚拟助手则可自动处理简单的投诉和咨询，提升了顾客与药师之间的沟通效率。

在日常自我管理中，AI技术甚至可以辅助监测患者的健康状况，预警

---

① Prophecy Market Insights, Global Telepharmacy Market, By Services (Remote Order Entry, Pharmacy Consultation), By End-use (Hospitals, Primary Care Centers, Others) and By Region (North America, Europe, Asia Pacific, Latin America, and Middle East & Africa) -Market Trends, Analysis, and Forecast till 2030, 2022.

不良事件，并在必要时进行干预。近年来，许多厂商推出了智能手表、运动手环、动态血糖仪、动态心电监测仪等可穿戴健康设备。这些设备一方面可以实时连续监测心率、血压等健康指标，将数据传输给医生或药师，协助他们制定和调整个体化治疗方案；另一方面还能保护患者隐私和数据安全。2024年1月，美国谷歌公司与麻省理工学院合作提出了一种新型AI框架，利用包括GPT-4在内的八种大语言模型，解释和分析可穿戴传感器采集的数据，用于心理健康、运动、代谢、睡眠和心脏评估五大领域的结局预测，取得了显著成效。

AI技术的广泛应用也使社会药房的全面自动化成为可能，原本需要人工完成的药品采购、核对、拆包、入库和调剂工作，未来有望完全交给由AI驱动的药物管理平台实现。利用AI驱动的数据分析，还能预测患者未来的购药情况，帮助药师更有效地开展库存管理和决策。考虑到我国部分偏远地区社会药房药师数量仍然不足的问题，药房自动化有助于缓解人员缺口、减轻药师的工作压力。

参考文献

Hogue M. D., Hogue H. B., Lander R. D., et al., "The nontraditional role of pharmacists after hurricane Katrina: process description and lessons learned," *Public Health Rep*, 2009, 124 (2): 217-23.

Evans A., Prescribing Authority for Pharmacists: Rules and Regulations by State, GoodRx, Inc. 2022.

U. S. Department of Health & Human Service, FDA Authorizes Pharmacists to Prescribe Paxlovid with Certain Limitations, Washington, DC. 2022.

Luke M. J., Krupetsky N., Liu H., et al., "Pharmacists as Personalized Medicine Experts (PRIME): Experiences Implementing Pharmacist-Led Pharmacogenomic Testing in Primary Care Practices," *Pharmacy (Basel)*, 2021, 9 (4).

B.25
老龄化社会背景下零售药店的作用与价值

曾世新*

摘　要： 我国已进入深度老龄化阶段，将推动老年人健康服务需求的快速增长，进而驱动零售药店业态的创新转型。作为公共卫生服务体系的重要补充，零售药店要为老年人提供健康教育、疾病预防、慢病管理、居家药事与药学服务等服务，还将承接部分公共卫生服务职能。零售药店可以在药品供应服务、居家药学服务、慢病管理服务、健康教育服务、社交平台服务和居家养老服务等6个方面发挥积极作用，通过借鉴日本零售药店适老化经验和国内药店适老化探索分析，对零售药店在老龄化社会如何更好地发挥价值和作用提出建议。

关键词： 老龄化社会　零售药店　健康服务

一　老龄化社会背景

随着我国医疗条件改善和生活水平提高，我国人口预期寿命持续增加。根据国家统计局数据，我国居民人均预期寿命已从1987年的67.8岁提高至2021年的78.2岁。[1]

---

* 曾世新，齐鲁制药有限公司零售事业部副总监兼KA总监，主要研究方向为处方药院外销售及DTP模式。

[1] 国家卫生健康委员会：《中国卫生健康统计年鉴（2022）》，中国协和医科大学出版社，2022。

（一）人口老龄化的定义

根据1956年联合国《人口老龄化及其社会经济后果》确定的划分标准，当一个国家或地区65岁及以上老年人口数量占总人口比例超过7%时，则意味着这个国家或地区进入老龄化。

以此为标准，我国早已进入老龄化社会，以65岁及以上人口占总人口比例的数据为参考，此指标从2002年的7.3%上涨至2013年的9.7%，再到2022年的14.9%。2013年我国65岁及以上的老年人口已超1.32亿人，到2022年已达到2.10亿人（见图1），10年来中国老年人口呈逐年增长趋势，2022年我国进入深度老龄化阶段。

图1 2013~2022年我国老龄化人口规模及占比

资料来源：国家统计局。

（二）国家一直在积极应对人口老龄化

2019年11月，中共中央、国务院印发了《国家积极应对人口老龄化中长期规划》。规划近期至2022年，中期至2035年，远期展望至2050年，是到21世纪中叶我国积极应对人口老龄化的战略性、综合性、指导性文件。[1]

---

[1] 《中共中央 国务院印发〈国家积极应对人口老龄化中长期规划〉》，新华网，2019年11月。

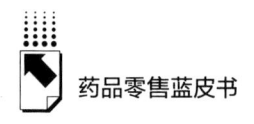

2021年11月，《中共中央　国务院关于加强新时代老龄工作的意见》发布。

2022年，国家卫生健康委员会同教育部、科技部等15个部门印发《"十四五"健康老龄化规划》。

2024年1月，国务院办公厅印发《关于发展银发经济增进老年人福祉的意见》，提出4个方面26项举措。

截至2023年底，我国60岁及以上老年人口达2.97亿人，占总人口的21.1%。其中65岁及以上老年人口为2.17亿人，占总人口的15.4%。联合国预测到2050年，我国将进入重度老龄化社会，60岁及以上老年人口将超过5亿人。[1]

（三）中国人口老龄化带来的社会问题

老龄化社会对经济、社会、文化等方面均会产生深远影响，会导致劳动力市场的变化、退休制度的调整、医疗保障体系的压力增大，以及社会福利制度的改革。目前，中国社会文化福利事业的发展与人口老龄化程度不适应；家庭养老功能薄弱；老年人对医疗保健、生活服务的需求十分突出。

（四）老龄化社会必将催生巨大的银发经济医疗需求

随着老龄化进程不断加深，老年性相关疾病的发病率不断攀升，对应健康医疗需求将持续扩大。如老年人因免疫力下降更易得RSV（呼吸道合胞病毒）、带状疱疹，就会带来RSV疫苗、带疱疫苗的需求；老年人代谢疾病高发，就会带来降糖、降脂、降压及新一代改善型药品品种的需求；老年人衰老带来阿尔茨海默病药物治疗和延缓衰老的"类保健"药品的巨大需求。另外，老年患者因为恢复慢、病情重，对应的康复需求也十分旺盛。

因此，人口老龄化带来的患病人数增多将成为驱动药品零售市场需求增

---

[1] 联合国经济和社会事务部：《世界人口展望2022》，2022。

大的主要原因；这为未来零售药店的价值定位与作用发挥确定了底层逻辑——更好地满足老年患者的医疗健康闭环需求。从多数慢性疾病的年龄构成比例来看，高年龄阶段患者占比较大。根据《中国卫生健康统计年鉴（2022）》，2021年60岁及以上人口在心脑血管等循环系统疾病、恶性肿瘤和神经系统疾病中占比均高于50%。[1] 老龄化社会，将形成对医疗卫生资源的巨大需求。

随着经济和科技的发展，近年来与老龄化同步的是老年人支付能力的提升和健康观念的进步，65岁及以上人口以每年1000万左右的速度在增长，他们对医疗健康服务需求更高、支付能力也更强。退休人员的养老金覆盖率和收入水平逐年上涨，城乡差距也在逐步缩小。

老年人口的增多对药品市场发展有积极的促进作用。零售药店渠道分布广，可为老年人提供更加便捷的购药和健康咨询等服务，可从更多维度来满足老年人的健康需求。截至2023年底，我国零售药店总数超过66.7万家，完全有能力承担社区医疗机构助手的功能。

二 零售药店在老龄化社会中的价值

随着老龄化社会不断发展，零售药店在社会基层医疗保健体系中的价值日益凸显。作为基层医疗保健服务体系的重要组成部分和公共卫生服务体系的重要补充，零售药店不仅为老年人提供了便捷、高效的药品购买配送服务，还能为老年人提供健康教育、健康管理等延展服务。

在老龄化社会中，零售药店具有以下三种重要价值。

①经济价值。零售药店为老年人提供药品和服务，拉动了老年人的市场消费，促进了经济增长。此外，药店提供的就业机会也是其经济价值的一部分。

②社会价值。药店通过健康服务和福利支持，提升了老年人的生活质

---

[1] 法伯科技：《中国药品市场格局及前瞻》，2023。

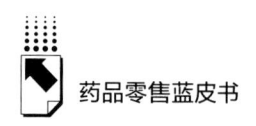

量，减轻了社会的负担。其健康教育和疾病预防的倡导也有助于提高整个社会的健康水平。

③文化价值。零售药店在为老年人服务的过程中，传递了关爱和尊重的价值观念。

三 零售药店在老龄化社会中的作用

人口老龄化给健康服务产业带来挑战，也带来机遇。整个社会的健康需求变化和人口老龄化发展紧密相连。社会发展至今，影响人类健康的主要风险已转变至慢性非传染性疾病和退行性疾病，主要疾病负担也已转变为慢性非传染性疾病。2016年，我国全人群中死因排在前十位的依次为脑血管病、缺血性心脏病、COPD（慢性阻塞性肺疾病）、肺癌、肝癌、高血压心脏病、胃癌、道路交通事故、糖尿病和食道癌。[①]

当前，由主要慢性病引发的死亡人数占比超过88%。在此大背景下，老年人成为我国的主要健康风险人群。随着人口老龄化快速发展，老年人的健康需求也会快速增加。高龄老人规模和占比的进一步增加，必将引发健康需求的更快增长。独居空巢老人持续增加，也将催生医疗健康服务新模式。

零售药店在老龄化社会中可以发挥积极作用。随着人口老龄化快速发展及健康意识不断提升，社区医疗资源供应不足问题凸显，零售药店作为医疗卫生资源的有效补充，可以发挥以下积极作用。

（一）药品供应服务

老年人药品需求主要有两点：一是常见疾病治疗用药，如高血压、糖尿病、冠心病等老年常见疾病治疗用药；二是老年人特有疾病治疗用药，如老年性骨质疏松、关节炎、老年性眼病等疾病的治疗用药。对于这些老年性常见和特有疾病的治疗，药品的供应保障和及时配送非常重要。老年人往往出

---

① 数据来源于《中国死因监测数据集2016》。

行不便，需要零售药店提供便捷高效送药上门等相关服务，确保老年人能够及时获得所需药物。

（二）居家药学服务

针对老年人特点，零售药店可为老年人居家治疗提供个体化、全程化药学服务，建立用药管理档案，开展用药评估、用药教育及健康科普宣传，提高用药依从性，引导老年人正确合理用药，降低老年人用药风险，减少老年人不良反应发生，保证药品贮存质量和使用安全，进而提升药物治疗效果。零售药店还可以通过智能化服务，为老年人提供更加便捷高效的用药体验，如通过智能手机应用程序，老年人可以实时查询药品信息、了解用药禁忌和注意事项等；智能药箱可以定时提醒用药、记录用药情况，老年人通过智能药箱可以与医生、家属实时分享药物管理情况等。这些智能化服务的应用将提升老年人在药品使用和管理方面的满意度和便利性。

（三）慢病管理服务

零售药店可通过为老年慢性病患者建立慢病档案、进行常规指标监测、定期跟踪随访等方式，从正确用药、药物不良作用、膳食营养等方面提供全方位慢病管理咨询与指导，依据老年人个人身体情况和疾病状况，制定个性化的饮食指导、运动指导，帮助老年人建立按时服药与健康生活方式，稳定病情，提升疗效，协助老年人改善健康状况、提高生活质量。

（四）健康教育服务

老年人在疾病认知、疾病预防等方面缺乏相关知识和经验，对于疾病及治疗方案认知、药物认知和使用等方面存在一些误区。零售药店可针对老年人的特殊需求和身体状况，通过开展健康讲座、疾病及药品知识培训等形式，提供健康教育、疾病科普、药物知识普及和相关健康管理指导，帮助老年人更好地认知和预防疾病，理解药物的作用机理、副作用和正确使用方法，提高自身健康素养和自我保健能力，同时更好地管理好健康问题。

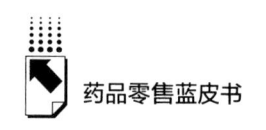

（五）社交平台服务

在老龄化社会中，老年人对健康和社交的需求极大，零售药店可通过打造老年活动中心、老年娱乐中心、老年义诊室等老年健康社交空间，为老年人提供健康咨询、交流互动、免费轻诊疗等服务，满足老年人的社交需求。

（六）居家养老服务

零售药店可发挥距离社区近的优势，在积极开展为老年人定期送药上门、居家病情观察、慢病指标检测、指导康复锻炼等居家养老健康服务的同时，探索拓展助老服务，如生活用品代购、家政预约、（生活缴费）代收代缴、（医疗机构）挂号预约等。

四 进一步发挥零售药店在老龄化社会中的价值和作用

（一）日本零售药店适老化转型经验借鉴

主要可以从以下两个方面进行借鉴。[①]

一是细化服务。比如，日本药妆连锁 WELCIA 集团开设了免费交流场所，用于介护预防教室、介护咨询会、健康体操、协助购物、认知症 CAFE 等，并为装有人工肛门或人工膀胱的患者安装了专用厕所，在所有店铺里都配置了体外自动除颤仪（AED）。再比如，连锁药店 Tomod's 入驻营养管理师，通过付费营养管理软件对消费者进行营养建议，店内设置了专业的测量仪器，能够准确把握会员的身体状态，并将数据结果与顾客共享，此外，还设立了"大家的癌症学校"，让会员学习有关癌症的基础知识以便提高早筛的准确率。

二是跨界业务融合。比如，PHARMARISE 药局认为拿着处方到店的老

[①] 张笑雨：《"适老化"改革：塑造老年友好型药店》，《中国药店》2023 年 12 月上半月刊。

年患者，很多都有腰酸背疼的症状，首创调剂药局与针灸按摩院并设，为此类患者提供需求服务，增加居民到店频率的同时，也解决了盲人就业的问题。再比如，连锁调剂药局MIAHELSA HOLDINGS为癌症晚期患者开设HOSPICE（临终关怀）型住宅，从药店引流患者，帮助他们缓解和控制疼痛，让患者度过人生最后的时光。

（二）我国零售药店适老化转型探索[①]

不少省市政府部门协助、指引药店进行"适老化"建设工作。比如，长沙市打造的适老化"五个一"工程：安排一名药师专门服务老年人、残障人士；设置一个老年人、残障人士服务台；建立一本老年人慢病检测档案；配备一个放大镜；开展一次健康普法讲座。据了解，该政策已经在长沙多家零售药店落地。益丰大药房连锁股份有限公司表示，为了确保老年人和残障人士健康安全用药，公司出台了门店老年人和残障人士药学服务管理制度，以提高药学服务质量；设立老年人和残障人士用药咨询服务台，配备放大镜、老花镜、轮椅、拐杖等设施；为老年人和残障人士提供慢病检测和用药咨询，并为有需要的老年人复印放大版药品说明书。一些药店在药品标签上印制说明书二维码，方便扫码电子版说明书，或者将药品重要信息制作成短视频等，减少老年人阅读障碍。

（三）对零售药店在老龄化社会中如何更好发挥价值和作用的几点建议

在老龄化社会背景下，零售药店应尽快从之前的以药品销售为主，向"药品销售+健康服务"模式转型，持续进行适老化转型升级，不断优化自身服务能力，为老年人提供更多价值服务，将零售药店的作用发挥到最大，以获得更多市场认同。

1. 继续夯实用药保障等基础服务，不断拓展商品服务范围

用药保障是老年人群体对零售药店服务的基本诉求，其对服务质量的要

---

① 张笑雨：《"适老化"改革：塑造老年友好型药店》，《中国药店》2023年12月上半月刊。

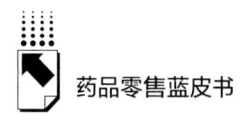

求相对较高，做好这一基础的专业性服务可有效增加老年顾客与零售药店之间的黏性。零售药店应针对老年人特点，不断丰富药品及其他相关商品供应品类，严把质量安全。

敏锐洞察老年人抗衰老需求的市场机会，准确把握医美、保健、护理、理疗等方面的产品和服务趋势，适当增加包括维生素、胶原蛋白、中药保健品等在内的抗衰老产品，在皮肤衰老、人体毛发健康、老年病早期筛查等领域引进专业产品和服务等。

参与推动助听器、矫形器、拐杖、假肢等传统功能代偿类康复辅助器具升级，引进与提供智能轮椅、移位机、康复护理床等生活照护产品，以及扩大认知障碍评估训练、失禁康复训练、用药和护理提醒、睡眠障碍干预等设备产品和服务供给。对部分高价位产品还可以考虑提供租赁服务。

适时引进各种健康管理类、养老监护类、心理慰藉类智能产品，推广应用智能护理机器人、家庭服务机器人、智能防走失终端等智能设备，以满足部分老年顾客的精准需求。

2. 不断提高以药学服务为核心的健康服务水平

可为老年人开设"药物管理服务"平台，专门为老年人提供药物剂量分装、药物咨询和定期用药提醒服务等。还可以在线上通过社群传播，为老年人用户提供定期的健康讲座和免费健康检查等服务。

老年慢病人群是零售药店的业务基本盘，用户黏性最强，也是零售药店打开健康管理服务市场的基础。针对主要慢性病（如糖尿病、高血压、高血脂、高尿酸等）进行商品结构优化，围绕疾病做好疗程销售、关联销售和复购管理，真正提高员工专业化能力，实现精准营销，做到店员会卖、店长会管。

线上线下并举，不断完善适老化服务。除开展送药上门等基础服务之外，还要建立线上平台适老化产品专区，设立"关爱长辈"板块，设置"大字体"方便老年人群使用。通过在线开设名医问诊服务，帮助老年顾客足不出户就可了解自身健康状况，并在医生的指导建议下合理用药，更快更好地解决"看病难"问题。

3. 探索拓展居家养老延伸服务

利用零售药店会员信息系统，建立"电子病历"并整合到卫生系统，为社区老龄人群建立准确翔实的数据库和服务档案，与社区组织、医疗机构开展合作，实现资源共享，对老年人开展定期走访、用药指导及健康监测，提醒按时就医，为老年人提供健康养老闭环服务及其他生活类服务。

发展"零售药店+中医馆"业态，提供医养结合服务，将中医主张的慢病调理、休养康复等理念与老年人康复养老的需求有机结合，通过建立相对完善的医养生态体系，实现中医治未病的效果。

探索与养老机构合作，建立社区居家养老健康服务照料中心，提供康复护理服务。搭建社交平台，组织老年人开展社交活动，增进交流，愉悦身心。

4. 大力增强服务意识和服务能力

加强职业道德教育，培养并增强员工尊重和关爱老年人的意识。加大培训投入力度，提高员工的专业知识和服务技能。通过定期培训和考核，确保员工能够为老年人提供专业、周到的服务。

Abstract

The year of 2023 was the first year for the full implementation of the Party's spirit of 20th CPC National Congress, as well as a critical year for the implementation of the 14th Five-Year Plan. In this year, the *Measures for the Quality Supervision and Administration of the Distribution and Use of Medicinal Products* was issued, the dual-channel and outpatient coordination policy continued to promote, with the implementation of a number of policies drove the pharmaceutical retail market to a more healthy and orderly direction. The progress of digital technology further accelerated the transformation and upgrading of the pharmaceutical retail industry, innovated digital construction, and continued to drive the development of the industry in the direction of "specialization, intelligence, intensification and internationalization". The sales scale of the pharmaceutical retail market showed an overall growth trend, and pharmaceutical retail enterprises promote chain management while ensuring pharmaceutical supply and meeting the health needs of residents, and the industry concentration was further improved. The upgrading of consumers' demand for services and the guidance of - pharmacy service standards have accelerated retail enterprises to improve the level of professional service, and the whole-process pharmacy management capability of professional pharmacies became a new model of pharmacy retail. The rapid development of pharmaceutical e-commerce and the new model of instant pharmaceutical retail promoted the industry to embrace the integration of online and offline development. The new pharmaceutical policy and the emerging power of the industry promoted the sustained high-quality development of the industry.

In 2024, thepharmaceutical retail industry has entered a critical period of high-

Abstract

quality development. With the deepening thepopulation aging, China's pharmaceutical market continues to expand with increasing consumer demand, and the industry scale continues to expand. The deepening of the medical reform policy has driven the continuous change of the pharmaceutical retail market pattern, and the development opportunities and challenges of the pharmaceutical retail industry coexist. This report holds that: Facing the new era and new environment, the industry needs to accelerate innovation and development, and promote industrial innovation with scientific and technological innovation; aiming at the market needs to upgrade the industrial level, improve the core competitiveness; deepen reform and accelerate the optimization and upgrading of industrial structure. Retail pharmacies need to improve the level of specialization to meet the health needs of patients, carry out diversified operations to seek new development models, accelerate the transformation of digital intelligence to adapt to market changes, build new online and offline pharmaceutical retail synergies to enhance competitiveness, learn from international experience to explore the way for China's pharmaceutical retail industry to cope with aging, so as to achieve more standardized operation and high-quality development of the pharmaceutical retail industry.

Keywords: Retail Pharmacy; Pharmaceutical Supply; Pharmaceutical Retail Market

Contents

I General Report

B.1 Development Report on China Pharmaceutical Retail Market
China Association of Pharmaceutical Commerce / 001

Abstract: As one of the two terminals of the pharmaceutical industry chain, the pharmaceutical retail market has a significant impact on the entire industrial chain and ecological chain. This paper summarized market dynamics from many aspects such as the current situation, development and competition pattern of pharmaceutical retail market in 2023 by analyzing data such as the size, operating status, market distribution, category sales structure and licensed pharmacists of the pharmaceutical retail market in 2023. The integration of the pharmaceutical retail market is accelerating. This paper predicted that as a result of the impact of policies such as the "Dual-Channel" and outpatient coordination, changes will occur in the market structure within and outside hospitals. Meanwhile, the scale of the pharmaceutical retail market would keep expanding, the industry concentration would continue to grow, the professional service level would be improved, the pharmaceutical categories would be optimized, and the online retail business would offer new momentum to the traditional retail sector. This article offers a reference for upstream industrial enterprises related to the pharmaceutical retail industry, clinical medical institutions, and experts and scholars concerned about the development of the pharmaceutical industry to comprehensively, accurately and timely understand the development of the pharmaceutical retail industry.

Keywords: Pharmaceutical Retail Market; Retail Pharmacy; Pharmaceutical Industry Chain

B.2 Development Report on Retail Pharmacies Selling Pharmaceuticals for Special Diseases in 2023

China Association of Pharmaceutical Commerce / 029

Abstract: By analyzing the operation data of specialty pharmacies selling pharmaceuticals for special disease, this report showed the development status, market operation and service innovation mode of specialty pharmacies, and the development of specialty pharmacies showed the characteristics of continuous growth in scale, active exploration of innovative business models, provision of diversified services, and professional services to help the high-quality development of special pharmaceutical pharmacies, it will be more specialized, standardized, digitally-intelligent, personalized and integrated in the future.

Keywords: Specialty Pharmacy; Pharmaceutical Retail; Pharmaceutical Service; Policy of "Dual Channel"

B.3 Development Report on Listed Companies Among Pharmaceutical Retail Enterprises

Chen Zhu, Zhang Binbin and Wei Tong / 047

Abstract: Listed companies are an important force for driving the scale of pharmaceutical retail industry growing steadily and significantly increasing the concentration. The number of listed companies rapidly grows but is still in the rapid growth period, their profitabilities are strong, the operating indicators are stable, the strategies are in line with the top-level design, and the reform of individual account and the coordination of the clinic are opportunities. In the new era, listed companies actively embrace new retail, layout the upstream of Chinese medicine industry, and innovate in terms of sales categories. The future is optimistic about listed companies with the help of capital for accelerating industry integration, strengthening services, and becoming an effective supplement to medical resources.

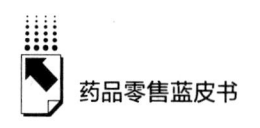

Keywords: Pharmaceutical Retail; Listed Company; Help of Capital

II Chapter of Policy

B.4 Report on Implementation Background and Interpretation and Analysis of Pharmaceutical Retail Regulatory Policy

Tan Gang / 065

Abstract: This paper focused on eight aspects of clarifying the access conditions of the pharmaceutical retail industry, encouraging the development of pharmaceutical retail chains, strictly managing pharmaceutical retail behaviors, strengthening pharmaceutical online retail management, standardizing the retail classification management of prescription and over-the-counter pharmaceuticals, improving the pharmacy service ability of licensed pharmacists, focusing on the supervision and inspection of pharmaceutical retail, and punishing violations of laws and regulations with "both strength and temperature", introduced the implementation background of national pharmaceutical retail supervision policy, and analyzed and interpreted relevant policies.

Keywords: Pharmaceutical Retail; Pharmaceutical Safety; Pharmaceutical Supervision; Pharmaceutical Classification Management

B.5 Legal Process and Practical Experience of Pharmaceutical Online Sales Supervision

—Review and Prospect of 1st Anniversary of Implementation of Supervision and Administration Measures for Pharmaceutical Online Sales
Zhan Bingquan / 078

Abstract: *Provisions for Pharmaceutical Online Sales* (Order No. 58 of State Administration for Market Regulation, hereinafter to be referred as the *Provisions*) came into force on Dec 1, 2022. Over the past year and more, under the careful deployment and unified guidance of National Medical Products Administration, a wave of law popularization and study has been rapidly set off across the country, and the Institutional and regulation system adapted to, coordinated, matched and connected with *Provisions* has been continuously improved, and the supervision of pharmaceutical online sales has been comprehensively strengthened. *Provisions* is the latest achievement of the innovation of the pharmaceutical circulation regulatory system in the new era, and also a concrete practice to promote the modernization of China-style pharmaceutical regulation, and an in-depth understanding of its core values and specific connotations will help to build social consensus and form governance forces in ensuring the safety of people's pharmaceuticals.

Keywords: Pharmaceutical Online Sales; Pharmaceutical Circulation Supervision; Digital Governance

B.6 Development Status of Pharmacies After Implementation of "Dual Channel" Policy for Medical Insurance
Li Saisai, He Yupeng and Duan Zhengming / 085

Abstract: This paper summarizes the core content and implementation status of "dual channel" policy for medical insurance, and analyzed the opportunities and challenges for development of retail pharmacies under the background of "dual channel" policy. Under the trend of "dual channel" for medical insurance and reform of outpatient coordination, it is recommended to promote the close coordination of medical insurance, medical treatment, and pharmaceutical (three medical) policies, and jointly promote the development of the pharmaceutical retail industry, while retail pharmacies themselves need to improve their pharmaceutical care capability and information construction level.

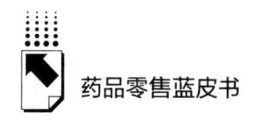

Keywords: "Dual Channel" of Medical Insurance; Retail Pharmacy; Outpatient Coordination; National Bargaining Pharmaceutical

B.7 Study on Online Pharmaceutical Sale Measures and Related Supporting Documents　　　　　　　　*Zhang Yunyong* / 099

Abstract: In recent years, China's e-commerce has been developing rapidly, online shopping has become the norm, and pharmaceutical online sales are increasingly active. *Supervision and Administration Measures for Pharmaceutical Online Sales* further implements the relevant requirements of *Pharmaceutical Administration Law*, upholds the concept of "safety, development and convenience", ensures the quality and safety of pharmaceuticals, facilitates the purchase of pharmaceuticals by the masses, and improves the design of the pharmaceutical regulatory system. Clear provisions have been made on the management of pharmaceutical online sales, third-party platform management, and the responsibilities of all parties, which are in line with the regulatory concept of protecting and promoting public health as the main purpose, and comply with the development trend of new business forms such as pharmaceutical e-commerce, pharmaceutical online sales, and Internet medical.

Keywords: Pharmaceutical Online Sales; Supervision and Management; Pharmaceutical Management

III Chapter of Management

B.8 Role of Retail Pharmacies in Basic National Health Services and Emergency Response

Joint Research Group of School of International Pharmaceutical Business of China Pharmaceutical University and China Association of Pharmaceutical Commerce / 113

Abstract: With the rapid development of China's pharmaceutical industry, retail pharmacies, as the key link of pharmaceutical circulation, play a key role in protecting public health, whether in providing basic medical and health services or in public health emergencies. However, retail pharmacies also face a series of difficulties and challenges while playing the above role. This study aims to sort out and analyze the role of retail pharmacies in basic medical and health services and emergency management, as well as the difficulties and challenges they face, and put forward relevant countermeasures and suggestions to promote the healthy development of the pharmaceutical retail industry, ensure that its status and role in the national medical and health system are more clearly defined, and provide the public with better quality services.

Keywords: Retail Pharmacy; Basic Medical and Health Service; Public Health Emergency; Emergency Management

B.9 Current Situation and Development of Licensed Pharmacist Management in Retail Pharmacies in 2023 *Ye Hua / 131*

Abstract: Licensed pharmacists are pharmaceutical technicians who guide the public to utilize pharmaceuticals rationally and maintain public health. Licensed pharmacists in retail pharmacies use their pharmaceutical knowledge to provide consumers with qualified pharmaceuticals and related services targeting at pharmaceutical therapy, ensuring the safety of patients' medication. In recent years, the national competent department of licensed pharmacists and all relevant parties attach great importance to the system construction and capacity building of licensed pharmacists, and have issued a series of policy measures to promote the use of licensed pharmacists in retail pharmacies, and ensure the professional responsibilities of licensed pharmacists. According to the current situation of licensed pharmacists in China, this paper reviews the policies and regulations on the management of licensed pharmacists issued by China in recent years, and describes and discusses the situation around the professional qualification examination of licensed pharmacists, the registration of licensed pharmacists and the staffing of retail pharmacies, the continuing education of licensed pharmacists and the selection of "Looking for the most beautiful licensed pharmacists". On this basis, the author puts forward some suggestions to improve the construction of licensed pharmacists teams in retail pharmacies.

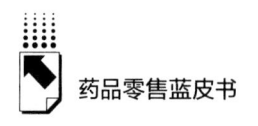

Keywords: Retail Pharmacy; Licensed Pharmacist; Pharmaceutical Service; Technical Admittance; Allocation of Licensed Pharmacists

B.10 Situation and Prospect of China's Skin Products Industry

Li Zhenyu / 147

Abstract: China's efficacy skincare product market continues to grow, but competition is fierce, and consumers' demand for efficacy, safety, and naturalness is rising. Technological innovation and personalized customization have become the new trend of the industry. This paper comprehensively analyzes the current market situation by means of market research, data analysis, consumer interviews and other methods, aiming to explore the current situation of skin product market in China, analyze the future development trend, and provide development suggestions for the industry. China's skin product market has great potential, and enterprises should pay attention to consumer demand, increase research and development efforts and promote the healthy development of the industry. At the same time, strengthen industry self-discipline to ensure product safety and effectiveness.

Keywords: Skin Product; Consumer Demand; Skin Health

Ⅳ Chapter of standards

B.11 Establish and Improve Standard System of Pharmaceutical Care in Retail Pharmacies

China Association of Pharmaceutical Commerce / 159

Abstract: In 2018, China Association of Pharmaceutical Commerce started the preparation of pharmaceutical care standards for pharmaceuticals for special diseases. It has successively formulated and issued the *Service Specifications for Pharmaceuticals for Special Disease in Retail Pharmacies* and a series of single disease pharmaceutical care specifications for such as colorectal cancer, lung cancer, three high, cough and asthma, which have played a certain role in promoting and guiding the standardization and professional development of the industry. This report reviewed the preparation, promotion and training of pharmaceutical care standards for retail pharmacies, analyzed and evaluated the role and impact of this series of service standards on the industry, and explored how to connect the service standards with market changes and industry development in the future and meet the development needs of enterprises in the industry, so as to promote the high-quality development of the industry.

Keywords: Retail Pharmacy; Pharmaceutical Care Standard; System Establishment of Pharmaceutical Care Standard Outside the Hospital

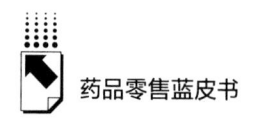

B.12 Interpretation of Pharmaceutical Care Standards for Pharmaceuticals Selling Special Diseases in Retail Pharmacies

Zhai Qing / 171

Abstract: This paper introduces the background of formulating pharmaceutical service standards for pharmaceuticals with special diseases in retail pharmacies and the requirements of pharmaceutical care for single diseases in retail pharmacies, analyzes the reasons for the lack of pharmaceutical service capacity of pharmacies that fail to meet the standards for single-diseases, puts forward relevant suggestions for improving pharmaceutical service capacity, proposes suggestions for the high-quality development of pharmacies such as giving priority to training, embodying the personalization of pharmaceutical care within commonality, conducting the assessment of off-label pharmaceutical use, and enabling with technology to construct a new ecosystem, so as to promote DTP pharmacies to provide valuable health services for patients.

Keywords: Special Disease; Single Disease; Specialty Pharmacy; Pharmaceutical Service

B.13 Interpretation of Pharmaceutical Care Standards for Retail Pharmacies Selling Pharmaceuticals for Chronic Diseases

Ji Liwei / 184

Abstract: Dozens of pharmaceutical companies and pharmaceutical experts have jointly formulated a number of group standards for pharmaceutical care practices in retail pharmacies dealing with pharmaceuticals for chronic non-communicable diseases. The above series of group standards guide the direction of pharmacy technicians to provide high-quality pharmaceutical care, which meets the needs of consumers for pharmaceutical care and the development needs of retail pharmacies under the current market environment. It is expected that pharmaceutical technicians will gradually enhance their professional image and steadily enhance the core competitiveness of pharmacies through long-term practice in chronic disease pharmaceutical care.

Keywords: Chronic Non-communicable Disease; Retail Pharmacy; Pharmaceutical Service; Group Standards

V Case Study

B.14 To Explore Standardized Health Management for Chronic Respiratory Diseases Outside Hospitals　　*Yang Ting* / 197

Abstract: Under the guidance of the "Healthy China" action plan, this paper deeply discussed an innovative standardized health management project for chronic respiratory diseases outside hospitals (hereinafter referred to as the "Lung Free Breathing Project"). The project was technically guided by Respiratory Disease Prevention and Control Committee of Chinese Preventive Medicine Association, and committed to establishing a complete set of out-of-hospital standards for the diagnosis, treatment and management of chronic respiratory diseases, to clarify the key care node of physicians, pharmacists and chronic disease specialists, and to improve the professional care level of pharmacies through the establishment of a co-management system, providing one-stop standardized, convenient and high-quality pharmaceutical treatment guidance and health management for patients with chronic respiratory diseases. The project will also promote the innovative development of pharmaceutical retail enterprises, provide new development ideas and care models for pharmaceutical retail enterprises, which will help enhance their business value and market competitiveness and pursue a new era of health management.

Keywords: Chronic Respiratory Disease; Out-of-Hospital Health Management; Retail Pharmacy

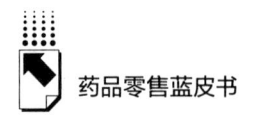

B.15 Deep Cultivation of Grassroots Market and Benefit Farmers through Multiple Channels

—*Reality of People's Large Pharmacy to Expand Rural Pharmaceutical Retail Market*　　*Liu Daoxin* / 205

Abstract: Ordinary pharmacies actively responding to the call of the Party and the government, take the initiative to assume social responsibility of enterprises, comprehensively layout grass-roots outlets, improve the pharmaceutical supply network system, and extend pharmaceutical services to villages and towns, providing rural consumers with no different health services than urban consumers. In recent years, the company has set up a professional help operation team, increased the entrepreneurial support of returning personnel, made full use of the advantages of retail franchise, helped entrepreneurs return home to realize their dreams, combined pharmaceutical services, chronic disease patients health management and residents health education, while increasing rural employment, to open up the rural health market and contribute to the comprehensive promotion of rural revitalization.

Keywords: Regions of Villages and Towns; Grass-roots Network; Pharmaceutical Supply; Chain of Retail Pharmacy

B.16 Innovative Practices Leading Digital Transformation of Pharmaceutical Retail Industry

—*Take Gaoji Shennong system as an example*

Wang Legang, Sun Shanghang / 213

Abstract: Gaoji Shennong System responds to the initiative of the State Food and Drug Administration on the aging adaptation of drug instructions. After a targeted assessment of patients, pharmacists provide health guidance suggestions, drug use instruction interpretation services, etc., and through the current advanced digital human technology, generate explanation videos and audio, so as to provide conditions for the elderly to cross the digital divide, receive better pharmaceutical services, and enjoy Internet health care. As a model of digital transformation in pharmaceutical retail industry, Gaoji Shennong System integrates pharmaceutical knowledge with AI technology, provides pharmacists with accurate and rapid medication suggestions, optimizes patient management process, and improves patient medication compliance through self-built knowledge base and large language model.

Keywords: AI Technology; Pharmaceutical Knowledge Integration; Patient Management; Cancer Prevention and Control

B.17 Example of Management of Retail Pharmacies Dealing in Pharmaceuticals for Special Diseases *Chen Xiuli* / 221

Abstract: With the continuous advancement of medical reform, the emergence of innovative models and the development needs of industry, retail pharmacies operating special disease pharmaceuticals (hereinafter to be referred as "specialty pharmacy") are in order to meet the needs of patients with special diseases such as cancer, blood diseases, immune diseases, rare diseases and other special diseases for pharmaceutical purchase and service. Sinopharm Holding Fuzhou Specialty Pharmacy Co., Ltd. has been vigorously strengthening the standardized management of specialty pharmacies, striving to improve professional pharmaceutical services, promoting the high-quality development of specialty pharmacies in accordance with the *Service Specifications for Retail pharmacies Dealing with Special Diseases* and other single-disease service specifications issued by the China Association of Pharmaceutical Commerce.

Keywords: Specialty Pharmacy; Licensed Pharmacist; Pharmaceutical Service

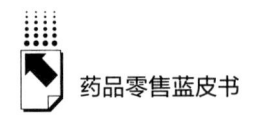

B.18 Practice and Exploration of Medicine Service for

　　　　Out-of-hospital Patients　　　　　　　　　　*Gong Ze* / 227

Abstract: By analyzing the established operational framework of American professional pharmacies, which effectively integrates the four key stakeholders: patients, pharmaceutical enterprises, doctors, and commercial insurance providers, and juxtaposing this model against the current situation and evolving needs of special pharmacies in China, critical factors have been pinpointed to devise a strategic plan tailored for the long-term corporate growth. Furthermore, this paper delves into the implementation roadmap for sustainable development, utilizing the case study of establishing an integrated online-offline pharmaceutical service system catering to patients' needs. It highlights the endeavors and innovations undertaken by enterprises in the realm of special pharmacy services and professional workforce development. It is foreseen that amidst the prevailing momentum of continually progressing medical insurance policies and the expansion of commercial medical insurance, the overarching blueprint for special pharmacies will undergo refinement and enhancement, thereby fostering the robust expansion of special pharmacies across China.

Keywords: Specialty Pharmacy; Licensed Pharmacist; Pharmaceutical Service

B.19 Exploration and Practice of Pharmaceutical Data Informatization

　　　　in Retail Pharmacies　　　　　　　　*Huang Wanting* / 234

Abstract: With the increasing business forms of retail pharmacies, in order to ensure pharmaceutical quality and safety, provincial and municipal regulatory departments have put forward higher requirements for pharmaceutical data submission and pharmaceutical information traceability in retail pharmacies. However, with the increase of business volume, the workload and difficulty of pharmaceutical data collection and statistics in retail pharmacies increase. Therefore, Guangzhou Pharmaceutical Pharmacy (Guangdong) Co., Ltd. introduced digital employee technology to help automate the whole process of pharmaceutical data collection and intelligent data generation, meeting the requirements of data reporting and traceability of pharmaceutical information, and achieving multiple benefits in terms policy, economy and industry.

Keywords: Digital Employee; Automation; Pharmaceutical Data

B.20 Trend and Value of New Formats of Instant Pharmaceutical Retail　　　　　　　　　　　　　　　*Wang Wei, Xu Rongcong* / 247

Abstract: This paper discussed the development trend and value of the new form of instant pharmaceutical retail. The introduction started from the definition of instant retail of pharmaceuticals and its development trend, including the growth of market size, out-of-hospital pharmaceutical transfer, the growth rate of self-funded pharmaceutical purchase market, and the increase of online rate. Then, the convenience and timeliness of instant pharmaceutical retail and the satisfaction of consumers' demand for pharmaceuticals were analyzed. The paper also explored the service value of instant retail to consumers, pharmacies, and industrial enterprises, as well as its impact on society. Finally, it emphasized the positive role of instant retail model in promoting the integration of online and offline development, and in epidemic disease monitoring and service pharmaceutical supply.

Keywords: Instant Pharmaceutical Retail; Purchase Pharmaceuticals at Own Expense; Online Rate

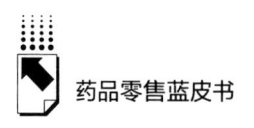

VI   Chapter of Internationals

B.21   New Trend of Development of Retail Pharmacies in Developed Countries in Europe and America

Pan Heyin, Zou Jing and Luo Ren / 253

Abstract: For many years, developed countries in Europe and America have always played an important role in the field of global medical services. Their pharmaceutical sales terminals are usually dominated by retail pharmacies. Although the definition of retail pharmacies in Europe and America is similar to that of China, the overall business model and service scale are different. Based on the characteristics of "one-stop shopping point" retail pharmacies in the United States and European countries, this paper took the time nodes before and after the COVID-19 epidemic as the time node to sort out and analyze the iteration of important sales pharmaceutical types and the update of medical services in retail pharmacies in Europe and United States under the influence of social demand.

Keywords: Retail Pharmacy; Emerging Medicine; European and American Countries

B.22   Countermeasures and Strategies of Japanese Cosmeceuticals Shops   *Gujiro Noma / 266*

Abstract: This paper introduced the current situation of large chain cosmeceuticals in Japan, expounded how to consider the ratio of "pharmaceuticals", "cosmetics", "miscellaneous", "food" and other major categories in the process of the transformation from the pharmaceutical department of the specialty store to the cosmeceuticals, and the differences in the profit structure and the choice of business area under this way of thinking, and the representative enterprises were illustrated with examples. In addition, two different directions of cosmeceuticals as well as the circulation characteristics related to the corresponding industry in Japan were also introduced. The mainstream of Japanese cosmeceuticals stores adopts the way of small business circles to cope with the aging and few children society by implementing the chain operation mode with standardization and efficiency as the main body.

Keywords: Cosmeceuticals Shop; Portfolio of Large Categories; Profit Structure; Selection of Business Area

Ⅶ Chapter of Discussion

B.23 Study on Influence of Including Designated Retail Pharmacies in Outpatient Coordination Plan on Retail Pharmacies

Shao Rong / 282

Abstract: Through literature research and typical area research, this paper explored the impact of integrating designated retail pharmacies into outpatient coordination policy on retail pharmacies, providing a basis for policy improvement. The results showed that the implementation of the policy had different degrees of influence on the number, positioning, prescription acquisition, passenger flow and pharmaceutical sales, pharmaceutical prices, operating costs and medical insurance budget management of designated retail pharmacies for outpatient coordination. It is suggested to formulate differentiated medical insurance supervision methods for retail pharmacies; encourage pharmacies to increase chain rates; under the premise of total budget management, OTC is allowed to directly coordinate settlement without prescription in designated retail pharmacies; allow pharmacies to set prices freely, and guide pharmaceutical prices reasonably through medical insurance payment standards.

Keywords: Retail Pharmacy; Outpatient Coordination; Pharmaceutical Administration

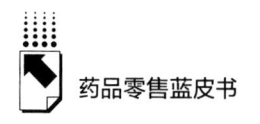

B.24 Pharmacist Service: Social Pharmacy Practice and World

Experience *Tang Zhijia / 298*

Abstract: This paper will elaborate the impact of new policies, economic and technological progress on the practice of social pharmacy from three aspects of evolution of care concept, transformation of pharmaceutical market and rise of digital technology, and explore the development direction of social pharmacy pharmacists in China. With the development of medical system, the responsibilities of social pharmacists have been expanding, and the new care model has further expanded the scope of functions of social pharmacists. The popularization of concept of pharmaceutical care makes pharmacists gradually become a "service-oriented" and "patient-centered" healthcare service role, and begin to participate in more medical activities directly facing patients. Many factors promote social pharmacy practice to be integrated, specialized and personalized, and the application of AI technology in the future makes it possible to fully automate social pharmacy.

Keywords: Pharmacist in Social Pharmacy; Healthcare Delivery; Population Health Management; Digital Health

B.25 Role and Value of Retail Pharmacies under Aging Society

Zeng Shixin / 306

Abstract: China has entered a deep aging stage, which will promote the rapid growth of the demand for health services for the elderly, and then drive the innovative transformation of retail pharmacies. As an important supplement to the public health service system, retail pharmacies should provide health education, disease prevention, chronic disease management, home medicine and pharmaceutical services for the elderly, and will also undertake some public health service functions. Retail pharmacies can play an active role in six aspects, including pharmaceutical supply service, home pharmacy service, chronic disease management service, health education service, social platform service and home care service, and by referring to the experience of Japanese retail pharmacies in aging and the exploration and analysis of domestic pharmacies in aging, suggestions are put forward on how retail pharmacies can better play their value and role in the aging society.

Keywords: Aging Society; Retail Pharmacy; Health Service

社会科学文献出版社

皮 书
智库成果出版与传播平台

❖ 皮书定义 ❖

皮书是对中国与世界发展状况和热点问题进行年度监测，以专业的角度、专家的视野和实证研究方法，针对某一领域或区域现状与发展态势展开分析和预测，具备前沿性、原创性、实证性、连续性、时效性等特点的公开出版物，由一系列权威研究报告组成。

❖ 皮书作者 ❖

皮书系列报告作者以国内外一流研究机构、知名高校等重点智库的研究人员为主，多为相关领域一流专家学者，他们的观点代表了当下学界对中国与世界的现实和未来最高水平的解读与分析。

❖ 皮书荣誉 ❖

皮书作为中国社会科学院基础理论研究与应用对策研究融合发展的代表性成果，不仅是哲学社会科学工作者服务中国特色社会主义现代化建设的重要成果，更是助力中国特色新型智库建设、构建中国特色哲学社会科学"三大体系"的重要平台。皮书系列先后被列入"十二五""十三五""十四五"时期国家重点出版物出版专项规划项目；自2013年起，重点皮书被列入中国社会科学院国家哲学社会科学创新工程项目。

皮书网

（网址：www.pishu.cn）

发布皮书研创资讯，传播皮书精彩内容
引领皮书出版潮流，打造皮书服务平台

栏目设置

◆ 关于皮书
何谓皮书、皮书分类、皮书大事记、
皮书荣誉、皮书出版第一人、皮书编辑部

◆ 最新资讯
通知公告、新闻动态、媒体聚焦、
网站专题、视频直播、下载专区

◆ 皮书研创
皮书规范、皮书出版、
皮书研究、研创团队

◆ 皮书评奖评价
指标体系、皮书评价、皮书评奖

所获荣誉

◆ 2008年、2011年、2014年，皮书网均在全国新闻出版业网站荣誉评选中获得"最具商业价值网站"称号；

◆ 2012年，获得"出版业网站百强"称号。

网库合一

2014年，皮书网与皮书数据库端口合一，实现资源共享，搭建智库成果融合创新平台。

皮书网

"皮书说"微信公众号

权威报告·连续出版·独家资源

皮书数据库
ANNUAL REPORT(YEARBOOK) DATABASE

分析解读当下中国发展变迁的高端智库平台

所获荣誉

- 2022年，入选技术赋能"新闻+"推荐案例
- 2020年，入选全国新闻出版深度融合发展创新案例
- 2019年，入选国家新闻出版署数字出版精品遴选推荐计划
- 2016年，入选"十三五"国家重点电子出版物出版规划骨干工程
- 2013年，荣获"中国出版政府奖·网络出版物奖"提名奖

皮书数据库　　"社科数托邦"微信公众号

成为用户

登录网址www.pishu.com.cn访问皮书数据库网站或下载皮书数据库APP，通过手机号码验证或邮箱验证即可成为皮书数据库用户。

用户福利

- 已注册用户购书后可免费获赠100元皮书数据库充值卡。刮开充值卡涂层获取充值密码，登录并进入"会员中心"—"在线充值"—"充值卡充值"，充值成功即可购买和查看数据库内容。
- 用户福利最终解释权归社会科学文献出版社所有。

卡号：262856719849
密码：

数据库服务热线：010-59367265
数据库服务QQ：2475522410
数据库服务邮箱：database@ssap.cn
图书销售热线：010-59367070/7028
图书服务QQ：1265056568
图书服务邮箱：duzhe@ssap.cn

S 基本子库
SUB DATABASE

中国社会发展数据库（下设 12 个专题子库）

紧扣人口、政治、外交、法律、教育、医疗卫生、资源环境等 12 个社会发展领域的前沿和热点，全面整合专业著作、智库报告、学术资讯、调研数据等类型资源，帮助用户追踪中国社会发展动态、研究社会发展战略与政策、了解社会热点问题、分析社会发展趋势。

中国经济发展数据库（下设 12 专题子库）

内容涵盖宏观经济、产业经济、工业经济、农业经济、财政金融、房地产经济、城市经济、商业贸易等 12 个重点经济领域，为把握经济运行态势、洞察经济发展规律、研判经济发展趋势、进行经济调控决策提供参考和依据。

中国行业发展数据库（下设 17 个专题子库）

以中国国民经济行业分类为依据，覆盖金融业、旅游业、交通运输业、能源矿产业、制造业等 100 多个行业，跟踪分析国民经济相关行业市场运行状况和政策导向，汇集行业发展前沿资讯，为投资、从业及各种经济决策提供理论支撑和实践指导。

中国区域发展数据库（下设 4 个专题子库）

对中国特定区域内的经济、社会、文化等领域现状与发展情况进行深度分析和预测，涉及省级行政区、城市群、城市、农村等不同维度，研究层级至县及县以下行政区，为学者研究地方经济社会宏观态势、经验模式、发展案例提供支撑，为地方政府决策提供参考。

中国文化传媒数据库（下设 18 个专题子库）

内容覆盖文化产业、新闻传播、电影娱乐、文学艺术、群众文化、图书情报等 18 个重点研究领域，聚焦文化传媒领域发展前沿、热点话题、行业实践，服务用户的教学科研、文化投资、企业规划等需要。

世界经济与国际关系数据库（下设 6 个专题子库）

整合世界经济、国际政治、世界文化与科技、全球性问题、国际组织与国际法、区域研究 6 大领域研究成果，对世界经济形势、国际形势进行连续性深度分析，对年度热点问题进行专题解读，为研判全球发展趋势提供事实和数据支持。

法律声明

"皮书系列"(含蓝皮书、绿皮书、黄皮书)之品牌由社会科学文献出版社最早使用并持续至今,现已被中国图书行业所熟知。"皮书系列"的相关商标已在国家商标管理部门商标局注册,包括但不限于LOGO( )、皮书、Pishu、经济蓝皮书、社会蓝皮书等。"皮书系列"图书的注册商标专用权及封面设计、版式设计的著作权均为社会科学文献出版社所有。未经社会科学文献出版社书面授权许可,任何使用与"皮书系列"图书注册商标、封面设计、版式设计相同或者近似的文字、图形或其组合的行为均系侵权行为。

经作者授权,本书的专有出版权及信息网络传播权等为社会科学文献出版社享有。未经社会科学文献出版社书面授权许可,任何就本书内容的复制、发行或以数字形式进行网络传播的行为均系侵权行为。

社会科学文献出版社将通过法律途径追究上述侵权行为的法律责任,维护自身合法权益。

欢迎社会各界人士对侵犯社会科学文献出版社上述权利的侵权行为进行举报。电话:010-59367121,电子邮箱:fawubu@ssap.cn。

社会科学文献出版社